本辑焦点：社会信任与医患关系 (Social Trust and Doctor-Patient Relationship)

中国社会心理学评论

Chinese Social Psychological Review

第13辑 (Vol.13)

杨宜音 / 主编
汪新建
吕小康 / 本辑特约主编
刘力　王俊秀 / 副主编

社会科学文献出版社　SOCIAL SCIENCES ACADEMIC PRESS (CHINA)

中国社会心理学评论
编辑委员会

编委会主任：杨宜音　中国社会科学院社会学研究所
　　　　　　　　　　哈尔滨工程大学人文与社会科学学院
委　　　员：陈午晴　中国社会科学院社会学研究所
　　　　　　方　文　北京大学社会学系
　　　　　　康萤仪　香港中文大学管理学院
　　　　　　刘　力　北京师范大学心理学院
　　　　　　彭凯平　美国加州大学伯克利分校心理学
　　　　　　　　　　系，清华大学心理学系
　　　　　　王俊秀　中国社会科学院社会学研究所
　　　　　　徐　冰　上海大学社会学院
　　　　　　杨　宇　上海科技大学创业与管理学院
　　　　　　叶光辉　台湾"中研院"民族学研究所
　　　　　　翟学伟　南京大学社会学院
　　　　　　赵旭东　中国人民大学社会与人口学院
　　　　　　赵志裕　香港中文大学社会科学院

主编简介

杨宜音 博士，中国社会科学院社会学研究所社会心理学研究中心主任、研究员、博士生导师，中国社会心理学会理事长（2010~2014），《中国社会心理学评论》主编。2016年起任哈尔滨工程大学人文与社会科学学院教授、博士生导师，中国传媒大学新闻传播学院传播心理研究所教授、博士生导师。主要研究领域为社会心理学，包括人际关系、群己关系与群际关系、社会心态、价值观及其变迁等。在学术期刊和论文集中发表论文100余篇。代表作有：《"自己人"：一项有关中国人关系分类的个案研究》[（台北）《本土心理学研究》2001年总第13期]、《个人与宏观社会的心理联系：社会心态概念的界定》（《社会学研究》2006年第4期）、《关系化还是类别化：中国人"我们"概念形成的社会心理机制探讨》（《中国社会科学》2008年第4期）。

电子信箱：cassyiyinyang@126.com。

本辑特约主编简介

汪新建 南开大学周恩来政府管理学院社会心理学系教授，博士生导师。中国社会心理学会候任会长，中国心理学会社会心理学分会理事长，中国心理卫生协会常务理事。曾获宝钢优秀教师奖及国家级精品课程奖，主要研究方向为文化与社会心理学、心理咨询与心理治疗理论。目前是教育部哲学社会科学重大攻关项目"医患信任关系建设的社会心理机制研究"的首席专家，曾主持多个国家哲学社会科学基金和教育部人文社会科学研究项目。

吕小康 南开大学社会心理学系副教授，天津市社会心理学会常务理事，主要从事文化与社会心理学研究，在《社会学研究》《社会》《心理学报》《心理科学进展》《心理科学》等社会学、心理学的代表刊物上发表论文多篇，主持或作为子课题负责人参加教育部重大攻关项目、国家社科基金项目、天津市哲学社会科学规划项目多项。目前研究领域集中于对医学相关现象的社会学、心理学、管理学的交叉视角研究，尤其关注当下中国社会的医患关系与健康不平等问题。

中国社会心理学评论　第13辑
2017年12月出版

目　录
CONTENTS

医患信任建设的社会心理学分析框架（卷首语）……………汪新建 / 1
信任、情感与社会结构………………………………………罗朝明 / 11
潜规则认同及其与信任的关系…………辛素飞　辛自强　林崇德 / 31
中国人的信任与生命史策略………………………………张　帆　钟　年 / 44
转型期的不确定感与医患关系：文化心理学的
　　视角…………………………杨　芊　梁　闰　董恒进　潘　杰 / 62
基于社会交换理论视角下的医患信任关系建设
　　研究………………………………………………杨艳杰　褚海云 / 84
医患互动中的资源交换风险与信任………………………程婕婷 / 93
我国医患互信本土化构建的社会机制：陌生关系
　　熟悉化………………………………………董才生　马洁华 / 106
医患信任关系"非对称性"的负效应及其疏解机制
　　——基于社会变迁的心理学分析…………伍　麟　万仞雪 / 117
角色认知与人际互动对医患信任的影响：基于社会资本
　　理论………………………………………………朱艳丽 / 130
中国传统医学医患关系的元建构及其启示
　　——从辨证论治的觉知性出发………………………王　丽 / 140

网民医患关注与态度研究：基于中国95城市微博
　　证据 …………………… 赖凯声　林志伟　杨浩燊　何凌南 / 152
就医形式、媒体传播与对医信任：基于群际接触理论的
　　视角 ……………………………………………… 柴民权 / 167
医疗纠纷案例库建设的初步
　　探索 ………………… 吕小康　张慧娟　张　曜　刘　颖 / 179

《中国社会心理学评论》投稿须知 ………………………… / 193
Table of Contents & Abstracts ……………………………… / 195

医患信任建设的社会心理学分析框架[*]

（卷首语）

汪新建[**]

摘　要：医患信任可分为患方信任及医方信任这两个不可分割的维度，同时包括医务工作者与就诊患者之间的人际信任、医务工作者群体和患方群体之间的群际信任以及患方群体对医疗机构和现行医疗体制的制度信任这三大层面。构建测量医患信任水平的有效工具，明确医患失信产生的社会心理机制，探析不同治疗情境下医患信任的演变过程，验证医患个体在医疗互动中的具体认知心理和决策行为机制，并提出具有可操作性的医患信任修复模型与对策措施，是社会心理学视角下医患信任的研究重点。

关键词：医患关系　医患信任　医患冲突　信任修复　社会心态

一　作为社会心理问题的医患关系问题

医患信任危机作为当下中国面临的一个严峻事实已引起国内外学界的普遍关注（卫生部统计信息中心，2010；Lancet，2014；Mishra，2015；Pan et al.，2015）。由此，如何重建医患之间的信任关系就成为一个亟待

---

[*] 本研究得到教育部哲学社会科学研究重大课题攻关项目（15JZD030）和中央高校基本科研业务费专项资金资助项目（63172055）的资助。
[**] 汪新建，南开大学周恩来政府管理学院教授，博士生导师。

解决的现实问题和学术问题。从宏观上看，医患紧张与现行医疗体制的不完备（王石川，2014；文学国、房志武，2014；Levesque, Harris, & Russell, 2013）以及社会信任的普遍缺乏高度相关（黄春锋、黄奕祥、胡正路，2011；温春峰等，2015）。但是，这些宏观因素并不直接作用于个体，只作为一种背景条件而存在。现实社会中，这些宏观不利因素究竟在哪些社会心理机制的作用下具体地影响个体的就医或接诊过程中的心理与行为，从而引发医患之间的沟通障碍、情绪波动（Finset, 2012）、言语纠纷甚至暴力行为，仍然缺乏细致的、可以提供具体预测途径的学术研究成果。将医患冲突简单地归因于医疗体制和社会文化，固然抓住了此类矛盾发生的宏观根源，但体制的完善和社会信任的建设都需要较长时间，短期而言，这类宏观条件是难以改变的。因此，如何在既有条件下通过社会心理学途径对现有医患互不信任的状态进行信任修复，仍是值得关注的重点。

实际上，医患关系作为一种特殊的社会关系，其产生和发展有其自身的社会心理机制。在市场经济条件下，医疗活动是一种商业化的服务行为。如何在与陌生人的商业行为中建立信任关系，是现代中国转型社会面临的一大挑战。病人对高质低价的医疗服务的殷切期待和对自身健康权益与心理诉求的高度主张，与医院的营利性需求和医生的职业性自我保护之间，往往存在巨大的差距，从而使医患双方容易在治疗活动一开始就处于互不信任、相互提防的状态（Hawley, 2015），治疗过程中的任何细小疏漏都有可能在相关因素的刺激下放大成为严重的医患冲突事件。有效破解这种默认的提防状态，是改善医患关系的重要着眼点。

为此，从中国人建立信任关系的特征入手，探讨在当下社会背景、医疗体制和医学文化下建立医患信任的社会心理机制，从信任关系的建立、维持与修复这一相对微观的社会心理角度讨论缓解医患关系的有效方式，可以丰富学界关于医患紧张的根源分析和干预策略探讨。而调查当下中国医患关系的现状与医患信任缺失的表现，并在此基础上揭示中国人人际信任产生、维持与修复的社会心理机制，则能对建设和谐医患关系提出社会心理学层面的对策建议。因此，加强对医患信任建设的社会心理机制研究，具有学术层面和现实层面的双重意义。

二　医患关系及医患信任关系的界定

要界定医患信任，首先需要简要说明医患关系是一个多学科视角下的融合概念，其内涵丰富而复杂。对医患关系本质的理解也存在多元途径。

早期狭义的医患关系通常是指患者与医生之间因患者求诊、医生问诊而结成的医疗服务关系，医患角色关系发生、发展于治疗过程中，具有过程性，会随着治疗关系的结束而结束（Szasz & Hollender，1956）。不过，在后来的研究中，医患关系的主体逐渐扩展。目前，多数研究已经将医患关系的主体拓展至医方和患方之间的关系。其中，医方包括医疗机构、医务工作者和医学教育工作者，患方则包括患者及其亲属、监护人或代理人等利益群体（卫生部统计信息中心，2010）。像儿童医院、儿科门诊或重症监护病房中的医患信任，往往并不产生于患者与医方之间，而是产生于患者亲属与医方之间。因此，这种拓展显然是必要的。

这里需要明确，患者与患方是并不等同的两个概念，狭义的患者指与医疗机构建立了医疗服务关系，并在医疗机构接受医疗服务的人。广义的患者泛指患有疾病、忍受身心痛苦的人。这一定义不局限于患者与医疗机构或医疗服务之间的关系，而强调个体自身的疾病体验。鉴于医患关系总是要发生于医患的互动过程之中，因此，医患关系中的患者均指狭义上的患者，这种患者角色通常具有过程性和临时性，会随医疗服务关系的结束而终结。而患方则包括患者及其亲属、朋友、监护人和其他代理人群体。在这个意义上，患方其实是除了医者之外的其他社会成员或组织。因此，医患关系中的"患方"主体并不完全等同于患者，而可以指代除了医者之外的所有社会成员。通常人们所说的医患双方，均应当宽泛地理解为医方与患方，而不是仅指医生与患者。

基于此，医患关系可界定如下：医方与患方之间结成的以医疗服务关系为核心，包括其他派生性关系的社会关系。医患关系的核心是医者与患者之间的医疗服务关系，但也可泛指医疗机构、医务工作者群体、医学教育工作者群体及医疗机构管理部门这四大群体或组织，与其他社会成员、社会群体和社会组织之间的社会关系。当然，医患关系的核心，仍是患者与医务工作者之间的直接互动关系。

信任在医患关系发生、发展过程中具有重要的作用和意义。医患关系的形成由医患之间的相互期望引发：患者期望获得医生良好的治疗，医生希望获得患者的信任和尊重。然而，医患关系的人际属性、经济属性、文化属性、制度属性和社会结构属性，使医患信任既具有一般信任的典型特征（张璇、伍麟，2013），如不确定性和高风险性，又具有医患情境下的特征，如双方关系不对等、角色地位不可逆、存在过程性。因此，不同学者对医患信任的关注点有较大差异。

早期研究倾向于认为医患信任关系更多的是患者或者患方对医方的单

方面信任。这种信任通常被称为患者信任或患方信任（patients' trust），是患者或患方对医生能力和动机的信任，即相信医生将从患者的最大利益出发而做出符合预期的行为（Cuccu et al., 2015；Hojat et al., 2010；Leisen & Hyman, 2001；Thom & Campbell, 1997；Tn & Kutty, 2015）。这也是目前比较通行的患方信任划分方式。

但医患信任显然并不等同于患方信任。作为一种产生于社会互动过程中的信任关系，医患信任必然是双向的。事实上，已经有一些研究关注到医患信任的双向过程，如 Hall 等（2001）就曾细致分析了医患信任的双向过程。还有研究指出医患信任并非简单的患方对医务工作者的信任，而是大众持有的一种期待，这种期待包含三方面内容：对社会医疗秩序性的期待、对医生或患者承担的义务遵守的期待、对角色技术能力的期待（Mechanic & Schlesinger, 1996）。近些年来，陆续有学者从医方角度来测量医患信任（谢铮、邱泽奇、张拓红，2009；Thom et al., 2011），也有学者从医方角度进行相关实证研究，探索医务工作者在医患关系中的群体受害者身份感知对其心理机制及医患信任的影响（汪新建、柴民权、赵文珺，2016），还有学者从人际医患信任的正向演变的过程这一角度，探索影响医患信任变化的因素（汪新建、王丛、吕小康，2016）。总之，医患信任可能是个人对个人的信任，也可能是个人对群体、对制度的信任，医患信任具有丰富的层次。

所以，从信任的主体角度讲，医患信任具有医方信任和患方信任双重主体结构。从信任演变的角度讲，医患信任存在一个初始阶段，也就是医患初始信任（Hillen et al., 2014）。而从信任产生的水平上讲，医患信任可分为三个层面：个体间的人际信任、群体间的群际信任和医疗制度方面的制度信任。第一个层面的信任是指直接提供医疗服务的医务工作者与就诊患者之间特定的人际信任；第二个层面的信任是指医务工作者群体和患方群体之间的群际信任；第三个层面的信任是指患方群体对医疗机构和现行医疗体制的制度信任。这三个方面的医患信任互动、关联和转化，影响患者的就医体验和医者的行医体验，并通过相关社会心理机制具体影响医方和患方的认知、情绪和行为。医患信任建设因此可以称为塑造和谐医患关系的核心环节。

三 医患信任的社会心理学分析框架与主要研究内容

如何立足于社会心理学自身的中微观视角，进行医患信任建设的系统研究，目前并无先例可循。本文拟提出一个基本的分析框架，以在一定程度上归纳社会心理学对医患关系问题的分析思路。本文认为，社会心理学视角下的医患信任建设研究，应当以我国经济社会发展的阶段性特征和医疗体制改革的推进与局限为基本背景，以中国人的信任建立、维持、破坏与修复的社会心理特征为切入点，全面分析医患信任关系总体水平的现状及其变化规律，深入探查医患关系紧张的社会心理根源，建立不同治疗情境下医患信任建立、维持与演变的社会心理机制，提出医患冲突发生后修复医患信任的社会心理学模型。具体的研究框架如图1所示。

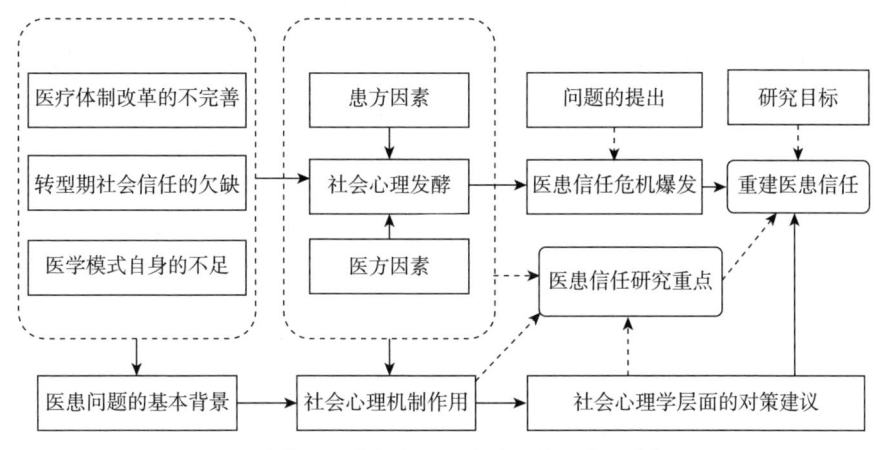

图1 社会心理学视角下医患信任建设的研究框架

具体而言，社会心理学视角下的医患信任研究至少包含以下五大方面的内容。

第一，构建测量医患信任水平的有效工具，全面测量我国当下医患信任的总体水平及其变动趋势，建立医患信任基础数据的共享开放平台。梳理并总结医患信任的概念内涵，编制医患关系信任量表和影响因素量表，构建中国医患信任测量工具；结合医患信任影响因素量表，构建预测医患信任状态的指标。结合医患关系信任量表的测量结果，客观评价中国当前的医患信任状态。在这方面，还可以通过大数据的计算技术搜集网络上关于医患信任问题的事件资料，采用计算机的自然语言处理技术、情感分析技术等方法对网络数据进行大规模海量数据规律实证检验，与传统的问卷、访谈、参与观察以及案例分析等结果进行比较与综合，为实现预测医患信任危机或医患关系紧张程度等提供指标参考。指标设置和量表构建是心理学研究者的擅长领域，建构中国情境下的医患信任测量工具，是推进医患信任建设的基础工作之一。

第二，明确医患失信产生的社会心理机制。在我国社会转型过程中，社会信任危机的蔓延、医疗体制改革的弊病以及医学模式自身的不足对医患双方的个体互动产生了持续性的消极影响。未来研究应进一步明确这些背景因素导致医患信任危机产生的具体过程和相关心理机制，以全面、准确地刻画医患信任危机产生的社会心理根源，从而勾勒出我国医患信任危机的系统性社会心理机制。

第三，动态展示不同治疗情境下医患信任的建立、发展与维持过程。医患信任的建立随治疗情境的不同而不同。医患关系既可能是短期的临时关系，如普通感冒门诊和急诊就医带来的医患关系；又可能是中长期关系（Detz, López, & Sarkar, 2013），如反复求诊的慢性病、住院等带来的医患关系。此外，治疗科室的不同也会影响医患信任的建立方式，如儿童门诊、重症监护室的医患信任，主要是患者的代理人与医务工作者之间的信任，而不是患者本人与医务工作者之间的信任，此时的医患信任建立就会与一般意义上的医患信任不同。未来研究应根据医患信任关系发生发展的层次、类型、阶段，将医患信任关系分为不同的类型，并为这些具体类型确立信任演化修复的模式和机制。

第四，验证医患个体在医疗互动中的具体认知心理和决策行为机制。从人际互动角度来看，医患信任是一种高度风险化的认知和决策过程。医学的专业性等原因决定了医患之间存在明显的信息不对称，尤其是患方在专业知识和医学流程方面几乎处于绝对的弱势地位，这就造成相比普通的人际沟通，信任会在医患沟通中扮演一个更为关键的角色。同时，在复杂的医疗环境中，个体认知和决策受到诸多因素，如医学信息的呈现方式、医方的态度与情绪、不同的医务科室情境、沟通方式等（Bensing, Rimondini, & Visser, 2013；Verlinde et al., 2012；Liu et al., 2015；Zhang et al., 2013）的影响，但还较少有研究进行较强有力的验证性分析。未来研究可使用实验室实验和现场实验的方法，研究信息不对称情境下患方信任的心理路径、医学信息的内容和呈现方式对患方信任的影响机制、情绪启动对医疗风险认知和信任决策的影响、真实风险情境下的信息沟通对患者及其家属信任决策的调控作用以及医务工作者的风险认知对其医疗行为（如药物推销、防御性医疗）的影响等内容。

第五，提出具体的、可操作的医患信任修复模型与对策措施。医患信任的破坏往往导致暴力伤医事件和医疗纠纷的发生。在各种医疗纠纷的解决方式中，以"医闹"为代表的通过与医护人员对峙或对医护人员造成伤害来解决医疗纠纷的方式是非正常的、恶性的解决方式，伤害性也最大。

未来研究可关注医患冲突给医务工作者造成的心理影响,最大限度地提升医务工作者对医务工作的职业信任程度以及医务工作者对患者和对医患关系的信任程度。这方面的研究应充分利用管理心理学与组织行为学有关信任修复的成果(马志强、孙颖、朱永跃,2012;韦慧民,2012;Dietz & Gillespie, 2012; Tomlinson & Mryer, 2009),结合医患信任的特殊情境,发展具体的医患信任修复理论模型并加以实证检验。

四 结语:迈向医患互信的和谐社会心态

在当下中国社会存在信任危机的大背景下,医患之间的互不信任已经成为一种弥散于整体社会的普遍性社会心理,并可称为一种"社会心态"(周晓虹,2014;王俊秀,2014;杨宜音、王俊秀,2013)。要从根本上改善医患关系的现状,除了医疗体制改革的不断推进这一制度性因素的完善之外,还必须从社会心态的角度建设医患互信的和谐生态,使医患之间的相互信任成为一种社会常态,如此才能最终化解医患之间的信任危机(吕小康、朱振达,2016)。

单从社会心理角度而言,医患互信社会心态建设的最大挑战可能在于中国社会当下本身的社会心态就处于典型的转型社会的不满状态中。某种程度上,甚至可以说"'不满'是转型时代基本的精神特质之一"(周晓虹,2013),而"社会困局与个体焦虑"(岳天明,2013)的交织也是现代社会的一大特征。在社会转型过程中,各种社会矛盾的凸显与民众被剥夺心理的交互作用,很容易造成实际生活中的负面情绪叠加,形成不利于社会建设的负面社会心态,进而加剧社会总体信任感的滑坡。在社会存在普遍性不满的情况下,医患关系也难以独善其身,而且由于这种不满情绪的存在,理性平和的探讨与实践变得更加艰难。

同其他社会心态一样,医患关系的社会心态也具有复杂的生成机制,包含个体心理与群体心理、微观与宏观之间的相互作用的过程。在此过程中,医患社会心态又分为"医患社会情绪"、"医患社会认知"、"医患社会价值"和"医患社会行为倾向"四大维度(吕小康、张慧娟,2017)。医患信任的建设正是重铸医患之间社会心态的过程,其背后隐藏的社会心理机制有待进一步发掘和探索,这是重塑医患信任的必要条件。进行社会心理学视角下的医患信任研究,有助于从中微观的视角探查良性医患社会心态建设的必要条件和相关机制,从而为和谐互信的医患关系建设奠定基础。

参考文献

黄春锋、黄奕祥、胡正路, 2011, 《医患信任调查及其影响因素浅析》, 《医学与哲学》第 32 期, 第 20~22 页。

吕小康、张慧娟, 2017, 《医患社会心态测量的路径、维度与指标》, 《南京师大学报》（社会科学版）第 2 期, 第 105~111 页。

吕小康、朱振达, 2016, 《医患社会心态建设的社会心理学视角》, 《南京师大学报》（社会科学版）第 2 期, 第 42~44 页。

马志强、孙颖、朱永跃, 2012, 《基于信任修复归因模型的医患信任修复研究》, 《医学与哲学》第 33 期, 第 42~44 页。

汪新建、柴民权、赵文珺, 2016, 《群体受害者身份感知对医务工作者集体内疚感的作用》, 《西北师大学报》（社会科学版）第 1 期, 第 125~132 页。

汪新建、王丛、吕小康, 2016, 《人际医患信任的概念内涵、正向演变与影响因素》, 《心理科学》第 5 期, 第 1093~1097 页。

温春峰、李红英、王袁、李恩昌、新颖、张新庆、柴华旗, 2015, 《当前我国医患关系紧张医源性因素分析及伦理探讨》, 《中国医学伦理学》第 28 期, 第 15~18 页。

韦慧民, 2012, 《组织信任关系管理：发展、违背与修复》, 北京：经济科学出版社。

王俊秀, 2014, 《社会心态：转型社会的社会心理研究》, 《社会学研究》第 1 期, 第 104~124 页。

卫生部统计信息中心, 2010, 《中国医患关系调查研究：第四次国家卫生服务调查专题研究报告（2）》, 北京：中国协和医科大学出版社。

王石川, 2014, 《重构医患信任须从制度破题》, 《中国党政干部论坛》第 5 期, 第 78 页。

文学国、房志武, 2014, 《中国医药卫生体制改革报告（2014~2015）》, 北京：社会科学文献出版社。

谢铮、邱泽奇、张拓红, 2009, 《患者因素如何影响医方对医患关系的看法》, 《北京大学学报》（医学版）第 41 期, 第 141~143 页。

岳天明, 2013, 《社会困局与个体焦虑：吉登斯的现代性思想》, 《西北师大学报》（社会科学版）第 5 期, 第 98~104 页。

杨宜音、王俊秀, 2013, 《当代中国社会心态研究》, 北京：社会科学文献出版社。

周晓虹, 2013, 《再论中国体验：内涵、特征与研究意义》, 《社会学评论》第 1 期, 第 14~21 页。

周晓虹, 2014, 《转型时代的社会心态与中国体验——兼与〈社会心态：转型社会的社会心理研究〉一文商榷》, 《社会学研究》第 4 期, 第 1~23 页。

张璇、伍麟, 2013, 《风险认知中的信任机制：对称或不对称？》, 《心理科学》第 6 期, 第 1333~1338 页。

Bensing, J., Rimondini, M., & Visser, A. (2013). What patients want. *Patient Education and Counseling*, 90 (3), 287-290.

Cuccu, S., Nonnis, M., Cortese, C. G., Massidda, D., & Altoè, G. (2015). The physician-patient relationship: A study of the psychometric properties of an Interdependence scale. *BPA-Applied Psychology Bulletin (Bollettino di Psicologia Applicata)*, 63 (272), 33–41.

Detz, A., López, A., & Sarkar, U. (2013). Long-term doctor-patient relationships: Patient perspective from online reviews. *Journal of Medical Internet Research*, 15 (7), 131.

Dietz, G. & Gillespie, N. (2012). *Recovery of Trust: Case Studies of Organizational Failures and Trust Repair* (Vol. 5). London: Institute of Business Ethics.

Finset, A. (2012). "I am worried, Doctor!" Emotions in the doctor-patient relationship. *Patient Education and Counseling*, 88 (3), 359–363.

Hall, M. A., Dugan, E., Zheng, B., & Mishra, A. K. (2001). Trust in physicians and medical institutions: What is it, can it be measured, and does it matter? *Milbank Quarterly*, 79 (4), 613–639.

Hawley, K. (2015). Trust and distrust between patient and doctor. *Journal of Evaluation in Clinical Practice*, 21 (5), 798–801.

Hillen, M. A., de Haes, H. C. J. M., Stalpers, L. J. A., Klinkenbijl, J. H. G., Eddes, E. H., Butow, P. N., van der Vloodt, J., van Laarloven, H. W. M., & Smets, E. M. A. (2014). How can communication by oncologists enhance patients' trust? An experimental study. *Annals of Oncology*, 25 (4), 896–901.

Hojat, M., Louis, D. Z., Maxwell, K., Markham, F., Wender, R., & Gonnella, J. S. (2010). Patient perceptions of physician empathy, satisfaction with physician, interpersonal trust, and compliance. *International Journal of Medical Education*, 1 (1), 83.

Lancet, T. (2014). Violence against doctors: Why China? Why now? What next? *The Lancet*, 383 (9922), 1013.

Leisen, B. & Hyman, M. R. (2001). An improved scale for assessing patients' trust in their physician. *Health Marketing Quarterly*, 19 (1), 23.

Levesque, J. F., Harris, M. F., & Russell, G. (2013). Patient-centred access to health care: Conceptualising access at the interface of health systems and populations. *International Journal of Equity Health*, 12 (1), 18.

Liu, X., Rohrer, W., Luo, A., Fang, Z., He, T., & Xie, W. (2015). Doctor-patient communication skills training in mainland China: A systematic review of the literature. *Patient Education and Counseling*, 98 (1), 3–14.

Mechanic, D. & Schlesinger, M. (1996). The impact of managed care on patients' trust in medical care and their physicians. *Jama*, 275 (21), 1693–1697.

Mishra, S. (2015). Violence against doctors: The class wars. *Indian Heart Journal*, 67 (4), 289–292.

Pan, Y., Yang, X. H., He, P. J., Gu, H. Y., Zhan, X. L., Gu, H. F., Qiao, Q. Y., Zhou, D. C., & Jin, H. M. (2015). To be or not to be a doctor, that is the question: A review of serious incidents of violence against doctors in China from 2003–2013. *Journal of Public Health*, 23 (2), 111–116.

Szasz, T. S. & Hollender, M. H. (1956). A contribution to the philosophy of medicine:

The basic models of the doctor-patient relationship. *AMA Archives of Internal Medicine*, 97 (5), 585–592.

Thom, D. H. & Campbell, B. (1997). Patient-physician trust: An exploratory study. *The Journal of Family Practice*, 44 (2), 169–176.

Thom, D. H., Wong, S. T., Guzman, D., Wu, A., Penko, J., Miaskowski, C., & Kushel, M. (2011). Physician trust in the patient: Development and validation of a new measure. *The Annals of Family Medicine*, 9 (2), 148–154.

Tn, A. & Kutty, V. R. (2015). Development and testing of a scale to measure trust in the public healthcare system. *Indian Journal of Medical Ethics*, 12 (3), 149–57.

Tomlinson, E. C. & Mryer, R. C. (2009). The role of causal attribution dimensions in trust repair. *Academy of Management Review*, 34 (1), 85–104.

Verlinde, E., De Laender, N., De Maesschalck, S., Deveugele, M., & Willems, S. (2012). The social gradient in doctor-patient communication. *International Journal of Equity Health*, 11 (1), 1–14.

Zhang, J. F., HU, W. H., Zhang, Y. L., & Yue, C. H. (2013). Communication is an effective way to resolve the crisis of doctor-patient trust. *Chinese Medical Ethics*, 3, 11.

信任、情感与社会结构

罗朝明

摘 要：信任之于个人生活与社会存在的重要性不言而喻，但已有研究似乎并未能使我们更真切地理解信任本身。通过批判性反思以往经验研究概念化信任的不同进路及其弊端，本文发现信任绝不只是一种基于结果预测、利益计算或理性选择的认知判断现象，而是一种有其认知、情感与行动维度的社会事实，它本质上就是一种社会情感。与此相对应，所谓信任危机的实质也绝不只是人们从理性计算或认知判断而来的普遍的彼此互不放心，而是一种充斥于全社会的存在性焦虑或恐惧。这种焦虑或恐惧的根源，在于不恰当的社会结构安排、不合理的社会制度设计和不友善的社会生存氛围。因此，信任危机的治理，面对的不只是一种"社会病态"，更是一个"病态社会"。

关键词：信任 信任危机 社会情感 存在性焦虑 结构性处境

一 似是而非的信任：对以往经验研究的反思

信任之重要，不论是对个人生活还是对社会存在，都不言而喻。对个

---

* 本研究得到教育部哲学社会科学研究重大课题攻关项目（15JZD030）和中央高校基本科研业务费专项资金资助项目（63172055）的资助。感谢南京理工大学自主科研项目（AE89602）对本研究的支持。
** 罗朝明，南京理工大学社会学系讲师。

人生活来说,"作为未来行为之假设,信任是一种确定到足以作为行动基础的假设"(Simmel, 1950)。"离开信任,我们视为理所当然的日常社会生活将绝无可能。"(Good, 1988)对社会存在来讲,不仅"内在于社会的信任水平是一个国家之福祉及竞争力赖以为条件的独特的、到处渗透的文化特性"(Fukuyama, 1995),而且"信任显然是社会中最重要的整合力量之一"(Simmel, 1950)。如果"离开了人们之间的一般信任,社会本身将会分崩离析。因为几乎很少有什么关系是完全建立在关于他人的确定无疑的认知之上的,如果信任不像合理的证据或个人的经验那样强有力或更有力,那么,将难以有什么关系能够存续下去。"(Simmel, 2004)既然信任之于个人和社会都如此重要,那么信任是否已经得到充分研究呢?

尽管20世纪70年代末,信任才成为社会学的主题,① 然而"信任观念早已有一段数世纪之长的智识生涯"(Silver, 1985)。心理学、政治科学和经济学等学科,已经对信任展开大量研究。然而,大多数经验研究似乎并未使我们对信任有更真切的理解,甚至可以说以往那些经验研究并没有真正考察信任本身。"大多数有关信任的研究文献的最普遍缺点,就在于未能将对信任的讨论从关于'可信任性'(trustworthiness)的讨论中区别出来。"(Cook, 2001)也就是说,在当前有关信任的文献中基本上存在三类信任概念,即"利益相契"(encapsulated interest)、道德约束、心理或性格倾向,其实都是关于可信任性的概念,也就是关于某人的一种特定可信任性如何使人们在某种或某些事情上信任某人的概念。虽然这些信任理论或概念都声称研究的是信任,关注的却是可信任度或可信任性,只是在衍生意义上才涉及信任(Hardin, 2006)。因此,"对有关信任的社会科学文献的回顾只是指向更深的困惑"(Stoneman, 2008)。

在社会学开始对信任进行调查研究之前,关于信任的经验研究主要由心理学和政治科学展开。心理学往往通过"实验游戏"和"心理量表"考察信任,罗特(Rotter, 1967, 1971)的所谓"人际信任量表"(ITS)及相关研究就是典型代表。心理学的信任研究,主要关注被视为个人心理特性或人际互动反应的信任。一方面,探究"被概念化为基于个人经验和先前社会化经历所形成之心理构造或人格特性"(Lewis & Weigert, 1985b)的信任;另一方面,考察"作为人际互动之反应的信任行为的影响因素"

---

① 虽然齐美尔、韦伯、帕森斯等社会学家都曾论及信任,但对信任做专题研究是20世纪70年代以来的事,甚至1979年卢曼还指出,"在社会学中将信任作为核心主题的文献少得可怜"(Luhmann, 1979)。

(Lewis & Weigert, 1985b),更确切地说是"考察个体之间的合作趋向"(Hardin, 2006)。政治科学主要采取"问卷调查"的研究方式,考察的是"公众对政府及其机构的信任态度或公民的政治效能感"(Lewis & Weigert, 1985)。政治科学对信任的调查研究主要关注两类议题:一类是"人际信任"(interpersonal trust)议题,另一类是"政府信任"(trust in government)议题。值得指出的是,政治科学的调查研究虽然也考察个体对他人的信任,但其中的他人往往指"一般信任"或"社会信任"标签下的"一般化他人"。政治科学信任研究的重点,在过去数十年里主要集中在政府信任上(Hardin, 2006)。

心理学的两种进路,不只意味着概念化信任的不同方式,而且意味着审视信任的不同视角。以量表尤其是"人际信任量表"(ITS)测量信任的进路,主要从人格理论或社会学习理论来将信任概念化为"一个个体或群体对另一个个体或群体之言辞、承诺、口头或书面声明的可靠性抱有的期望"(Rotter, 1971)。这种进路的焦点,是测量"随时间(经验)变化形成的个体人格或群体心理特征差异"(Lewis & Weigert, 1985b)。虽然考虑到社会化经历的影响,但因被概念化为"心理状态的信任极易同其他状态(希望、信念、预期等)相混淆,对信任的处理容易导致简化论结果"(Lewis & Weigert, 1985b)。因此,这一进路与其说考察的是信任,不如说是在测量个人心理或人格特征。另一种进路,是以多伊奇(Deutsch, 1973, 1985)的"冲突解决"(conflict resolution)为代表的实验主义进路。这种进路主张对信任进行行为主义的解释,把信任等同于在囚徒困境或集体行动等所谓"信任游戏"(trust games)中与人合作的行为。将信任操作为"合作游戏中的施信行为"这种进路,主要考察"影响游戏者信任(合作)或不信任(竞争)水平增减的因素"(Lewis & Weigert, 1985b)。有必要指出的是,"虽然有合作必定意味着有信任的说法站不住脚,① 但实验室情境下的信任研究假设游戏者的合作意味着他们之间有信任"(Hardin, 2006)。因此,该进路的缺陷不只是"值得研究却难以控制的因素未得到探究……结果能否扩展未可知"(Rotter, 1971)的问题,更严重的是,游戏参与者往往"在先前社会关系缺场的情况下依实验规则互动,而被筛除的关系却是信任的必要条件,因而虽然研究者认为研究的是信任,但实际

---

① 成功的合作甚至未必需要信任。经济学家就认为,"信任并非合作必要的:理性的利己主义加上契约等法律机制就能弥补信任的缺场,并使陌生人共同建立一个组织,以实现共同目标"(Fukuyama, 1995)。

上是在考察个体如何预测他人行为并由此行动"(Lewis & Weigert, 1985b)。这从将囚徒困境引入信任研究的多伊奇那里可见一斑。"多伊奇的兴趣是冲突解决,他认为信任只是通向此目标的可能路径。"(Timothy & Cvetkovich, 1995)因此,"实验心理学研究的信任往往与通常称为信任的东西相去甚远,这种进路并未告诉我们信任的任何真相"(Hardin, 2006)。

与关于信任的不同进路的心理学研究未能使我们对信任有更真切的把握一样,政治科学和社会学对信任的"调查研究"(survey research)很大程度上也难逃相同弊端。前文指出关于信任的调查研究在最近数十年主要集中在政府信任上,但所谓政府信任是否真正指向公众对政府的信任有待商榷。因为"大多数政府信任研究,往往将'信心衰退'(the declining confidence)当成'信任衰退'(the declining trust),而这种做法是对信任的一种误导性和非理论运用"(Hardin, 2006)。也就是说,信心虽同信任相关却未必是信任,以往对政府信任的调查研究考察的未必就是政府信任。① 实际上,这是有关信任的经验研究的共同问题,此类研究中的信任往往是未被理论化或"与理论无关的"(a-theoretical)。这些研究中的信任概念阐明之信任都缺乏效度,甚至测量的所谓信任未必是信任本身。诚然,有关信任的每项经验研究似乎都不乏符合学术程序规范的概念界定,但这些以狭义定义方式界定的信任概念往往牺牲了信任的丰富意蕴,"考察以往有关信任的经验研究,不难发现它们连信任的共享工作定义都没形成"(Lewis & Weigert, 1985b)。因此,与其说这些研究深化了我们对信任的理解,倒不如说加剧了"关于信任之含义及其在社会生活中的位置的大量困惑"(Lewis & Weigert, 1985b)。

关于信任的多数调查研究在概念界定上几乎都存在弊端,集中体现在调查问卷及相关问题设计上。在几乎所有信任调查问卷的"卷首语"中,都找不到任何能帮助调查对象理解该调查所研究之信任的基本含义的概念说明。在直接要求调查对象填答的问题上,就更难找到能帮助他们理解调查者研究的信任是什么的概念澄清了。多数有关信任的调查研究,在调查问卷的问题设计上几乎都存在某种"概念空洞"(conceptual vacuity)缺陷。调查问卷的问题往往既没有区分不同信任概念,也不承认信任的关系性特征,既没有区分人们更可能或更不可能信任的群体类型,也没有区分

---

① 卢曼(Luhmann, 1988)就曾经指出,"关于信任或不信任的经验调查研究基于相当一般且不甚明确的观念,将信任问题与对政治领袖或机构的积极或消极态度、异化、希望与忧虑或信心等混淆在一起"。

从小礼品往来到重大承诺等风险代价不同的事项。大多数调查问卷的问题几乎都没有限定性，往往是就所有事情询问调查对象对一般化他人、大多数人甚至所有人是否信任。如此一来，关于信任的调查研究，不仅要求调查对象自行揣测信任的含义，而且要求他们自行限定失信风险或代价等的程度，甚至还要求他们自行认定作为被信任对象的他人或群体的范围。然而，即使调查对象是高度同质化的群体也难免对信任有不同的理解，所有调查对象都有相同程度的风险认知绝无可能，更遑论理智健全的人会在所有风险水平上同等信任所有的人与事了（Hardin，2006）。因此，尽管当前已经开展了大量信任调查研究，但这些研究并未使我们对信任有更真切的把握，也未能对解决当前社会面临的信任危机问题有切实作用。

在西方大多数信任研究中存在的问题，也是国内关于信任的大量调查研究中普遍存在的弊端。韦伯（1915）所谓"中国人彼此之间典型的互不信任是所有观察者都能肯定的"，福山（1995）所谓中国是文化上"低信任度的社会"（the low-trust society）等说法，似乎是盘旋在国内信任研究者心头的"幽灵"。不论是理论探索还是经验调查，国内的大多数信任研究似乎都在有意无意地回应韦伯对中国信任状况的这种诊断。然而，姑且不论这种所谓"问题关怀"是否有助于对信任的真正理解，从国内以往有关信任的调查研究往往都以此为出发点来看，这已在很大程度上表明国内信任研究的重点并不在于阐释信任本身，而在于考察中国社会的信任水平、信任类型等。的确如此，当前国内的信任研究大致可分为三类：有一些是对信任之建立机制、建构过程或约束机制的探讨（张静，1997；彭泗清，1999；杨宜音，1999），少数是关于信任之渊源、特征、本质及文化的理论研究（郑也夫，1993，2001；翟学伟，2014），大多数是关于中国社会之信任类型、信任水平或信任状况差异的调查分析（王绍光、刘欣，2002；李伟民、梁玉成，2002；张云武，2009）。国内信任研究无疑已经取得大量成果，但考察作为国内信任研究主流的调查研究，不难发现仍存在西方关于信任的经验研究在概念澄清、调查问卷及问题设计等方面的缺陷。

总的来说，当前关于信任的国内外经验研究可谓已经取得丰硕的成果，但恰如上文指出的那样，将信任概念化为"概化期待"的人格心理学进路，由于把信任还原为一种心理状态、心理构造或人格特性而遗失了对真正信任的考察。将信任概念化为游戏中的合作行为的实验心理学进路，则因为"模糊了信任与合作的区别而导致基于信任的行为与信任构造本身的混淆"（Rousseau et al.，1998）。政治科学与社会学的调查研究进路，则在问卷问题设计和调查实施过程中疏于对信任概念的理论界定和有效说明，导致现有数据几乎难以用来检验任何信任概念或理论。由此，"若不返回这些研究的原初方案以处理信任概念问题，那当前关于信任的经验研究将无助于理解通常所知的信任，也将难以在解释社会行为、社会制度乃至政治变迁上起到更富建设性的作用"（Hardin，2006）。有必要指出的是，尽管前文重点阐述的体现在信任概念说明与理解上的缺点，或许只是国内外信任研究的弊端之一，但恰当的概念澄清之于信任研究的重要性是不言而喻的，以往大多数关于信任的经验研究之所以未能提供关于信任的真正洞见或许正缘于此。因此，对信任概念本身的理论探究显然是必要而紧迫的。

二　把情感带回来：作为社会事实的信任

通过批判性地反思有关信任的经验研究进路，我们不难发现，当前已经开展了大量关于信任的研究，但大多数研究揭示的信任在一定意义上只是"一叶障目，不见泰山"。因为"每门学科（进路）都以自己的框架和视角考察信任但缺乏有效澄清，每门学科（进路）只是每个盲人描述的他自己摸到的大象的一个部分"（Lewicki & Bunker，1995），而作为整头大象的信任却未真正呈现。从概化期待到制度文化，不同学科将信任操作化为不同层次的现象。当社会学家（Garfinkel，1967；Lewis & Weigert，1985b；Shapiro，1987）将信任视为一种在本质上具有结构性的现象时，心理学家（Erikson，1968；Rotter，1967）则把信任看作一种个人属性。当社会心理学家（Deutsch，1973；Holmes，1991）倾向于将信任视为一种人际现象时，经济学家（Williamson，1993；Coleman，1990）却更倾向于把信任当成一种理性选择机制（Mcknight & Chervany，1996）。即便是在同一进路中，不同的经验研究，也往往以自己特定的狭义定义方式界定信任。"有些研究把信任的本质视为利己的，有些则将其看作利他的。有些研究主张信任是以特定的方式行动，其他研究则认为信任是分享共同的道德框架。"（Stoneman，2008）这些研究虽然已经揭示了信任的特定维度，但"信任是一个有着多重含义的术语"（Williamson，1993），对信任的任何狭义定义不仅难以描述其丰富含义，甚至还加剧了原本就已复杂多样而几乎没有共识的信任概念的复杂性。

诚然，人们是否准确理解信任的概念或许并不会妨碍信任在社会生活中发挥作用，但对以信任为对象的科学研究来说，缺乏恰当的概念界定显然无助于信任研究的长足发展或真正进展。遗憾的是，信任恰恰是一个"已经被证明为最难以捉摸，迄今仍未得到很好处理的概念"（Seligman，1997）。虽然多数研究已经对信任的特定维度有所揭示，但这些研究并未让我们真正走出夏皮罗（Shapiro，1987）所谓信任概念的"混乱大杂烩"（confusing potpourri）。由于"古典作家和现代社会学家几乎没在同一种理论情境下使用过信任术语"，因此，对"作为概念澄清主要来源之一"的有关信任的"理论框架的详细阐述也遭到了忽视"（Luhmann，1988）。在考察各种量表后，怀特曼（Wrightsman，1991）指出，"对信任的经验测量已比对信任概念的澄清发展更快"，并呼吁"信任的一般概念应得到更多理论分析"。由此，我们显然有必要寻求对信任的更准确的定位和对信任概念的更恰切的理解。因为一定意义上，正是对信任的不准确定位造成了不恰当的概念化方式，不恰当的概念化方式又造成巴伯（Barber，1983）所谓"概念沼泽"（conceptual morass），而概念定义的混乱则阻碍了信任研究取得真正的进展。

从以往研究尤其是心理学和经济学研究往往把信任概念化为期望、预期、态度、倾向或信心，不难发现，已有研究主要将信任定位为"个体内在的心理事件"或行为选择，信任被简化为其包含的"认知内容或行为表达"（Lewis & Weigert，1985b）。这些要素无疑是信任可能包含的维度，但把信任完全简化为其包含的特定维度，将信任定位为个体心理或行为层面的现象显然是不恰当的。因为"信任是关系性的……我对你的信任依赖于我们的关系"（Hardin，2002）。信任是"从特定社会历史情境突生而来的互动形式"（Seligman，1997），是"从两人或更多人的互动突生出来并影响人们的行动的'社会构造物'（social construct）"（Weber & Carter，2003），即信任得以建立的条件和赖以存在的基础都是社会性的。有必要指出的是，尽管信任"内在地说是关系性的"（Hardin，2002），甚至往往就是"自身为随时间变化形成的社会关系"，但从根本上说"信任是社会关系的持续基础，因而信任是社会的（群体属性）而非社会心理的（群体之个体属性）"（Timothy & Cvetkovich，1995）。"信任是社会整体的属性，而非个体或关系的属性。"（Sztompka，1999）因此，对信任的更恰当的理论定位就应是信任属于涂尔干所谓社会事实、齐美尔所谓社会形式或刘易斯和魏格特所谓社会实在层面的现象，而非个体心理倾向或理性计算层面的现象。

信任之所以更应定位为社会事实，不只因为信任得以可能和赖以存在的基础是社会性的，而且因为"信任的首要功能是社会学的而非心理学的，如果脱离社会关系，个体将既没有机会也没有必要信任他人"（Lewis & Weigert，1985b）。与关于信任的定义几乎没有共识不同，关于信任的功能几乎已经达成高度共识。"不论是对婚姻中的夫妇（Deutsch，1958；Fehr，1988）、企业中的雇主雇员（Kramer，1998；Kreps，1990），还是对民主政治中的政府公民（Fukuyama，1995），信任都是社会关系的基础。"（Dunning et al.，2012）信任不只被视为社会关系的基础，而且被当成社会生活甚至社会得以可能的基础。"信任是任何规模、任何种类的社会生活——它的合作、交换——的前提，没有起码的信任就没有社会，丧失一切信任就是社会的瓦解。"（郑也夫，1993）值得指出的是，信任虽不乏使个体在心理与行动上安心、放心或有信心的作用，但就像涂尔干所谓集体表象与个体心灵的关系那样，这些作用只是信任之社会功能在个体心理与行为层面上的呈现而已。此外，个体之所以需要心理上"放心"和行动上有"信心"，信任之所以能满足这种需要，正是因为易受伤害的个体生活在充满风险、不确定性和复杂性的社会世界中，而信任正是一种有助于降低风险、复杂性和不确定性的机制（Luhmaan，1979）。信任，从根本上说是社会机制，而不只是心理学所谓作为"认知节俭"（cognitive parsimony）的心理机制。

从信任得以可能的基础及其功能都是社会性的来看，"信任必须被视为集体单元（交往的两人、群体和集体）的而非孤立个体的属性，信任适用于人们之间的而非他们个体具有的心理状态之间的关系"（Lewis & Weigert，1985b）。因此，对信任的更恰当的理论定位应是一种社会事实而非心理事实，是一种社会机制而非心理机制。将信任定位为作为社会事实的社会机制，不仅有助于更准确洞察信任本身，而且有助于深入反思以往研究对信任的定位。作为社会事实层面的社会机制，信任及其规则或文化就是对行动有道义约束力的机制。"信任规则既涉及给出信任的人，也涉及接受信任的人……既有信任的规范义务，也有值得信任、守信用和可以信赖的规范义务。"（Sztompka，1999）然而，以往研究似乎只看到"维持信任"需要作为"强制手段的社会机制"（张静，1997），却没有认识到信任就是有约束力的机制。随着关系从熟悉到陌生的变化，信任约束机制也从人际约束、组织约束扩展到制度约束（张静，1997），俨然信任始终是在条件、约束、疑虑的制约下进行的，甚至许多学者把健全各项（约束）制度当成建立信任的关键（翟学伟，2014）。殊不知，信任虽因其功能而有维持的必要，信任的建立也有其必要的条件，但信任非目的本身而是用以实现目的的手段。与那些用以维持信任的约束机制一样，信任本来就是有约束力的社会机制，是使个体生活与社会存在得以可能的涂尔干所谓"前契约式"（precontractual）的社会机制。

　　既然对信任的更恰当的理论定位应是社会事实而非心理事实，那么，作为社会事实的信任是一种怎样的现象？信任现象的实质是什么呢？在反思以往关于信任的经验研究时，哈丁（Hardin，2006）指出，"在当前有关信任的文献中基本上存在三类概念"。这三类概念虽"在被视为施信者确切意图的东西上有差异"，但"因都基于对被信任者之可信性的评估，因而都是'认知性的'（cognitive）概念"（Hardin，2006）。换言之，"大多数关于信任的说明在本质上都是对期望的说明，也就是都建立在施信者的期望上，因而信任往往被认为内在地是认知或信念问题"（Hardin，2001）。就像哈丁发现的那样，将信任视为期望、预期、态度、信心或信念等，确切地说是视为从对被信任者动机及行动的评估而来的期望、预期、态度、信心或信念等，的确是以往研究概念化信任的主流进路。把信任视为"一个个体或群体对另一个个体或群体之言辞、承诺、口头或书面声明之可靠性抱有的期望"（Rotter，1971），将信任界定为"一人对另一人之未来行动将有利、有益或至少无损其利益之可能性的期望、假设或信念"（Robinson，1996），甚至将信任视为"对他人之未来行动的赌注"（Sztompka，1999）等都可谓其典型代表。从以往研究概念化信任的主流进路来看，不难发现已有研究中的"信任和不信任都是认知性观念，是与知识、信念等同属一个术语家族"（Hardin，2006）的概念。

　　从表面上看，信任确实涉及认知判断甚至理性计算，以往研究也往往将信任视为认知性概念。但从根本上说，信任主要是认知性概念还是情感性概念，信任的本质是认知判断还是情感认同，还有待商榷。① 以往研究尤其是行为心理学和经济学研究的确往往从风险判断、利益计算或理性选择假设来理解信任，信任甚至被视为"只是利益驱动和目标导向行动的一个方面（Coleman，1990）……信任并非别的什么，而只是关于他人之行为或性格的理性信念而已（Dasgupta，1988；Gambetta，1988；Hardin，1991）"（Lahno，2001）。由于信任往往涉及不确定性、复杂性、风险和人的脆弱

---

① 尽管许多研究（Barber，1983；Lewis & Weigert，1985；Mcknight & Chervany，1996；Barbalet，1996；Lahno，2001）已经指出情感是信任的构成性要素之一，信任有其情感性特征，甚至信任就是一种社会情感。但是，也不乏研究指出"信任不是一种情感，而是一种态度"（Lagerspetz，1998），"信任不是一种感觉或情感，而是一种信念"（Hardin，1999；Stoneman，2008）。与此相应，戈维尔（Govier，1992）曾指出，信任是不是一种态度、情感、倾向、信念或它们的某种结合物的问题还没有得到深入探究。由此，信任中的情感要素，甚至信任与情感之间的关系显然是尚待进一步探究的。

性,"以往研究的确往往假设人们首要关注的是行动的可能性后果……人们信任是因为关心信任可能带来的结果,以及关心信任得到回报的可能性和可能获得的利益数量"(Dunning et al.,2012)。因此,"几乎所有关于信任的论述都承认以一种理性选择或预期理论来对通常被称为信任的东西做解释的可能性"(Hardin,2002)。许多研究也对信任进行"结果主义和工具主义的理解……人们将信任作为实现目标的手段而非目的"(Dunning et al.,2012)。诚然,对结果的预期、对利益的计算、对他人之动机和行动信息的判断,确实会在行动上影响人们是否会给出信任。但一个行动者是否信任另一个行动者并非完全基于这些要素,将信任完全简化为对结果的预期、对利益的计算、个体的理性预测或认知判断,显然是不甚准确的。更关键的是,据巴巴莱特(Barbalet,1996)的说法,信任本质上甚至都"不是一种理性主义者理解的意义上的理性行动模型",而是一种像"信心"(confidence)和"忠诚"(loyalty)一样的"社会情感"(social emotion)。

实际上,以往研究对信任之认知维度的过度强调,对信任的过度理性化解释已经遭到质疑。哈丁(Hadin,2002)在将其提出的作为"相契利益"的信任概念定位为认知性概念的同时,也指出对信任的恰当分析不应只关注施信者的理性预期,还要考虑被信任者的道德承诺。甘贝塔(Gambetta,1988)虽曾主张信任是对他人行为或性格的理性信念,但也指出,"如果证据能解决信任问题,那信任根本不成问题。这不只因收集与交换信息可能是代价高昂的、困难的甚或不可能实现的,也不只因过去的证据不能完全消除未来变易的风险,最关键的是信任本身就影响着我们寻找证据(信息)"。也就是说,信任对认知判断有影响,工具主义和后果主义等理性主义视野将"施信者基于对被信任者之信息的理性判断而相信对方会以有利他的方式行为"当成"信任的本质"(Lahno,2001),显然是欠妥的。如果说哈丁和甘贝塔等体现的还只是以理性认知进路理解信任的学者的自我反思,那么,也不乏学者对这种理解信任的过度理性化进路做出批判,并由此指出情感是信任的构成性要素,信任是"情感行动"(emotional act)或"情感态度"(emotional attitude),甚至将信任直接视为社会情感。路易斯和魏格特(Lewis & Weigert,1985b)就指出,"信任始于预测结束之地。对信任的过度理性化理解,通过将信任简化为意识或认知状态而完全忽视了信任的情感性"。巴巴莱特(Barbalet,1996)基于对以往研究的总结,指出"信任的基础不可能是知识或计算,信任并非对环境的掌控,而是对值得信赖之人的情感赞同"(Kemper,1978;Luhmann,1979)。

这不仅动摇了理解信任的认知进路，而且理解信任之实质的恰切进路也显露出来。

毋庸置疑，一个人是否信任另一个人会受利益计算或认知判断等因素的影响，但施信行为与信任并非同一种东西。哈丁（Hardin，2002）就指出，"如果信任是认知性的，那信任就不是行为性的。我可能基于信任而行动，我的行动可能给信任提供证据，但我的行动并非信任本身，尽管可能是信任的证据"。如果信任是卢曼所谓降低复杂性的机制，"信任是对未来的预期，就像未来是确定好的那样行动"（Luhmann，1979），那信任就不可能是认知判断或理性计算，反倒更可能是"通过情感性地将个人寄托于合作行动的风险，以解决未知的问题"（Barbalet，1996）。因为"未来不可知意味着理性和认知在应对未来上有局限，不可知的东西不能被计算，也不能逻辑地处置……应对未来的不可知或不确定，只有对环境的情感性理解才能胜任，思维和理性则不能"（Barbalet，1996）。有必要指出的是，信任或许并不只是认知判断或理性计算，也可能并不只是行为选择，而本质上就是一种情感。但这并不意味着否定前文对信任是一种不可还原之社会实在的理论定位，认知、情感、行为或道德等维度突生而成的信任从根本上说是一种情感，更确切地说是作为社会事实的社会情感。社会情感并不乏其"认知结构"（cognitive structure），也不乏其"合理性"。"情感决定我们如何以直接的方式感知世界，决定我们如何思考和对事实做出判断，引导我们对世界的评价，并激发行动。"（Lahno，2001）因此，作为情感的信任非但不会敉平信任的多重维度，反而可能更有助于理解信任乃至化解信任危机。

总之，以往并不乏对信任之情感性的关注，甚至不乏将信任视为情感的观点。霍布斯就将信任视为"来自对他人之信念的'激情'，我们期待从那个人那里得到好处，这种期待毋庸置疑，以至于不会为了得到相同好处而去寻找其他途径"（Hobbes，1750）。齐美尔不仅指出在信任中有"一种准宗教信念的社会 - 心理要素……这种要素虽难以描述却涉及一种无关乎知识的、既多于也少于知识的心灵状态"（Simmel，2004），而且指出一种"既不以经验也不以假设为媒介"的信任，"无论信任的社会形式在精确性和理智上显得如何理由充足，仍可能有某些额外的情感性的，甚至是神秘性的，人对人的信任"（Simmel，1950）。卢曼所谓"对信任的信任"（trust in trust），很大程度上就是对齐美尔这种"形而上信任"观点的继承。巴巴莱特不仅指出"信任的基础是对他人的未来行动也是对自己的判断有信心的情感"，而且指出"作为信任之基础的情感是平静的、不醒目的，并在此意义上是与合理性相符的"（Barbalet，2009），甚至将信任直接视为"社会情感"（Barbalet，1999）。邓恩（Dunn，1988）则指出"作为激情之信任的本质是对另一个自由人之善意的有信心的期望……作为人类激情，信任既可能基于亲近的熟悉性也可能基于遥远的社会距离而建立"。然而，就像"随着行为主义与操作主义（operationalism）的兴起，同人类经验的行为与认知维度相比，社会关系的情感方面遭到了忽视"（Lewis & Weigert，1985b）那样，对信任的情感维度的关注，尤其是将信任视为情感的观点也被遗忘。以往关于信任的经验研究之所以未能使我们真正理解信任，未能对化解信任危机起到切实作用，或许就在于"没有认识到齐美尔、帕森斯或卢曼等的理论贡献，没有认识到信任的社会本性"（Lewis & Weigert，1985b），尤其是没有充分认识信任的情感本性。因此，把情感带回来，充分认识到信任是一种社会情感，无疑将更有助于洞悉信任的奥秘乃至找到化解所谓信任危机的出路。

三 信任危机的实质与化解：从社会结构而来

信任成为社会学的研究主题，尤其是"对信任问题的担忧在20世纪90年代再度成为社会科学讨论的核心议题"（Cook，2001），当然是因为信任之于个人生活与社会存在的重要意义，但更直接地还是应运"一个越来越相互依赖的全球世界的政治、社会与经济实在"而生，是"不确定时代所引发的对信任崩溃之反思"（Cook，2001）的结果。20世纪90年代以来，"信任已经成为许多专家学者忧虑的问题。他们担忧的原因在于这样一种广为接受的观点，美国、加拿大、瑞士和英国等发达国家正经历信任与社会资本衰退。许多学者都认为这些存在于大型调查数据中的趋势，既反映政府信任的衰退，也反映作为个体的公民之间的信任的衰退"（Hardin，2006）。对信任衰退或信任危机的担忧并非只出现在西方，而更像是一种全球普遍现象。"大量事实表明，中国社会正在经历严重的信任危机。假冒伪劣泛滥、厚黑学盛行、官员腐败、贪赃枉法使制度化信任无从确立，杀熟现象使建立在私人关系上的特殊信任也受到冲击。"（彭泗清，1999）信任危机甚或已经不再只是"当代中国日常生活中可感受到的经验事实"（高兆明，2002），而是演变成了严重的社会病。信任危机，既是"当前中国社会发展过程面临的突出问题，也是社会各界普遍关注的焦点"（冯仕政，2004）。在许多学者（Hardin，2006）看来，信任危机俨然已经成为重大的时代问题，我们正生活在"一个不信任的时代"（an age of distrust)。

信任往往被视为个人生活与社会存在的可能性基础,信任危机则被当成对此基础的破坏。因此,随着信任崩溃、信任衰退或信任危机的不断恶化,国内外学者已对信任危机的成因、表现、危害和治理对策等做出大量研究。遗憾的是,与关于信任的研究往往疏于对信任的理论思考,便匆忙地展开对信任之类型、特征或水平状况差异等的经验调查一样,以往研究也往往先行认定信任危机就是既成现象,随即便匆忙展开对其成因、表现、危害和治理对策等的探讨。殊不知,缺乏对信任是否真出现危机,信任在何种意义上出现危机,信任危机的实质是什么等基础性问题的理论论证,任何围绕信任危机展开的研究都将只是流沙上的喧嚣或"假问题"而已。在当今中国社会的经济领域里确实不乏"假冒伪劣商品充斥"、"服务质量差"甚或"合同履约率低"等状况,公共领域里也的确存在"对公共设施产品质量的怀疑"、"对公共服务效率和服务态度及公正性的不满"甚或"公共政策制定失位及执行不公"等问题,在人际交往中也不乏"杀熟"等现象,甚至"价值信仰"或"思想意识层面"也出现了动摇(冯仕政,2004),但这些能否归结为信任危机本就值得商榷,更遑论由此得出"信任危机不仅已经扩展到社会系统的不同层面和领域,而且不同层面和领域的信任危机正形成恶性的互动循环"(冯仕政,2004)的结论了。在西方尤其是美国社会,"许多研究者通过观察、经验和数据得出,社会信任衰退之确切起始时间点虽不确定,但社会信任式微的趋势论断在过去数十年里却较为一致"(Bruhn,2001)。但是,这种趋势也只被视为信任的衰退而非危机,甚至不乏有人对此结论及其调查数据提出质疑,即便有人承认我们生活在"不信任的时代"(Hardin,2006),但此不信任非信任危机意义上的。因此,对信任危机论断显然要审慎对待,对信任危机的实质更要深究。

在辨析我们是否生活在"不信任的时代"时,哈丁指出,"如果生活在一个不信任时代意味着与我们'不信任'(do not trust)甚至'不信任'(distrust)的人有比'信任'(do trust)的人更多互动,那我们确实生活在不信任的时代。我们的确有更多这类互动——但首要的只是因为各类互动都大大增加了而已"(Haidin,2006)。不难看出,所谓"不信任的时代"并不是通常所谓信任危机意义上的,而只是随着从传统到现代、从乡村到城市的转变而产生的人类交往互动之扩展的正常现象。因为"如果我们有与更多人互动和信任更多人的可能性,那也必定逃不了硬币的另一面——不信任更多的人"(Haidin,2006)。由此,如果信任危机只意味着不信任增多，只意味着"当前最普遍的看法理解的诚信问题、信用问题或道德问题"（冯仕政，2004），那信任危机显然并不成为问题，更遑论弥漫全社会的社会病了。实际上，以往关于信任危机的研究之所以将不信任增多视为应担忧的或"坏的"，只是因为那些研究往往都从信任的积极功能出发将不信任视为信任的对立面或信任的缺场。但如果像工具主义、结果主义或行为主义那样，将信任理解为个人基于结果预期、利益计算或认知判断做出的理性行动选择，那不信任与信任并没有太大差异，因为它们只是从对被信任者之相关信息的理性判断而来的结果。

与信任一样，不信任也是一种个体借以简化系统复杂性的机制，是个体借以在世生存的策略。就政府信任而言，政府信任水平不高甚或对政府不信任本身并不一定就是问题，反倒是公民对政府应抱有的正常态度。在自由主义的思想传统那里，"不信任正是政治和经济自由主义的出发点"（Hardin，2006）。休谟就指出，"在设计政府体系和设置检查机构时，政治学者已经将此确立为准则：任何人都应被假设为流氓，在他的所有行动中除私利外别无其他目的"（Hume，1985）。政府机构及其雇员也应被设想为以私利为重的流氓，对政府机构及其工作人员应该抱有警惕性的不信任。由此可见，如果从个人理性计算或认知判断来理解信任，那以往研究往往视为信任之对立面或信任之缺场的不信任并不成问题，不信任也并非"坏的"，不信任甚至都不能简单地被视为信任的缺场或对立面。①如此理解的不信任的增多显然也不能被视为值得担忧的问题，至少值得担忧的不是作为理性判断结果的不信任，而是个人、组织或政府等被信任对象的问题，归根结底是社会的问题。因此，与信任应该更恰当地被理解为社会情感一样，不信任也更应被理解为社会情感。只有将信任和不信任都理解为社会情感，信任危机命题才得以成立，信任危机本质上是社会情感危机。吉登斯曾颇有洞见地将信任与"本体性安全"（ontological security）结合在一起，这种结合不仅确证了信任是作为社会事实的社会情感，而且表明了信任危机的实质是社会情感危机。在吉登斯看来，本体性安全涉及"大多数人对他们的自我认同之连续性和行动的社会与物质环境之恒常性抱有的信心。对信任至关重要的对人与物之可靠性——本体性安全感的感受是基本的。因此，信任与本体性安全在心理上紧密联系在一起"（Giddens，1991）。不论是信任、可靠性感受，还是本体性安全感，都是一种情感感受。

---

① 卢曼就曾指出，"如果不信任只是一种信任的缺乏的话，那么，不信任几乎都不值得特别关注。不信任并非信任的对立面，而是信任的功能对等物"（Luhmann，1979）。

本体性安全与人的"在世存在"(being-in-the-world)有关，而在世存在是一种"情感而非认知现象"。人生活在充满风险、不确定性和复杂性的社会世界中，但"并非每个人都总是处在高度的本体性不安全状态中"，正是因为"'正常'的个体在其早年生活经历中获得了一种基本的信任'剂量'……他们接种了一种'情感疫苗'(emotional inoculation)，这种'情感疫苗'使他们得以对抗所有人都可能会感染上的本体性焦虑"(Giddens, 1991)。有必要指出的是，来自早年生活经历中的信任只是基本"剂量"，更多"剂量"的信任主要来自良好的社会氛围或公正的社会结构，而且个人之所以能从早年生活中获得信任的基本"剂量"，归根结底是因为他生活在一种良好的至少是安全的家庭、邻里乃至社会情境中。但不论来自哪里，信任都可谓一种"情感疫苗"是显而易见的。既然信任在本质上是人们借以对抗存在性焦虑的"情感疫苗"，"信任悬置了时间与空间的距离感并阻断了各种存在性焦虑，如果任由这些焦虑发展将可能变成贯穿终生的持续的情感与行动苦恼之源"(Giddens, 1991)，那么，不信任，更确切地说信任的对立面，更进一步说信任危机的实质是什么呢？很显然，也终将是一种情感，甚至可以说就是一种存在性焦虑或恐惧。

一般而言，信任的对立面无非就是不信任，信任危机无非就是信任的缺场或不信任的扩增。但是，通过对以往研究进路的反思，尤其是将信任更恰当地理解为社会情感后，不难发现"要表达信任的对立面，'不信任'(mistrust)显然是太过薄弱的术语……在最深远意义上，信任的对立面是一种可以被最恰切地概括为'存在性焦虑或恐惧'(existential angst or dread)的心智状态"(Giddens, 1991)。所谓存在性焦虑或恐惧，显然是一种情感或情感状态。实际上，如果能准确理解信任本质上是一种社会情感，就会发现信任的对立面不只在最深远意义上才是焦虑或恐惧等情感，而是在任何意义上（从人际信任到社会信任等）都可谓一种情感。由此，信任危机的实质也就显而易见了，那就是一种社会情感危机，一种弥漫于全社会的存在性焦虑或恐惧。既然已经阐明不信任与信任都是社会情感，信任危机的实质就在于充斥整个社会的存在性焦虑或恐惧，那么，信任危机的化解之道何在呢？要找到信任危机的化解之道，首先要做的是找到存在性焦虑或恐惧的真正成因。关于信任危机的成因，以往研究已有颇多论述。国内学者往往认为信任危机的本质在于"社会转型期的阵痛"与"现代化进程的困惑"(申自力，2004)，因而信任危机的成因往往被归结为从现代化逻辑而来的传统熟悉信任与现代抽象信任转换之间的"断档"，从中国文化而来的传统人伦信任与现代系统信任的"格格不入"，从中国社会转型的

"迟发外生型"与"追赶型"现代化模式而来的文化冲突等(冯仕政,2004)。国外学者在解释信任衰退或信任危机的成因时,往往将其归结于现代化进程的个体化、公职人员的不诚信、政府机构的不孚众望、专家权威的流失和专业知识或表征体系的抽象性等。从根本上说,国内外学者对信任危机的解释并无太大差异,也在一定意义上指出了解释信任危机的恰当方向,即社会结构变迁或社会秩序变动对社会成员之社会交往与心灵秩序的冲击。然而,恰如以往研究概念化信任时存在的弊端那样,以往研究在对从社会结构到信任危机之关键机制的解释上往往语焉不详。

与作为社会情感的信任是"社会构造物"(social construct)一样,作为情感的不信任本质上也是社会结构性的产物,而以存在性焦虑或恐惧为实质的信任危机一定意义上就是这种不信任的全社会蔓延。因此,阐明特定社会结构如何使人产生不信任也就成了澄清信任危机之真正成因的关键。罗斯等(Ross et al., 2001)曾从"个人劣势"(personal disadvantages)与"街区劣势"(neighborhood disadvantages)出发,探究不信任的结构性根源和"结构性放大"(structural amplification)机制。在罗斯等看来,"不信任往往在其最具破坏性的地方滋生",不信任"源自个人劣势与街区劣势的结合,形成于那些资源稀少的人们之间,这些人生活的地方往往资源稀缺、威胁遍地,且他们往往感到无力规避或控制那些威胁"(Ross et al., 2001)。尽管我们并不赞同罗斯等对信任和不信任的理解及其对不信任产生过程的解释逻辑,但他们关于"不信任发生于资源与机遇匮乏,无序、犯罪和危险丛生且人们感到无力避免伤害之时"(Ross et al., 2001)的说法,在一定意义上指出了导致信任危机之内在机制的关键要素。各类资源的匮乏和生存机遇的稀缺往往造成"无能感"或"无力感"(powerlessness),这些弱势者或群体又往往生活在充满危险的无序社会环境中,从而导致本就易受伤害的无力个人或群体产生存在性焦虑或恐惧。

有必要指出的是,这里阐明的还只是特定个人或群体之不信任的生成理路,作为信任危机之实质的充斥全社会的存在性焦虑或恐惧的形成,还有赖多数社会成员都处在至少觉得处在社会弱势处境中且都有"无能感"。非常遗憾的是,当今中国社会似乎就弥漫着这样一种"普遍受伤害感",不论哪个阶层似乎都有"无能为力之体验"。因此,中国人普遍感受到作为信任危机之实质的存在性焦虑或恐惧,认为中国社会正遭遇严重的信任危机(尽管多数人理解的信任危机只是彼此互不信任)。与个人或群体层面的不信任的成因在于他们的劣势的社会结构性处境一样,全社会层面的信任危机,即普遍的存在性焦虑或恐惧的真正成因显然也在于社会结构、社会秩序、社会体制甚至社会气质。由此，既然已阐明信任危机的实质在于存在性焦虑或恐惧，信任危机的成因在于劣势的社会结构性处境，更确切地说是不合理的社会体制设计、不恰当的社会结构安排和不友善的社会生存氛围，那么，所谓信任危机的化解之道，至少化解信任危机的正确戮力方向也就显露出来。以往研究提出的提高信任危机认识、加强诚信教育、健全信任监督与失信惩戒制度等（冯仕政，2004），固然可谓信任危机的治理对策，但要注意的是，这些对策往往是基于信任或不信任是结果预测、利益计算、认知判断或理性选择的产物而做出的。如果认识到信任或不信任本质上是社会情感，那么，建立约束、监督、监控和惩戒制度的治理对策是否恰当就值得商榷了。因为这些机制或制度的建立与强化本身，就是造成与加剧不信任感或不信任氛围的原因之一。因此，若要从根本上治理信任危机，要治理的显然不只是一种"社会病态"，而更是一个"病态社会"。

参考文献

冯仕政，2004，《我国当前的信任危机与社会安全》，《中国人民大学学报》第2期，第25~30页。
高兆明，2002，《信任危机的现代性解释》，《学术研究》第4期，第5~15页。
李伟民、梁玉成，2002，《特殊信任与普遍信任：中国人信任的结构与特征》，《社会学研究》第3期，第11~22页。
彭泗清，1999，《信任的建立机制：关系运作与法制手段》，《社会学研究》第2期，第53~66页。
申自力，2004，《当今中国社会的信任危机：表现、本质及其影响》，《求实》第7期，第55~57页。
王绍光、刘欣，2002，《信任的基础：一种理性的解释》，《社会学研究》第3期，第23~39页。
韦伯，2010［1915］，《中国的宗教：儒教与道教》，康乐、简惠美译，桂林：广西师范大学出版社，第308页。
翟学伟，2014，《信任的本质及其文化》，《社会》第1期，第1~26页。
张静，1997，《信任问题》，《社会学研究》第3期，第84~87页。
张云武，2009，《不同规模地区居民的人际信任与社会交往》，《社会学研究》第4期，第112~132页。
郑也夫，1993，《特殊主义与普遍主义》，《社会学研究》第4期，第110~116页。
郑也夫，2001，《信任论》，北京：中国广播电视出版社。
Barbalet Jack. (1996). Social emotions: Confidence, trust and loyalty. *International Journal of*

Sociology and Social Policy, 16 (9/10), 75-96.

Barbalet Jack. (2009). A characterization of trust, and its consequences. *Theory and Society*, 38 (4), 367-382.

Barber Bernard. (1983). *The Logic and Limits of Trust*. New Brunswick: Rutgers University Press.

Barrera Davide. (2008). The social mechanisms of trust. *Sociologica*, 2, 1-32.

Bruhn John. (2001). *Trust and the Health of Organizations*. New York: Springer.

Coleman James. (1990). *Foundations of Social Theory*. Cambridge, MA and London: Harvard University Press.

Cook Karen. (2001). *Trust in Society*. New York: Russell Sage Foundation.

Dasgupta Partha. (1988). Trust as a commodity. In *Trust: Making and Breaking Cooperative Relations*. Oxford/New York: Basil Blackwell, 49-72.

Deutsch Morton. (1958). Trust and suspicion. *Conflict Resolution*, 2, 265-279.

Deutsch Morton. (1973). Behavior and heredity: Statement by the Society for The Psychological Study of Social Issues. *American Psychologist*, 28, 620-621.

Deutsch Morton. (1985). *The Resolution of Conflict: Constructive and Destructive Processes*. New Haven, CT: Yale University Press.

Dunn John. (1988). Trust and political agency. In *Trust: Making and Breaking Cooperative Relations*. Oxford: Basil Blackwell, 73-93.

Dunning David et al., (2012). Trust as a social and emotional act: Noneconomic considerations in trust behavior. *Journal of Economic Psychology*, 33, 686-694.

Erikson H. (1968). *Identity: Youth and Crisis*. New York: W. W. Norton.

Fehr B. (1988). Prototype analysis of the concepts of love and commitment. *Journal of Personality and Social Psychology*, 4, 557-579.

Fukuyama Francis. (1995). *Trust: The Social Virtues and the Creation of Prosperity*. New York: The Free Press.

Gambetta Diego. (1988). Can we trust in trust, In *Trust: Making and Breaking Cooperative Relations*. Oxford: Basil Blackwell, 213-238.

Garfinkel Harold. (1967). *Studies in Ethnomethodology*. Englewood Cliffs, NJ: Prentice-Hall.

Giddens Anthony. (1991). *The Consequences of Modernity*. Cambridge: Polity Press.

Good David. (1988). Individuals, interpersonal relations and trust. In *Trust: Making and Breaking Cooperative Relations*. Oxford: Basil Blackwell, 31-48.

Govier Trudy. (1992). Trust, distrust and feminist theory. *Hypatia* 7, 16-33.

Hardin Russell. (1991). Trusting persons, trusting institutions. In *Strategy and Choice*. Cambridge, MA: The MIT Press, 183-209.

Hardin Russell. (1999). Do we want trust in government? In *Democracy and Trust*. Cambridge University Press, 22-41.

Hardin Russell. (2001). Conceptions and explanations of trust, In *Trust in Society*. New York: Russell Sage Foundation, 3-39.

Hardin Russell. (2002). *Trust and Trustworthiness*. New York: Russell Sage Foundation.

Hardin Russell. (2006). *Trust*. Cambridge: Polity Press.

Hobbes Thomas. (1750). Human nature. In *The Moral and Political Works of Thomas Hobbes* of Malmesbury. London.

Holmes G. (1991). Trust and the appraisal process in Close Relationships. In *Advances in Personal Relationships* (Vol. 2). London: Jessica Kingsley, 57 – 104.

Hume David. (1985). *David Hume: Essays Moral, Political and Literary*. Indianapolis: Liberty Classics.

Kemper Theodore. (1978). *A Social Interactional Theory of Emotions*. NewYork: Wiley.

Kramer R. M. (1998). Paranoid cognition in social systems. Thinking and acting in the shadow of doubt. *Personality and Social Psychology Review*, 2, 251 – 275.

Kreps D. M. (1990). Corporate culture and economic theory. In *Perspectives on positive political economy*. Cambridge University Press, 90 – 143.

Lagerspetz Olli. (1998). *Trust: The Tacit Demand*. Springer Netherlands.

Lahno Bernd. (2001). On the Emotional Character of Trust. *Ethical Theory and Moral Practice*, 4 (2), 171 – 189.

Lewicki & Bunker. (1995). Trust in relationships: A model of development and decline. In *Conflict, Cooperation and Justice*. San Francisco: Jossey-Bass, 133 – 173.

Lewis David & Weigert Andrew. (1985a). Social atomism, holism and trust. *The Sociological Quarterly*, 26 (4), 455 – 471.

Lewis David & Weigert Andrew. (1985b). Trust as a social reality. *Social Forces*, 63 (4), 967 – 985.

Luhmann Niklas. (1979). *Trust and Power*. Wiley.

Luhmann Niklas. (1988). Familiarity, confidence, trust: Problem and alternatives. In *Trust: Making and Breaking Cooperative relationship*. Massachusetts: Basil Blackwell Ltd., 94 – 108.

Mcknight Harrison & Chervany Norman. (1996). The Meanings of Trust. Meeting Paper, University of Minnesota, Carlson School of Management.

Robinson Sandra. (1996). Trust and breach of the psychological contract. *Administrative Science Quarterly*, 41 (4), 574 – 599.

Ross Catherine et al. (2001). Powerlessness and the amplification of threat: Neighborhood disadvantage, disorder and mistrust. *American Sociological Review*, 66 (4), 568 – 591.

Rotter Julian. (1971). Generalized expectancies for interpersonal trust. *American Psychologist*, 26 (5), 443 – 452.

Rousseau Denise et al. (1998). Not so different after all: A cross-discipline view of trust, *Academy of Management Review*, 23 (3), 393 – 404.

Seligman Adam. (1997). *The Problem of Trust*. New Jersey: Princeton University Press.

Shapiro Susan. (1987). The social control of impersonal trust. *American Journal of Sociology*, 93 (3), 623 – 658.

Silver. (1985). "Trust" in social and political theory. In *The Challenge of Social Control*. Norwood, Mass: Ablex Publishers, 52.

Simmel Georg. (1950). *The Sociology of Georg Simmel*. Glencoe: The Free Press.
Simmel Georg. (2004). *The Philosophy of Money*. London and New York: Routledge.
Stoneman Paul. (2008). *This Thing Called Trust: Civic Society in Britain*. New York: Palgrave Macmillan.
Sztompka Piotr. (1999). *Trust: A Sociological Theory*. New York: Cambridge University Press.
Timothy Earle & Cvetkovich George. (1995). *Social Trust: Toward a Cosmopolitan Society*. Westport: Praeger Publishers.
Weber Linda & Carter Allison. (2003). *The Social Construction of Trust*. New York: Springer.
Williamson Oliver. (1993). Calculativeness, trust, and economic organization. *The Journal of Law & Economics*, 36 (1), 453 – 486.
Wrightsman Lawrence. (1991). Interpersonal trust and attitudes toward human nature. In *Measures of Personality and Social Psychological Attitudes* (Vol. 1). San Diego, CA: Academic Press, 373 – 412.

潜规则认同及其与信任的关系*

辛素飞　辛自强　林崇德**

> **摘　要**：潜规则的盛行作为中国文化中一种独特的社会现象，存在于社会的方方面面，它已经影响到社会的稳定和经济的发展，可能也是造成中国社会信任水平衰落的一个重要原因。近年来，不断有学者指出，中国社会信任水平下降已是一个不争的事实。针对这一现状，本文提出了潜规则认同的概念，即人们对所要遵守的潜规则具有某种功能认可和情感接纳倾向，并表现出行为上的遵从，我们推测人们对潜规则的认同可能是导致我国人民社会信任水平下降的一个重要因素。
>
> **关键词**：潜规则　潜规则认同　信任　信任衰落

随着社会的变迁，社会规则出现了"断裂"（潜规则与显规则的分离），主要是显在的所谓"应该的"规则，时常与潜在的实际遵循的规则不是一码事（辛自强、池丽萍，2008）。潜规则的盛行已成为中国文化中一种独特的社会现象，普遍存在于社会生活的各个领域（谭志雄，2014；汪新建、吕小康，2009）。调查显示，60%的人认为潜规则"大量存在"，64.6%的人"潜规则"或者"被潜规则"过，更有11.6%的人经常与潜规则接触（鲁芳，2013）。可见，人们对潜规则的认同导致显规则被搁置（有法不依），这可能已经影响到个体的心理和行为。潜规则认同对社会稳

---

* 本研究得到教育部哲学社会科学研究重大课题攻关项目（15JZD030）和国家社会科学基金重点项目"社会治理背景下的心理建设研究"（16AZD057）的资助。
** 辛素飞，鲁东大学教育科学学院讲师；辛自强，中央财经大学社会与心理学院教授；林崇德，北京师范大学发展心理研究院教授。

定发展的负面影响不可小视，从某种程度上来说，它已经成为造成中国社会信任水平衰落的一个重要原因。因此，本文将从社会心理学角度出发，探讨人们对潜规则的认同及其与信任的关系。

一 潜规则认同概念的提出与界定

在当前社会中，一些历史学者（如吴思，2001，2003）注意到潜规则在中国人社会生活中普遍存在，并尤其关注了其负面影响。经济学者（如梁碧波，2004）则从制度经济学的角度定义了潜规则，认为它游离于主体制度体系之外，并与主导集团的意志相违背，它规范和调整的对象是非法或非正当交易。基于此，胡亮和罗昌瀚（2005）使用了一个简单的演化博弈模型（两人送礼）对潜规则的延续和演化过程进行了分析。由于显规则的存在并不是稳定的均衡状态，一旦有人脱离显规则，采取潜规则的行事方式（虽然潜规则会损害整体利益，但它往往能增加个人收益），大家就会相互猜忌，那么潜规则就会迅速蔓延直至彻底代替显规则。

虽然学者们（如吕小康、汪新建，2012；汪新建、吕小康，2009，2010）意识到潜规则可以作为重要的研究主题，但目前还停留在理论思辨或数学推演的层面，这方面缺乏严格的心理学研究，心理学家还没有探讨中国人对"潜规则"的理解和使用方式及其后果。直观经验告诉我们，潜规则甚至比显规则更多地左右了中国人的行事逻辑。

心理学的基本看法是，客观的社会现实要通过主观心理活动对个体行为产生影响。潜规则是中国社会生活中一个无法回避的现实问题，但这并不能说明所有人都形成了对潜规则的主观认同。有研究者曾指出，规则感知与规则本身并不一致，规则本身是从社会客观层面来说的，而规则感知则是从个体主观层面来说的（Lapinski & Rimal, 2005；Rimal & Lapinski, 2015；Rimal & Real, 2005）。潜规则的存在是一个客观的社会事实，从主观心理过程来说却是不一样的，因为有人遵从潜规则（认同潜规则），也有人不遵从潜规则（不认同潜规则）。

从文化认同（郑晓云，1992；Padilla & Perez, 2003）的视角来说，当人们对潜规则文化的存在有了某种共识与默认的时候，人们对潜规则的认同也就发生了。综上所述，我们认为研究潜规则认同要比研究潜规则本身更有价值，但目前有关潜规则认同的心理学研究是空白的。因此，本文提出了潜规则认同（identification of hidden rules, IHR）这一概念，并结合相关文献对其进行界定。

人们为什么会遵守某种规则呢？从规则参与者的心理角度来说，人们遵守规则的一个重要前提就是，人们对这种规则具有某种情感体验或价值认同。虽然潜规则是与正式规则相违背的、不能公开言明的规则，但它也是一种规则，那么它就必然包含规则或规范的特点。因此，我们对潜规则认同概念的界定，应该参考国内外有关学者对规则或规范认同的理解。

已有研究发现，他人呈现的规范会使个体对规范进行内化，使个体做出符合规范的行为，而规范内化的结果便是规范认同（Brody, Ge, Katz, & Arias, 2000; Hogg & Reid, 2006; Livingstone, Young, & Manstead, 2011）。在有关规则的心理学研究中，经常被提及的一个问题就是，人们为什么要遵守或违背规则，研究者大都从规则的功能或价值角度来探讨（Bizer, Magin, & Levine, 2014; Tyler, 1990; Webley et al., 1998; verkuyten et al., 1994）。人们对规则的遵守或违背，其实就是人们对规则认同或不认同的问题，这可以为我们对潜规则认同的界定提供借鉴。另外，国内学者还从不同角度对规则或规范认同做了界定。例如，祝丽生（2011）认为规则认同就是人的感情与经验对社会管理方式的认同与许可；黄金兰（2007）认为规则认同是人们对所要遵守的规则具有某种价值认同和情感体验；王健敏（1998）则从社会认同角度来分析，认为规范认同是"个体对规范在思想上与行为上的趋同"。综合已有学者的定义，规则认同主要涉及情感、功能（或价值）和行为三方面的内容，这可以为我们对潜规则认同的界定提供参考。

本文认为潜规则认同是指人们对所要遵守的潜规则具有某种功能认可和情感接纳倾向，并表现出行为上的遵从。具体来说，功能和情感方面的认同是人们对潜规则形成认同的核心环节，既然潜规则能够得到人们的默许和遵守，它必然能满足人们对生活的不同方面的需求，而且人们会对潜规则产生情感上接受的体验；行为方面的认同则是人们对潜规则认同的外在体现。实际上，人们对潜规则功能或价值上的认可总会伴随着情感上接受的体验，而最终往往体现在行为上。

人们身处社会和群体中，其行为不可避免地受到社会规范的影响。Cialdini、Reno和Kallgren（1990）区分了两种不同的社会规范：一是描述性规范（descriptive norms），指在一个特定情境中大多数人实际会怎么做；二是指令性规范（injunctive norms），指在一个特定情境中大多数人应该怎么做。Cialdini、Kallgren和Reno（1991）发现，人们更倾向于遵从描述性规范，保持与大多数人的一致性，即使这种行为明显违反社会道德。一般来说，在一个既定的情境中，人们往往会自动寻找描述性规范以引导自己的行为，使描述性规范很容易成为关注的焦点，就算描述性规范和指令性规范发生冲突的时候，人们遵从描述性规范的可能性也更大（Cialdini et al., 1991; Nolan, et al., 2008）。Keizer、Lindenberg 和 Steg（2008）认为，描述性规范对个体的影响在于个体会模仿和复制相似情境中其他个体的行为，尤其当这种行为被认为是大多数人在该情境中的典型行为时。

基于此，本文认为人们对潜规则的认同可能就是因为人们习得的是一种描述性规范。当个体观察到他人采用潜规则行事时，他们可能会将此解释为情境中普遍的行为规范。人们会认为既然在那种情境中大多数人都认同潜规则，自己也应该认同并遵从潜规则。也就是说，人们会参考其他人（或一般人）对潜规则的认同状况来做出自己对潜规则认同程度的判定。因此，我们有必要将潜规则认同区分为一般潜规则认同（general identification of hidden rules，GIHR）和个人潜规则认同（personal identification of hidden rules，PIHR）。

我们对一般潜规则认同与个人潜规则认同的区分并不是基于结构的划分，而是基于类型和内容的划分。一般潜规则认同是指个体认为其他人对潜规则的认同程度，也可以称为他人潜规则认同；而个人潜规则认同则是指个体自身对潜规则的认同程度，也可以称为自我潜规则认同。一般潜规则认同与个人潜规则认同的区分主要是基于 Schwartz（1977）对社会规范（social norms）与个人规范（personal norms）的区分进行的。社会规范主要是指群体成员拥有的对彼此的期望，而个人规范主要是指个体拥有的对自己的期望。其实从某种程度上来说，一般潜规则认同与社会规范是一致的，个人潜规则认同与个人规范是一致的。类似的区分已经被广泛应用在社会心理学的研究中，例如，共享的社区认同感（shared sense of community identity）与个人的社区认同感（personal sense of community identity）的区分（Puddifoot, 2003），以及一般公正世界信念（general belief in a just world）与个人公正世界信念（personal belief in a just world）的区分（Dalbert, 1999; Lipkus, Dalbert, & Siegler, 1996）等。

由于个体自身对潜规则的认同程度是基于个体认为其他人对潜规则的认同程度而做出的判断，所以一般潜规则认同与个人潜规则认同之间应该存在中等程度的相关关系。此外，从自我服务偏向（Bradley, 1978）的角度来说，个体为了提升自己的个人形象，使之符合社会的期望，可能会降低自己对潜规则的认同程度，使自己的个人潜规则认同程度低于一般潜规则认同程度。当然，这些仅是理论推测，要想搞清楚这两个变量之间的关系到底是怎样的，还需要相关实证研究去检验。因此，本文关于一般潜规则认同与个人潜规则认同的区分是有必要的。

二　潜规则认同的社会根源与心理机制

潜规则在中国古代官场就已经存在，综合已有研究可发现，造成人们对潜规则广泛认同的原因是错综复杂的，下面主要从三个方面来阐述人们对潜规则认同的社会根源。

首先，社会转型期的法治环境尚未建立、健全是造成人们对潜规则认同的一个重要原因。涂尔干认为在社会转型过程中，旧的规范失去作用，而新的规范尚未建立起来，这样就容易产生失范行为（侯钧生，2006）。我国社会正处于由封闭性社会向开放性社会转型的过程中，旧体制逐渐失去其功能，而新型体制尚未完全确定，这为非正式制度的形成和使用留下了巨大空间，也为人们形成对潜规则的认同提供了条件。

其次，"熟人社会"（或"礼俗社会"）向"陌生人社会"（或"法理社会"）的转型导致人伦关系被破坏，也是造成人们对潜规则认同的一个重要原因。传统的乡土中国是典型的血缘和地缘结合体，是"一个熟悉的社会，没有陌生人的社会"（费孝通，2009）。熟人社会中个体的交往对象大都是熟悉的面孔，血缘和情缘起着无形的监督作用，个体一旦做出某种失范行为（如采用潜规则行事），其失范行为很快就会为熟人所知，并可能因此遭受其他人的指责与排斥。改革开放以来，"陌生人社会"逐渐形成，个体交往和接触的对象大都是素不相识的陌生人。"陌生人社会"中个体的行为已不再受面子的制约和熟人的监督，而是靠制度来调节，但是制度又不完善，因而在自身利益最大化动机的驱动下，各种失范行为不断涌现，这就为人们形成对潜规则的认同提供了适合的土壤。

最后，显规则的执行不力也是造成人们对潜规则认同的一个重要原因。任何一个社会的显规则都不可能是绝对科学、合理与健全的，总会存在这样或那样的缺陷和漏洞，转型期中国的显规则尤其如此，这就为潜规则的盛行提供了可能。如果显规则在运行过程中效率低下，达不到人们的期望，人们往往就会按照潜规则行事，而不再按照显规则行事（阮青、孙强，2011）。此外，有些部门对显规则的执行力度不够，并不能做到"有法必依"，甚至出现了"有法不依"的局面，这也为人们形成对潜规则的认同提供了可能。

如前所述，我们已经对潜规则认同这一概念进行了心理学界定，并对影响人们潜规则认同的社会根源进行了阐述。然而，要想进行与潜规则认同相关的心理学实证研究，一个重要的前提是要搞清楚潜规则认同的心理机制。为此，本文结合相关理论对潜规则认同的心理机制做以下三点阐述。

第一，理性选择理论（rational choice theory），即基于成本－收益（cost-benefit）的计算分析。与遵从显规则（或正式规则）的人相比，如果遵从潜规则的人用较低的成本或代价获得了较高的回报或收益时，那么，潜规则就会比显规则更有吸引力。因为显规则违背了经济学理性人假说，遵从显规则需要付出较高的代价，无法实现自身利益的最大化。也就是说，当遵从显规则不能得到的利益，而遵从潜规则却可以得到时，或者说，当遵从显规则获取利益成本太高，而遵从潜规则却能够降低成本时，就会使社会大众对潜规则产生认同并去遵从。

第二，体验到的相对剥夺感（relative deprivation）。相对剥夺感是个体或群体对自身相对状况所持的态度，是一种主观心理感受，它来自对自身利益得失的评估与判断，是一种社会比较的结果。也就是说，当个体或群体将自己的利益得失与参照对象进行比较，如果认为自己比参照对象得到的少，就会有相对剥夺感产生（张书维、王二平、周洁，2010；Merton，1957）。当某些遵从潜规则的行为不仅没有受到法律和规章制度的惩罚，而且获得了额外的利益时，人们不仅会产生经济上的相对剥夺感，而且会在心理上产生对显规则的相对剥夺感，变得更加不愿意遵从显规则，而更加认同潜规则，更愿意遵从潜规则去办事。

第三，社会规范聚焦理论（focus theory of social norms）。心理学将社会规范看作小至群体、大至社会的一种文化价值标准，其主要内容就是群体中成员赞成或反对的行为（Cialdini & Trost，1998）。Cialdini等（1990）认为社会规范由描述性规范（通常是某种情境中最合适和有效的行为）和指令性规范（往往是指社会、组织、制度和道德所规定的规范，类似一种显规则）组成。当指令性规范不清晰或与描述性规范相冲突时，人们更加倾向于参考描述性规范来行事，这就是一种社会学习（Bandura，1977；Caldwell & Millen，2009；Milgram，1963）。描述性规范对行为的影响类似于从众行为，大多数人怎么做，个体就怎么做（Murray, Trudeau, & Schaller，2011）。人们对潜规则的认同可能是因为人们习得的是一种描述性规范，人们会认为既然在那种情境中大多数人都"那样做"（采用潜规则），自己也应该那样做，并更加认同潜规则。

三 中国社会信任水平的衰落：潜规则认同的视角

信任是"社会系统的重要润滑剂"（Arrow，1972），与人们的社会生活紧密相连，它渗透在人们生活的方方面面，在人类生活中起着举足轻重的作用。它也是影响经济发展的重要因素，创造了巨大的经济价值（福山，2001；Calderon，Chong，& Galindo，2002），而且对人们的主观幸福感也有重要影响（Tokuda，Fujii，& Inoguchi，2010）。

自古以来，中国文化中就有"与朋友交，言而有信"（《论语·学而》）、"民无信不立"（《论语·颜渊》）、"人而无信，不知其可也"（《论语·为政》）等众多关于信任的说法。不仅古代中国重视信任，现在我们同样非常重视信任。如党的十八大报告多次明确提出诚信问题，将诚信作为社会主义核心价值观的内涵之一。由此可见，信任在我们的文化和社会中占据着异常重要的地位（刘国芳、林崇德，2013）。

当前，信任水平的下降已经成为一个世界性的话题。在中国，"信任危机"问题也相当突出。例如，有研究者（马得勇，2008）使用世界价值观调查（world values survey）的数据发现，20世纪90年代中国大陆的被调查者中有60%选择"信任"，这一比例在21世纪初却不到50%，说明中国大陆居民的信任水平在这十几年里呈下降的趋势。亚洲民主动态调查的结果也发现，2002年中国大陆地区的信任水平比1990年下降了18.5个百分点（马得勇，2008）。此外，辛自强和周正（2012）对采用Rotter"人际信任量表"调查大学生的53篇研究报告的元分析表明，我国大学生人际信任水平在过去11年间（1998~2009年）显著降低，下降了近10分。这一结果的本质不在于大学生如何，而是他人和社会变得不那么值得信任了。中国社会科学院2013年发布的《中国社会心态研究报告（2013）》调查了北京、上海等城市的信任度，同样得出了"中国城市居民信任不及格"的结论（王俊秀、杨宜音，2013）。这些研究者的结论与其他研究者（高兆明，2002；郑也夫，2006）的观点是一致的，即中国社会信任水平在下降，这应当引起我们的警惕与重视。

由于维持高水平的社会信任对经济发展、社会和谐和人民幸福有重要意义，中国社会信任水平下降的这一趋势已经引起了政府和民众的重视。例如，党的十八大明确提出要培育包括诚信在内的社会主义核心价值观，要加强政务诚信、商务诚信和社会诚信建设。因此，我们必须去探明是什么因素导致中国社会信任水平衰落。只有在此基础上，才能提出有针对性的策略来提高社会信任水平，而这正是心理学工作者可以发挥作用的地方。

已有学者指出，中国社会信任水平下降已是一个不争的事实（马德勇，2008；辛自强、周正，2012）。尽管这一结论并不能反映社会信任状况的全貌，但这种趋势必须引起人们足够的重视，以便及早做出应对。综合以往研究，针对信任水平出现下降趋势的原因，有关学者（刘国芳，2014；辛自强，2015）提出了以下几种可能的解释机制：制度不完善、价值观变迁、经济人信念和人际竞争。但进一步分析我们发现，有些解释机制是存在问题的。制度不完善和价值观变迁的解释多停留在理论论证上，或者只是猜测性结论，并不能给出确切的因果解释。

另外，虽然说人际竞争与经济人信念是更为具体的解释机制，而且已经有研究（Liu, Lin, & Xin, 2014；Xin & Liu, 2013）证明了竞争与经济人信念对信任的破坏作用。但是实际上，中国社会信任水平的衰落在很大程度上是市场化导致的结果（辛自强，2015；Xin & Xin, 2016），前面提到的人际竞争与经济人信念都是市场化带来的副产品，但是潜规则要比市场化出现的时间更早、存在的历史更久远，按照这一逻辑，我们认为潜规则认同可能是一个更为重要的破坏信任的因素。在我国市场经济发展的过程中（特别是初期），如果法律等显规则体系不完备（无法可依）或得不到遵从（有法不依，潜规则与显规则分离），而人们的经济人信念、物质主义价值观等又充分被激活，就可能导致潜规则的普遍流行。当潜规则成为一种普遍的生活秩序，在现实生活中发挥着作用，并且影响着人们实际利益的时候，人们可能就会更愿意去遵从潜规则而不是显规则。

人们对潜规则的认同在很大程度上体现了中国文化的特色，它可能会扭曲公平正义，可能会侵蚀信任生成的规则或制度基础，从而降低人们对他人的信任水平。然而，目前并没有相关实证研究直接考查潜规则认同与信任的关系。根据理论思考，结合文献证据，我们认为潜规则认同可能与信任之间存在负相关。

美国学者福山（2001）认为，信任是在正式的、诚实的合作行为的共同体内，基于共享规范的期望（李惠斌、杨雪冬，2000）。在现实生活中，规则是共享规范的重要表现形式。人们之所以信任他人，是因为受到显规则的制约。然而，当潜规则得到社会大众的认同和遵从时，往往就会弱化显规则的公信力，人们就会失去对显规则的信任，也不再信任其他人。而且，潜规则是通过违反公平原则、损害多数人利益来实现自身的特殊利益的，又加上它的存在和运行具有隐秘性，这样就可能会削弱以显规则为基础构建的信任关系。

更为重要的是，基于前面提到的理性选择理论和相对剥夺感理论，个体认同潜规则是基于个体对成本-收益的理性计算和个体间的社会比较而做出的决策，其目的是以低成本追求高收益。相对于潜规则认同，信任则要求人们相信他人的善心，并做出带有风险的亲社会行为，这与潜规则认同在内涵上是存在冲突的。此外，根据社会规范聚焦理论（Cialdini et al., 1990，1991），在不确定性情境中，个体会参考情境中的描述性规范来做出自己的决策（Caldwell & Millen, 2009; Keizer et al., 2008; Nolan et al., 2008），个体对潜规则的认同可能主要是因为个体习得的是一种描述性规范，个体采用潜规则行事可能是基于观察到在某种情境中大多数人都采用潜规则后做出的决策。也就是说，当个体感知到自己和其他人都比较认同潜规则时，就会认为原有的显规则是不公正的，并且会意识到潜规则与显规则分离的现实增加了社会系统的复杂性，这样就会增加人们心理上的不确定性与风险性，人们就会不确定应该相信显规则还是潜规则，进而会降低社会原有的信任水平。因此，基于理论思考和文献证据，我们推测潜规则认同可能是社会信任水平下降的一个基础的和有力的解释。

在此，需要说明的是，本文选择以潜规则认同作为切入点来解释中国社会信任水平下降的趋势，并不是说潜规则认同是中国社会信任水平下降最重要的解释，更不是说潜规则认同是唯一的解释。艾什比（1965）曾经说："任何实物总含有不次于无穷多的变量，因而也包括无穷多种可能的系统。"对于信任而言同样如此，信任本身是一个复杂的系统，它与其他系统又有着密切的联系，这导致信任的影响因素多种多样。然而，信任的影响因素的多样化并不代表我们在研究中要对各个因素有同等的重视。艾什比的话不仅指出了系统的复杂性，更重要的是指出："定义系统时只能在实体所包含的无穷多个变量中选择相关度最大的一些变量构成系统。"（金观涛，2005）对本文同样如此，影响信任的因素有很多，我们只能选择自己认为重要的一个作为切入点，这里我们选择了潜规则认同。

选择潜规则认同来解释中国社会信任水平的下降还源于我们长期以来的一个信念：社会问题必须到社会上去寻找答案。中国社会信任水平的下降不是由某个个体所直接导致的，因而必定要找到背后的来自社会层面的因素，这种因素有很多，诸如前文所述之制度不完善、价值观变迁、人际竞争、经济人信念等（刘国芳，2014；辛自强，2015）。在这些可能的解释之中，我们选择了潜规则认同，更具体的原因在前面已经做了说明，而其中还有一个考虑是我们希望以一个小的心理学变量来反映宏大的社会背景的作用，潜规则认同无疑是合适的。潜规则认同来自宏大的社会，体现出中国文化的特色，但又与个体心理有着天然的联系。上述原因促使我们选择潜规则认同来解释中国社会信任水平的下降，我们相信潜规则认同会破坏信任水平这一观点，至少在当前中国社会是合理的或存在的。

四 结语

有学者指出"信任是社会生活的鸡汤，它带给我们各种各样好的事物"，如积极参与社群生活、经济的高速增长、对政府较高的满意度以及愉快的生活（尤斯拉纳，2006）。然而，在中国一个确定的事实是：人与人之间的信任度，或者整个社会的信任水平，在衰落。本文将具有中国文化特色的潜规则认同这一社会现实因素引入心理学领域，从理论上初步分析了潜规则认同与信任的关系，这不仅为我们解释中国社会信任水平衰落的原因提供了一个全新的视角，并有望为重建社会信任提供思路和依据，而且为建设有本土特色的转型社会心理学提供理论支撑。

参考文献

艾什比，1965，《控制论导论》，北京：科学出版社。
费孝通，2009，《乡土中国》，北京：北京出版社。
福山，2001，《信任：社会美德与创造经济繁荣》，彭志华译，海口：海南出版社。
高兆明，2002，《信任危机的现代性解释》，《学术研究》第8期，第5～15页。
侯钧生，2006，《西方社会学理论教程》，天津：南开大学出版社。
胡亮、罗昌瀚，2005，《潜规则演进的博弈论解释》，《当代财经》第6期，第10～14页。
黄金兰，2007，《民间规则的认同模式及其意义》，《山东大学学报》第3期，第18～23页。
金观涛，2005，《系统的哲学》，北京：新星出版社。
李惠斌、杨雪冬，2000，《社会资本与社会发展》，北京：社会科学文献出版社。
梁碧波，2004，《"潜规则"的供给、需求及运行机制》，《经济问题》第8期，第14～16页。
刘国芳，2014，《经济人信念对信任的破坏作用及其传递》，北京师范大学博士学位论文。
刘国芳、林崇德，2013，《构建信任指数 建设和谐社会》，《北京师范大学学报》（社会科学版）第1期，第25～32页。
鲁芳，2013，《关于潜规则影响国民道德行为选择的实证研究》，《伦理学研究》第1期，第78～84页。

吕小康、汪新建，2012，《社会转型与规则变迁：潜规则盛行的结构性动力及其治理方向》，《天津社会科学》第5期，第56～74页。

马得勇，2008，《信任、信任的起源和信任的变迁》，《开放时代》第4期，第72～86页。

阮青、孙强，2011，《必须高度重视"潜规则"的研究》，《理论视野》第8期，第25～28页。

谭志雄，2014，《潜规则的反思与超越》，华侨大学硕士学位论文。

王健敏，1998，《社会规范学习认同心理过程研究》，《教育研究》第1期，第36～41页。

王俊秀、杨宜音，2013，《中国社会心态研究报告（2013）》，北京：社会科学文献出版社。

汪新建、吕小康，2009，《作为惯习的潜规则：潜规则盛行的文化心理学分析框架》，《南开学报》（哲学社会科学版）第4期，第133～139页。

汪新建、吕小康，2010，《名实分离的传统秩序观：潜规则盛行的文化心理基质》，《社会科学战线》第1期，第29～33页。

吴思，2001，《潜规则：中国历史中的真实游戏》，昆明：云南人民出版社。

吴思，2003，《血酬定律：中国历史中的生存游戏》，北京：中国工人出版社。

辛自强，2015，《市场经济背景下人际信任的衰落：现象与机制》，中央财经大学首届文化与经济论坛宣讲论文，北京。

辛自强、池丽萍，2008，《社会变迁中的青少年》，北京：北京师范大学出版社。

辛自强、周正，2012，《大学生人际信任变迁的横断历史研究》，《心理科学进展》第3期，第344～353页。

尤斯拉纳，2006，《信任的道德基础》，张敦敏译，北京：中国社会科学出版社。

张书维、王二平、周洁，2010，《相对剥夺与相对满意：群体性事件的动因分析》，《公共管理学报》第3期，第95～102页。

郑晓云，1992，《文化认同与文化变迁》，北京：中国社会科学出版社。

郑也夫，2006，《信任论》，北京：中国广播电视出版社。

祝丽生，2011，《乡村社会变迁下的民间规则认同模式研究》，《四川行政学院学报》第5期，第61～64页。

Arrow, K. J. (1972). Gifts and exchanges. *Philosophy & Public Affairs*, 1 (4), 343 – 362.

Bandura, A. (1977). *Social Learning Theory*. Engleworrd Cliffs, NJ: Prentice-Hall.

Bizer, G. Y., Magin, R. A., & Levine, M. R. (2014). The social-norm espousal scale. *Personality and Individual Differences*, 58, 106 – 111.

Bradley, G. W. (1978). Self-serving biases in the attribution process: A reexamination of the fact or fiction question. *Journal of Personality and Social Psychology*, 36, 56 – 71.

Brody, G. H., Ge, X., Katz, J., & Arias, I. (2000). A longitudinal analysis of internalization of parental alcohol-use norms and adolescent alcohol use. *Applied Developmental Science*, 4 (2), 71 – 79.

Calderon, C., Chong, A., & Galindo, A. (2002). Development and efficiency of the financial sector and links with trust: Cross-country evidence. *Economic Development and Cultural Change, 51 (1), 189 – 204.

Caldwell, C. A. & Millen, A. E. (2009). Social learning mechanisms and cumulative cultural evolution. *Psychological Science*, 20 (12), 1478 – 1486.

Cialdini, R. B., Kallgren, C. A., & Reno, R. R. (1991). A focus theory of normative conduct. *Advances in Experimental Social Psychology*, 24, 201 – 234.

Cialdini, R. B., Reno, R. R., & Kallgren, C. A. (1990). A focus theory of normative conduct: Recycling the concept of norms to reduce littering in public places. *Journal of Personality and Social Psychology*, 58, 1015 – 1026.

Cialdini, R. B. & Trost, M. R. (1998). Social influence: Social norms, conformity, and compliance. In T. Gilbert, T. Fiske, & G. Lindzey (Eds.), *The Handbook of Social Psychology* (pp. 151 – 192). Boston: McGraw-Hill.

Dalbert, C. (1999). The world is more just for me than generally: About the personal belief in a just world scale's validity. *Social Justice Research*, 12 (2), 79 – 98.

Hogg, M. A. & Reid, S. A. (2006). Social identity, self-categorization, and the communication of group norms. *Commnuication Theory*, 16, 7 – 30.

Keizer, K, Lindenberg, S., & Steg, L. (2008). The spreading of disorder. *Science*, 322, 1681 – 1685.

Lapinski, M. K. & Rimal, R. N. (2005). An explication of social norms. *Communication Theory*, 15, 127 – 147.

Lipkus, I. M., Dalbert, C., & Siegler, I. C. (1996). The importance of distinguishing the belief in a just world for self versus for others: Implications for psychological well-being. *Personality and Social Psychology Bulletin*, 22 (7), 666 – 677.

Liu, G. F., Lin, C. D., & Xin, Z. Q. (2014). The effects of within-and between-group competition on trust and trustworthiness among acquaintances. *PLoS ONE*, 9 (7), e103074.

Livingstone, A. G., Young, H., & Manstead, A. S. R. (2011). "We Drink, Therefore We Are": The role of group identification and norms in sustaining and challenging heavy drinking "Culture". *Group Processes & Intergroup Relations*, 14 (5), 637 – 649.

Merton, R. K. (1957). *Social Theory and Social Structure*. New York: Free Press.

Milgram, S. (1963). Behavioral study of obedience. *The Journal of Abnormal and Social Psychology*, 67 (4), 371 – 378.

Murray, R., Trudeau, R., & Schaller, M. (2011). On the origins of cultural differences in conformity: Four tests of the pathogen prevalence hypothesis. *Personality and Social Psychology Bulletin*, 37, 318 – 329.

Nolan, J. M., Schultz, P. W., Cialdini, R. B., Griskevicius, V., & Goldstein, N. (2008). Normative social influence is underdetected. *Personality and Social Psychology Bulletin*, 34, 913 – 923.

Padilla, A. M. & Perez, W. (2003). Acculturation, social identity, and social cognition: A new perspective. *Hispanic Journal of Behavioral Sciences*, 25, 35 – 55.

Puddifoot, J. E. (2003). Exploring "personal" and "shared" sense of community identity in Durham City, England. *Journal of Community Psychology*, 31 (1), 87 – 106.

Rimal, R. N. & Lapinski, M. K. (2015). A re-explication of social norms, ten years later. *Communication Theory*, 25, 393–409.

Rimal, R. N. & Real, K. (2005). How behaviors are influenced by perceived norms: A test of the theory of normative social behavior. *Communication Research*, 32, 389–414.

Schwartz, S. H. (1977). Normative influences on altruism. In L. Berkowitz (Ed.), *Advances in Experimental Social Psychology* (Vol. 10, pp. 221–279). New York, NY: Academic Press.

Tokuda, Y., Fujii, S., & Inoguchi, T. (2010). Individual and country-level effects of social trust on happiness: The Asia barometer survey. *Journal of Applied Social Psychology*, 40 (10), 2574–2593.

Tyler, T. R. (1990). *Why People Obey the Law*. New Haven: Yale University Press.

Verkuyten, M., Rood-Pijpers, E., Elffers, H., & Hessing, D. J. (1994). Rules for breaking formal rules: Social representations and everyday rule-governed behavior. *Journal of Psychology*, 128 (5), 485–497.

Webley, P., Verkuyten, M., Hessing, D. J., & Elffers, H. (1998). Studies on minimal rule behaviour: Formal rules in public places. *Psychology, Crime & Law*, 4, 309–321.

Xin, Z. Q. & Liu, G. F. (2013). Homo economicus belief inhibits trust. *PLoS ONE*, 8 (10), e76671.

Xin, Z. Q. & Xin, S. F. (2016). *Marketization Process Predicts Trust Decline in China*. Unpublished manuscript.

中国人的信任与生命史策略

张帆 钟年

摘 要：信任是指对某人期望的信心，是相信他人未来可能行为的预期，是社会生活的基本事实，是社会中最重要的综合力量之一。生命史策略以资源有限为前提，基于个体的生活环境和分配原则，分为以未来生活为导向的慢生命史策略和以当下生活为导向的快生命史策略。信任与生命史策略都是连续的过程，并且都与社会环境发展紧密相关。现阶段的中国，由于居所流动频繁、环境问题严重，以及过早的性成熟和性行为、更随意的性关系，个体更易知觉到环境的不确定性和不稳定性，往往处于快生命史策略中，而选择快生命史策略的个体对他人和社会的信任水平会较低。这是理解现阶段信任危机的一种角度。因此，或可以通过社会、家庭和个人三方面的努力来提升中国人的信任水平。

关键词：信任 生命史策略 生态环境 居所流动 性行为和性关系

Festinger指出，一个群体的凝聚性越强，其成员之间相互交换的情感和行为就越有价值（转引自周晓虹，2007）。在中国的传统文化背景之下，生活于乡土社会的人们活动范围较小、流动性较低，相互之间的联系更为密切。于是，人与人之间的信任就具有一种情感上的维系功能。随着时代的发展、经济的进步以及全球化的加深，当代中国，人员流动频繁、城乡差距扩大、环境问题严重，中国社会面临一系列全新的挑战，信任问题就是其中之一，且近年来广受诟病。从政府公信力降低、医患关系紧张到人

---

* 本研究得到中央高校基本科研业务费专项资金（2015113010204）资助。
** 张帆，武汉大学哲学学院心理学系博士研究生；钟年，武汉大学哲学学院心理学系教授。

与人之间信任的缺失,信任话题逐渐成为人们关注的焦点。越来越多的信任研究者把目光投向文化领域,什托姆普卡(2005)指出:"信任现在被看成是人际关系的特质,人们活动于其中的社会性个体关系领域的特征或个体在他们的行动中利用的文化资源。"本文试图以生命史理论中的生命史策略为视角,结合社会文化心理因素,来讨论中国人的信任问题。

一　信任的相关研究

Durkheim(1964)指出:"如果没有相互确认以至于做出相互牺牲,或没有坚韧持久的纽带,人们就不能在一起。"除了亲缘、血缘的联结之外,信任是人与人之间相互交往的主要纽带之一。信任一直以来都没有统一的定义,原因是其所涉及的领域甚为庞杂。从广义上来说,信任是指对某人期望的信心,是相信他人未来可能行为的预期,是社会生活的基本事实,也是社会中最重要的综合力量之一(Luhmann,1979;卢曼,2005)。信任是一种至少包括两个人的社会心理现象,在人与人构成的社会生活中,正式的与非正式的社会交往是人际信任的一个主要来源。德国社会学家卢曼(2005)试图将信任概念化,他认为世界是复杂的,人们是自由的,而信任是一种可以将这种复杂性简化的机制。信任可以吸收主观的不确定性,这种作用不仅对内在的不确定性有用,而且对外在环境的不确定性起作用。卢曼将信任分成三个组成部分:用一种内在秩序及其疑难问题代替更为复杂的外部秩序及其疑难问题、学习的需要和符号控制。在社会心理学领域,第一个研究信任的是 Deutsch(1958),他认为一个人对某件事的信任是指他预期这件事会发生,并且相应地采取某些行为,这些行为的结果与他的预期相反时带来的负面心理影响将大于与预期相符时所带来的正面心理影响。

人与人之间的信任强调的是关系的亲疏、期望的满足以及行动的选择。卢曼指出,信任与信心是不同的概念,信心强调的是一种必然性,而信任则是一种偶然性。同时,信任与行动息息相关,受信方往往是因为施信方的行为而对其产生信任,如果行为的结果是不好的,比如背叛,那么信任关系就会瓦解。"囚徒困境"就是最好的以信任为基础的行动例证,在所有的结果当中,只有当囚徒之间有足够的信任时才能获得最佳的结果,但往往信任水平具有不确定性,所以最后的博弈结果很难预测。他同时提出,信任是可以学习的,而最简单的参照系就是个体的人格,即人格信任。"就人际信任而言,在社会中的信任基础依照自我表现的前景与条件以及包含于其中的策略性问题与危险而得到调整。信任依赖的行为经验必须表现为人格的表达和再确认。"(卢曼,2005)也就是说,个体的一些前期行为会影响他人对其信任的程度，因为信任的产生必须具有某种原因，而个人的人格品质无疑是最重要的原因之一。此外，信任是一个长期的过程，每个人只能选择提供和接受信任，无法要求别人信任自己，个体之间需要通过交往、磨合、适应，才能逐渐达到被他人接纳和信任的目标。

有研究表明，信任并不是一直不变的，信任会随着人际交往情境及进程而变化，在不同情境下，施信者对受信者的信任会发生改变。因此，信任判断会受到情境特征的影响（Deutsch，1962；什托姆普卡，2005）。在以往的研究中，国内研究者对信任的研究多集中在人际关系（杨中芳、彭泗清，1999；周建国，2010）、信任机制（杨宜音，1999；杨光，2003；朱虹、马丽，2011）、情绪对信任的影响（何晓丽、王振宏、王克静，2011）、社会变迁（辛自强、周正，2012；翟学伟，2003）、信任行为（张建新、张妙清、梁觉，2000）等方面，较少有人从社会文化的视角去分析中国人的信任文化。近年来，越来越多的研究者关注到本土文化的作用，如翟学伟（2014）把中国人的关系分为放心关系和信任关系及无信任关系，李小山等（2016）通过实证研究发现人情对信任有积极预测作用，且主要发生在熟人之间。事实上，信任文化对个体之间的信任有着非常显著的影响。什托姆普卡指出，文化对信任有两种效应：良性循环（virtuous loop）和恶性循环（vicious loop）。信任文化会增强人际信任，不信任文化会增强人际怀疑，形成一种怀疑文化（culture of suspicious）。对照中国的文化背景，早期的熟人社会已经被当代高速发展的经济浪潮所打乱，单纯地依靠人与人之间的熟悉程度来发展的信任已经受到冲击和挑战。随着人口流动性的增加，人与人之间的关系变得淡漠，从而导致信任感降低，这时候一部分人就会转向制度，期望用规范的力量来更好地维持社会的有序发展。可以说，信任依赖的是一种自然的发展，正如费孝通（2008）所指出的，中国社会慢慢地从血缘社会发展到地缘社会。血缘是身份社会的基础，而地缘是契约社会的基础。还有学者提出，中国人的人际信任存在一个由外及里，再至全面成熟的动力过程：从儿童时期对亲人的信任，到青少年时期对熟人的信任，再到成年以后对陌生人的信任（张建新等，2000）。

马克思（2000）在《1844年经济学哲学手稿》中写道，人对自身的关系只有通过他对他人的关系，才能成为对象性的、现实的关系。梁漱溟（2011）指出：儒家社会的理论特色就是关系本位，它既不是社会本位，也不是个人本位的。"中国之伦理只看见此一人彼一人之相互关系，而忽视社会与个人相互间的关系。这是由于他缺乏集团生活，势不可免之缺点。但他所发挥互以对方为重之理，却是一大贡献。这就是：不把重点放在任何一方，而从乎其关系，彼此相交换，其重点实在放在关系上了。伦理本位者，关系本位也。"中国人的关系不是简单的西方式人际交往，彭泗清（1997）认为，中国人的人情也不是单纯的情感行为，这种"人情"可以是韦伯所界定的四种行为——工具合理性行为、价值合理性行为、传统行为以及情感行为中的任意一种。在中国社会，个人最可能以"人情"和"面子"来影响他人的人际关系范畴，属于混合性的关系。"交往双方不仅预期将来他们可能再次进行情感性的交往，而且他们还会预期其共同的关系网内的其他人可以了解到他们交往的情形，并根据社会规范的标准加以评判。"（杨国枢，2012）这种人际关系模式也常常影响中国人之间的信任。

二 生命史策略

生命史策略理论来源于进化心理学，它同时关注到环境因素和个体经验，认为个体在不同环境下对有限资源进行不同的匹配策略，会影响个体的生命史策略，生命史策略是基于个体的幼年生活环境和生命体验所做出的权衡适应选择（管健、周一骑，2016；Kaplan & Gangestad，2005；彭芸爽等，2016）。生命史策略理论的前提是资源和精力的有限性。为了生存，不同的个体对资源的分配有着不一样的策略，主要包括三种权衡类型：早期生育-晚期生育、后代数量-后代质量以及择偶努力-养育努力（Kaplan & Gangestad，2005）。生命史策略主要有两种类型：以未来生活为导向的慢生命史策略（slow life history stratgy，SLH）和以当下生活为导向的快生命史策略（fast life history strategy，FLH）。这两种生命史策略的最终目的都是更好地生存和繁衍。以生育为例，慢生命史策略的个体会倾向于更少、更高质量的生育策略，即"少生优生"，因为他们所感知到的环境稳定性更强，较少受到外界的威胁；而快生命史策略的个体则更重视数量而不是质量，即"早生多生"，通常情况下，这类个体在童年时期生活在资源匮乏的环境中，缺乏稳定感，因此希望通过追求后代数量来抵御环境的威胁。

生命史策略依赖于个体早期生活环境的优劣性和社会稳定性。研究发现，在高生育率、高死亡率的社会，人们普遍使用快生命史策略；在低生育率、低死亡率的社会，人们普遍采用慢生命史策略。也就是说，为了更好地生存下去，慢生命史策略的个体会选择增强生活品质的方式，如规避风险、低冲动性、稳定的两性关系、长期的人生规划；快生命史策略的个体则相反，他们有一定的风险偏好，易冲动，喜好随意的两性关系和短时的人生规划（Griskevicius et al.，2013；管健、周一骑，2016；Kaplan &

Gangestad, 2005)。生命史策略对个体的生活方式有着非常重要的影响,从广意上来说,慢生命史策略是一种理性选择,而快生命史策略则是一种感性选择。这种不同倾向的选择会对个体的人际交往方式和群际关系产生影响,进而会影响个体的社会知觉和社会信任(Neuberg & Sng, 2013; Petersen & Aarøe, 2015)。Petersen 和 Aarøe(2015)的研究认为,生命史策略可以影响个体对他人的信任,因为生命史策略是基于有限资源的分配,可以说是个体社会经济地位的一种体现,而社会经济地位直接影响社会信任程度。Uslaner(2002)的研究进一步表明,母亲的经济地位与教育水平是子女成年后对他人和社会信任的重要决定因素之一。社会文化环境会影响生命史策略的选择,当道德风险低、资源丰富且所处环境有一种预期的安全性时,个体会选择慢生命史策略;当道德风险高、资源匮乏且所处环境具有一种预期的不安全性时,个体则会选择快生命史策略(Gladden, Figueredo, & Jacobs, 2009)。慢生命史策略的个体采用的是延迟满足策略(Griskevicius et al., 2011; Griskevicius et al., 2013; Neuberg & Sng, 2013)。延迟满足又与信任有关,Michaelson 等(2013)通过实验研究发现,当参与者对对方的信任度高时,他们会选择延迟奖励,反之,则会选择即时奖励。也就是说,选择慢生命史策略的个体更愿意信任对方,而选择快生命史策略的个体对他人的信任程度相对没有那么高。

生命史策略还与人格因素相关。以"大五"人格为例,慢生命史策略与外向性、宜人性、开放性、尽责性呈正相关,与神经质呈负相关。相较于选择快生命史策略的个体,选择慢生命史策略的个体有更多的亲社会行为和利他行为(Figueredo et al., 2004; Figueredo et al., 2007; Figueredo et al., 2011; Gladdenet al., 2009)。生命史策略对个体的社会态度有重要的影响,这种影响是通过社会知觉的改变形成的。首先,生命史策略会影响个体对社会信息的感知,尤其是对威胁与机遇的知觉;其次,生命史策略会对刻板印象产生影响(Neuberg & Sng, 2013)。除了对态度的影响,生命史策略还会改变个体的行为特质和情绪能力。研究发现,慢生命史策略与执行机能和情绪管理能力呈正相关,与强迫性行为和民族中心主义呈负相关(Figueredo et al., 2012; Gladden et al., 2013)。另有研究发现,早期的生活经历对个体的生命史策略和其与他人及社会信任的关系有直接影响:如果儿童早期生活在富裕的家庭环境当中,有充足的食物,得到较多的父母照顾和社会支持,他们在成年期就会选择慢生命史策略和延迟满足策略,他们对社会秩序更敏感,更遵守社会规范,也更加容易信任他人;如果儿童早期生活在贫困的家庭环境当中,食物匮乏,较少得到父母照顾和社会支持,他们在成年期就会选择快生命史策略和低延迟满足策略,更愿意采取冒险行为以获得当下利益,更容易忽略和不遵守社会规范,也更易出现投机和攻击行为（Ellis et al., 2009；Griskevicius et al., 2013；管健、周一骑，2016）。

综上所述，选择慢生命史策略的个体更注重稳定与未来，选择快生命史策略的个体更注重效率与当下。前者更加理性，而后者更加感性。选择慢生命史策略的个体更多地会倾向于信任他人和社会，因为他们对未来的预期更加积极；而选择快生命史策略的个体则相反，他们更少地信任他人，更加重视效率和即时的收益。

三 从生命史策略视角看中国人的信任

信任和生命史策略一样，都是连续的过程，会随着时间和空间的变换而发生改变。在早期社会，由于经济水平低、生活资源不足，人员地理流动性差，人与人之间更多地需要共同劳动来创造价值。因此，传统的中国社会是建立在血缘和亲缘关系上的一种信任，随着经济的高速发展，在现代化的工业社会，物资变得越来越丰沛，与此同时，人员的流动性也急剧上升。中国社会正处于转型期，社会文化的变迁会影响人与人之间的信任。最典型的现象就是农村的青年大量涌入城市打工，打破了费孝通提出的乡土中国的原有格局，血缘和亲缘已经不如从前那样维系着人们之间的情感，取而代之的是居住地的地缘关系和工作场所的业缘关系。有研究者通过大学生人际信任水平的元分析发现，我国大学生的人际信任水平在1998~2008年显著下降（辛自强、周正，2012）。根据生命史策略理论，当个体生命经验中有更多的不确定性、体会到更多不稳定感时，会倾向于选择快生命史策略，而选择快生命史策略的个体与选择慢生命史策略的个体相比，更不容易信任他人和社会。下面就根据生命史策略理论的相关研究，从生态环境、居所流动、性行为与性关系三方面检视当代中国人所处的生命史策略类型。

（一）生态环境

中国文化是倾向于关注环境的，传统中的"天道"和"天人合一"，指的就是人与天之间的关系。在先秦时期，最早提出的天人观就是指人与自然之间的关系。"天"首先指人之外的外部存在，如山川草木等自然对象，"人"则与人的人文性活动相联系，既包括对自然对象的改造，也包括人在社会领域中展开的多样活动。二者构成了人和对象世界关系意义上人天互动的具体内容（杨国荣，2014），也就是人与自然的关系，这种关系超越于人与人之间的关系。钱穆（2011）指出："中国传统文化……其终极理想，则尚有'天人合一'之境界……个人能达此境界，则此个人已经超脱于人群之固有境界，而上升到'宇宙'境界，或'神'的境界、'天'的境界。"所以，君子行"仁道"，圣人行"天道"。这种天人观超越了人与人之间的关系，发展到人与社会、人与自然，乃至人与宇宙之间的关系。儒家认为人是自然的一部分，人与自然万物应该和谐共存，人与自然在本质上是同源的（王国良，2013）。孔子提出"钓而不纲，弋不射宿"，而且很赞成与自然打成一片，《论语·先进篇》载："（曾皙）曰：'莫春者，春服既成，冠者五六人，童子六七人，浴乎沂，风乎舞雩，咏而归。'夫子喟然叹曰：'吾与点也！'"《孟子·梁惠王章句上》载："不违农时，谷不可胜食也；数罟不入洿池，鱼鳖不可胜食也；斧斤以时入山林，材木不可胜用也。谷与鱼鳖不可胜食，材木不可胜用，是使民养生丧死无憾也。"（杨伯峻，2012）

生活环境是影响个体生命史策略选择的关键因素，在恶劣的环境下，个体的发病率和死亡率高，因此会选择快生命史策略。选择快生命史策略的个体在生育选择方面更加注重数量而不是质量，因为在个体处于不稳定、无法预测和无法控制的生存条件之下不会对"躯体努力"（somatic effort）进行大量的投资，相反，会对"繁衍努力"（reproduction effort）进行投资。因此，他们会寻求更多的性伴侣和后代（Gladden, Figueredo, & Snyder, 2010；管健、周一骑，2016；彭芸爽等，2016）。这是因为，当环境不确定性增强时，后代的可预期成活率降低，更多的后代数量能更好地保存个体基因的延续。选择慢生命史策略的个体则相反，他们生活在可预期的安全稳定、拥有充足的食物和社会保障的环境下，有更丰富的资源进行分配，可以给予后代更加优良的生活条件，对未来也更有信心，所以会选择增强生活品质的生活方式，如规避风险、低冲动性、稳定的两性关系、长时间的人生规划（Kaplan & Gangestad, 2005）。Belsky、Steinberg 和 Draper（1991）提出，生态环境会影响个体的繁衍选择和生命史策略，后期的一些研究证实了这一观点，即处于良好生态环境下的个体会倾向于选择慢生命史策略，而处于恶劣环境下的个体则会倾向于选择快生命史策略，原因是恶劣的环境会提高人类的生病率与死亡率，进而影响人类的健康水平和寿命长短（Brumbach, Figueredo, & Ellis, 2009; Copping & Campbell, 2015; Ellis, 2004; Figueredo et al., 2006）。

进入工业文明以来，人与自然的冲突日益扩大，生态破坏和环境污染日益严重。环境问题的人为原因主要有二："经济发展"和"科技发展"。"经济发展原因说"认为，经济的大规模发展导致环境恶化；"科技原因说"则认为，科技的发展带动了经济的增长，从而影响环境（王国印，2008；叶敬忠，2015）。近年来，我国的环境问题日益严重，根据《2015年中国环境状况公报》的数据，中国目前的环境状况主要有以下问题：大气环境问题；淡水污染；海洋环境问题；环境噪声；辐射环境问题；自然生态问题；土地与农村资源问题；森林资源问题；草原资源问题；污染物排放；交通运输环境问题；能源问题；气候与自然灾害。杨建勋和吕凤臣（1994）对黑河流域污染区的研究发现，水污染区的妇女自然流产率、低体重儿出生率、死胎死产率、初期新生儿死亡率及畸胎率都显著高于对照区。朱为方等（1996）则发现，稀土区儿童智商均数、记忆力、注意力和推理能力显著低于对照组。近期研究发现，雾霾中的PM2.5会对人体的呼吸系统、心血管系统、生殖系统与神经系统有影响，会提高这类疾病的发病率，同时，雾霾会大大提升社会健康成本和社会经济成本（曹彩虹、韩立岩，2015；陈仁杰、阚海东，2013）。生态环境的破坏不仅会影响个体的身体健康，而且会影响心理健康。宋烨等（2015）通过对雾霾天气与非雾霾天气的妊娠妇女SCL-90的测量比较，发现妊娠妇女在雾霾天的SCL-90总均分、躯体化得分、强迫症状得分、人际关系敏感得分、抑郁得分、焦虑得分、敌对得分、恐怖得分及偏执得分均显著高于在非雾霾天气的得分，最显著的症状为抑郁。另外，研究发现，在噪声环境中学习、工作和生活的个体容易出现情绪反常、烦躁、易怒、睡眠障碍、记忆力降低等问题，而目前，我国有66.5%的城市居民生活在噪声环境中（边秀兰，2008）。

生命史策略理论指出，在环境安全性低的地区生活的个体会发展出快生命史策略，因此，随着环境问题越来越多，面对巨大环境问题的当代中国人将处于快生命史策略类型中，会更加注重当下的收益，倾向于选择工具性社交来增加自己的社会资本。

（二）居所流动

传统的中国社会，人口流动性低，居住地稳定，因此人与人之间的信任水平也相对较高。中国人十分信任"自己人"，而对"外人"则会保持一定程度的警惕性。研究指出，中国人的我他边界就是一条信任边界，因为"中国人的自我边界的伸缩有很强的情境性和自我中心性"（杨宜音，1995，1999）。费孝通在《乡土中国》里面指出："乡土社会里从熟悉得到信任。这信任并非没有根据的，因为这是规矩。乡土社会的信用并不是对契约的重视，而是发生于对一种行为的规矩熟悉到不假思索时的可靠性。"钱穆指出："中国人很早便确定了一个人的观念。由人的观念中分出'己'和'群'。但'己'和'群'都包含融化在人的观念之中。因'己'与'群'全属人，如何能融凝一切小己而完成一大群人，则全赖所谓人道，即人相处之道。"因此，在熟人社会主导的社会环境下，中国人的信任首先是要把不是"自己人"的"外人"纳入"自己人"当中，这样才会有信任产生。对中国人来说，家族是最重要的内群体，如果想要进入这个内群体，最为简单的方法就是嫁娶，如此两个家族的人就紧密联系在一起了，也就进入信任的区域。除此之外，中国人还有一种特殊的方式进入相互的信任圈，那就是"恩情"，恩人的身份可以大大加强两个人之间的关系，使二人从不熟悉的人转化而成为自己人，而"报恩"就是促进这个转变的具体行为。除了知恩图报外，中国人还讲究小恩大报，如"滴水之恩，涌泉相报""投我以木桃，报之以琼瑶"等。刘向的《说苑》中也记载："孔子曰：德不孤，必有邻。夫施德者，贵不德；受恩者，尚必报……夫祸乱之源，皆由不报恩生矣。"指的是，如果他人对个体有帮助行为，个体则应该回馈更多的报恩行为。事实上，很多时候恩人是从毫不相识的陌生人慢慢转变成关系亲密的自己人的。因此，报恩的行为主要与信任水平相关。"报恩"的心理和行为可以促进人际交往之中的信任水平，施恩人是施信者，受恩人是受信者，其主要心理机制就是通过恩情把两个人的关系急速地靠近，打破信任壁垒，使其从"外人"变成"自己人"。反之，如果彼此之间不信任，就不可能做到相互来往。在乡土社会进入现在社会的过程中，陌生人之间的人际交往是无法通过乡土社会的熟人法则建立信任的。

生命史策略理论指出，当个体早期生活在资源匮乏、风险性高的环境中，个体会选择快生命史策略，他们有一定的风险偏好、易冲动、喜好随意的两性关系、倾向于短时间的人生规划。选择快生命史策略的个体对他人和社会的信任程度较低，当个体成年后感受到环境的不稳定性和威胁性强时，其生命史策略会更强烈地影响其社会行为（Griskevicius et al., 2013; Petersen & Aarøe, 2015）。儿童在早期经常性的居所流动，会导致他们更容易发展出快生命史策略，因此，这些儿童成年后的信任水平就会降低。近30年来，中国人口的流动性大幅度增加，2010年的第六次人口普查首次披露了市辖区的人户分离人口的状况。人户分离人口指的是居住地与户口登记地所在的乡镇/街道不一致且离开户口登记地半年以上的人口，包括市内人户分离人口和流动人口。与2000年的第五次人口普查相比，人户分离人口增长了11个百分点。流动人口指的是人户分离人口减去市内人户分离人口，也就是普遍意义上的城城或城乡之间的流动人口，这个数据在2000年是10175万，而在2010年则是22143万，增长了1.18倍。并且，2000年流动人口占总人口的比例仅为8.19%，而2010年这一比例则上升到16.53%（邹湘江，2011）。可见，十年间，人口流动速度急剧加快，许多人开始离开自己的户口所在地去外地生活。居所搬迁是生命历程中的重要生活事件，也是一件长期的高压力事件，居所流动对个体的稳定感和主观幸福感有显著影响（Holmes & Rahe, 2009; Oishi & Schimmack, 2010; Stokols, Shumake, & Martinez, 1983）。Oishi 和 Schimmack

(2010)进一步指出，儿童期居所搬迁次数与成年期的幸福感水平成反比，与死亡率成正比。童年期经常性地搬迁会使个体发展出快生命史策略，这些个体更不容易信任他人和社会。这就从一个侧面解释了为什么当今中国人的信任水平在降低，因为在改革开放的浪潮之下成长起来的中国人，为了更好地寻求个人发展，他们除了早期会跟随父母流动之外，成年之后，也会选择离开自己的出生地，在异地甚至是异国继续生活。这种多重的居所流动使选择快生命史策略的个体更加重视当下的即时利益，而不会以长期的幸福为目标。生活节奏越来越快，人与人之间的信任水平越来越低。

乡土社会对个体有一种保护功能，斯科特（2001）认为："传统社会存在要求一切人都有住所、都有生存的乡村伦理原则，穷人可以对富裕村民提出要求，以确保弱者免遭破产和灭顶之灾。"在中国，以农村为例，改革开放以来，农村从以土地为保障的社会逐渐转变为商品化的社会，破坏了乡村和家族分担风险的保护性功能，大量青壮年男性农民外出务工，很多妇女也随之而去，剩下老人与小孩，家不再家（叶敬忠，2015）。财富分配不均导致人与人之间的信任度急剧下降，经济的迅速发展所带来的物质主义蔓延，在短短的几十年间打乱了中国人之间基于血缘的信任关系。"杀熟""碰瓷"等一系列社会事件的发生使人们已经不如从前那么相信亲人、朋友，伴随信任危机而来的是人情冷漠。人际互动是人与人之间的社会交往过程，信任不仅产生于人际交往之间，还形成于个体与他人的互动过程之中（杨中芳、彭泗清，1999）。在社会流动频繁、城乡差距缩小的今天，人与人之间已经很难做到长期互动，也很难产生真正的信任。"远亲不如近邻""出门靠朋友"表明了基于亲缘关系的情感信任已经无法随着时空的转移产生现实价值。

（三）性行为与性关系

生命史策略理论的一个重要维度就是"生育-配偶"的权衡，选择快生命史策略的个体会希望拥有更多的子女和配偶，以期抵御不可预测的未来环境，进而维持基因的延续。也就是说，他们希望有更多的子女数量、更早的性生活和更多的性伴侣，而选择慢生命史策略的个体则相反。研究发现，早年环境越是极端恶劣或者不可预知性越强，越容易使个体形成快生命史策略，人们在生理上也更早熟，如月经初潮更早、性的观念和行为更随意（管健、周一骑，2016）。在生育和配偶选择的权衡维度上，选择快生命史策略的个体希望拥有更多的子女数量。但由于我国近30年执行严格的人口控制政策，个体无法自由选择子女数量。因此，我们从性行为和性关系角度来讨论相关问题。中国传统社会尤其是唐宋以来，对性行为和性关系约束是较紧的，表现在态度和行为两方面，这种约束一直持续到改革开放前。30多年来，大量数据表明，当代中国人性成熟更早，拥有更早的性行为、更多的性伴侣和更随意的性关系。

研究发现，我国青少年性成熟提前虽然比世界上许多国家开始得迟，但来势很猛，1963~1964年对北京几所中学女生的调查表明，当时女子初潮年龄为14.5岁；1979~1980年对北京城区7~17岁男女学生的调查发现，女子初潮已提前到13.6岁；而1985年国家教委等在中国学生体质与健康调查中，对159859名中学女学生进行的初潮年龄调查显示，城市组提前到13.17岁；1995年的调查发现，汉族城市女孩初潮年龄为13.08岁；2000年的调查则发现，我国城市女孩的初潮年龄为12.33岁。研究数据表明，与1979年相比，20年左右时间中国女孩的初潮年龄提前了1.27岁（杜敏联，2005；严梅福、石人炳，1995）。事实上，这个趋势与西方发达国家的相关数据差距较大，如1973年至2001年，美国女孩初潮年龄从12.8岁提前至12.5岁，法国、德国和俄罗斯女孩初潮每10年提前0.12岁；丹麦女孩初潮年龄在1964年至1991年未发生变化；英国、瑞士和比利时等国则降低了0.14~0.03岁（杜敏联，2005）。这些数据变化趋势与生命史策略相符合，即选择快生命史策略的个体性成熟更快，而选择慢生命史策略的个体则没有显著变化。中国男孩的发育年龄虽没有女孩提前明显，但也呈现提前趋势，2000年全国城市男生初遗平均年龄为14.44岁，比1980年提升了1.68岁（杜敏联，2005）。

此外，中国青年的恋爱时间和初次性行为时间都显著提前，《2015年中国人婚恋状况调查报告》显示，1980~1985年出生的人，第一次恋爱年龄平均为18.54岁。而到1990年和1995年，第一次恋爱年龄提前很多，分别为15.18岁和12.67岁。在初次性行为方面，1980年以前出生的青年初次性行为平均年龄为22.17岁，1980~1985年出生的青年为22.10岁，1985~1990年出生的青年为21.30岁，而1990年后出生的青年的初次性行为时间开始低于20岁：1990~1995年生人为19.78岁，1995年以后出生的青年则低于成年年龄，为17.71岁。可见，在短短20年左右的时间内，中国青年的初次性行为时间提前了约4.46年。另一项为期十年的全国大学生性行为追踪调查则发现，在校大学生的性行为的比例从1991年的10.7%上升到16.9%（潘绥铭、杨蕊，2004）。

性伴侣主要有两种含义：狭义的性伴侣指的是与之结成比较长期的（一个月以上）性关系的那个人，可以是配偶，也可以是同居情侣；而广义的性伴侣则是指一切与之发生性交行为的个人，包括一夜情的对象（潘绥铭等，2004）。潘绥铭等通过代际性伴侣调查数据和统计分析，揭示了中国人性伴侣数目的变化情况。

表1 中国人性伴侣数目变化情况

项目	分类	确实有过者占比（%）	平均有过人数（人）
年龄	50~64岁	7.5	2.3
	45~49岁	8.6	2.8
	40~44岁	12.4	3.4
	35~39岁	15.3	3.5
	30~34岁	20.3	4.0
	25~29岁	17.5	4.3
	20~24岁	12.5	4.9
婚姻状况	初婚	12.0	3.6
	再婚	41.3	4.2
性别	女	5.5	2.4
	男	20.8	4.0

资料来源：潘绥铭等，2004。

可以看出，年轻群体（35岁以下）的性伴侣人数显著高于年纪较长者，这表明年轻群体拥有更开放的性观念和更多的性伴侣，并且男女差异显著。此外，数据表明一些处于婚姻中的个体也拥有婚姻外的性伴侣，这就是通常意义上的"出轨""婚外情"。大量研究发现，中国大学生对待婚前性行为的观念逐渐变得开放和宽容：2001的一项关于大学生婚前性行为的研究数据表明，大学生婚前性行为的比例仅为5.5%（江剑平等，2001）；2012年，黄艺娜等的研究发现在校大学生的婚前性行为比例为14.5%（黄艺娜、张铭清、江剑平，2012）。

与婚前性行为趋势相似，近年来，我国离婚率不断攀升，离婚对数已经从1980年的34.1万对，增至2011年的287.4万对，2011年的粗离婚率（粗离婚率，简称离婚率，为一年中离婚对数与年平均人口数之比，即年平均每千人中离婚对数）从1979年的0.33‰上升到2.13‰，约增长了5.5倍。2012年、2013年和2014年的粗离婚率一路攀升，分别为2.29‰、2.57‰和2.67‰，2015年上升为2.8‰（常进锋、陆卫群，2013；谭远发、宋寅书，2015；张刘妡晔子、伍兆祥，2016）。2014年中国人婚恋幸福感调查发现，离婚的主要问题之一就是婚外情，在婚姻幸福的九大要素中，"相互忠诚"高居榜首，60.6%的人表示婚姻幸福的最重要因素是伴侣的忠诚度，远远高出其他因素（鄂璠、任飞蓝，2015）。另外，2015年中国人婚恋状况调查报告也显示，婚姻破裂的家庭中，有超过一半是因为第三者插足，而在婚姻中出现第三者的情况中，男、女方占比相当，各占20%，双方都有出轨情况的也有近10%（吴为、胡亚平，2016），这也从侧面反映了一部分已婚人士还拥有婚外性伴侣。

以上资料显示，当代中国人的性成熟年龄和初次性行为年龄都在提前，同时，婚前性行为人数和性伴侣人数也在显著增加。这些现象说明了当代中国人处于快生命史策略中。如前所述，生命史策略类型的快慢，会对人们相互间的信任产生影响。

四 结论

以往对信任的研究，从人际关系、信任机制、情绪、社会变迁、信任行为等多角度展开，获得了丰硕的成果。当今中国人的信任问题涉及领域之广、影响之深是前所未有的，需要从更多的角度来完善信任问题的科学研究。本文尝试从生命史策略切入，试图寻找一种新的角度、发现一些新的资料，来解释中国社会当前的信任危机问题。

Blau（1964）指出，不同的社会机制对个体的义务性有不同的要求，进而影响人际信任的强度。信任是一种社会思想的构建，必须依赖于一定的社会文化背景。本文根据生命史策略理论的相关研究，从生态环境、居所流动、性行为与性关系三方面呈现了当代中国人的相应状况，也尽量结合中国文化，对上述诸方面的文化心理背景做了交代。

进化心理学的生命史策略表明，个体的生活环境对其早期生育－晚期生育、后代数量－后代质量以及择偶努力－养育努力的权衡选择和适应方式有着重要影响。如果儿童生活在资源丰富、社会稳定、关系和谐的环境下，就会发展出慢生命史策略，到成人期他们倾向于选择更加长期和低风险的生活方式，注重后代质量和稳定的生活，将发展出相对理智的行为特质；如果儿童生活在资源匮乏、社会动荡、关系冲突的环境下，则会发展出快生命史策略，到成人期他们倾向于选择短期和高风险的生活方式，注重后代数量和即时的收益，将发展出相对感性的行为特质。研究表明，选择慢生命史策略的个体更加信任他人与社会，而选择快生命史策略的个体则更不容易相信他人和社会。现阶段，中国环境境问题严重、人口居所流动性增强以及性行为的提前和性关系的复杂等导致个体知觉到更多的不确定性，这种不可预测性及不稳定感使人们倾向于选择快生命史策略，从而影响人与人之间的信任水平。

根据前文的讨论，生命史策略会对人们之间的信任产生影响，当个体处于快生命史策略的时候，就更容易出现信任危机，反之，则更可能增强我们的相互信任。于是，从生命史策略理论出发，或许可以从改善生态环境、居所流动、性行为与性关系三方面来影响当代中国人的信任状况。从社会层面的角度，改善生态环境可以带给人们更多的安全感；从家庭层面的角度，更低频率的居所流动、更少的职业更换，可以带给人们更多的稳定感；从个体的角度，更晚的初次性行为、固定的性伴侣可以提升亲密关系满意度，从而提高个体幸福感，增强人们对未来生活的信心和对他人以及社会的信任度。

参考文献

边秀兰，2008，《环境污染对心理健康的影响》，《现代预防医学》第3期，第414~415页。

曹彩虹、韩立岩，2015，《雾霾带来的社会健康成本估算》，《统计研究》第7期，第19~23页。

常进锋、陆卫群，2013，《"80后"青年离婚率趋高的社会学分析》，《青年探索》第5期，第78~82页。

陈仁杰、阚海东，2013，《雾霾污染与人体健康》，《自然杂志》第5期，第342~344页。

杜敏联，2005，《青春发育年龄年代提前趋势和性早熟界定年龄关系的剖析》，《临床儿科杂志》第8期，第10~12页。

鄂璠、任飞蓝，2015，《2014婚恋幸福感报告——忠诚比门当户对更重要》，《小康》第3期，第46~49页。

费孝通，2008，《乡土中国》，北京：人民出版社。

管健、周一骑，2016，《生命史的快策略与慢策略：理解心理与行为差异的新路径》，《西北师大学报》（社会科学版）第6期，第115~121页。

何晓丽、王振宏、王克静，2011，《积极情绪对人际信任影响的线索效应》，《心理学报》第43（12）期，第1408~1417页

黄艺娜、张铭清、江剑平，2012，《大学生婚前性行为和性态度调查分析》，《中国性科学》第1期，第19~21页。

J. C. 斯科特，2001，《农民的道义经济学：东南亚的反叛与生存》，程立、刘建等译，南京：译林出版社。

江剑平、黄键、黄浩、林玮，2001，《大学生婚前性行为和性态度现状分析》，《中国学校卫生》第22（1）期，第11~12页。

李小山、赵娜、周明洁、刘金、张建新，2016，《人情与人际信任：关系类型与主题的调节作用》，《心理学探新》第6期，第546~550页。

梁漱溟，2011，《中国文化要义》，上海：上海人民出版社。

刘向，《说苑》卷六，四部丛刊本景明抄本。

马克思，2000，《1844年经济学哲学手稿》，北京：人民出版社。

N. 卢曼，2005，《信任：一个社会复杂性的简化机制》，瞿铁鹏、李强译，上海：上海人民出版社。

潘绥铭、白维廉、王爱丽、劳曼，2004，《当代中国人的性行为与性关系》，北京：社会科学文献出版社。

潘绥铭、杨蕊，2004，《性爱十年：全国大学生性行为的追踪调查》，北京：社会科学文献出版社。

彭泗清，1997，《中国人真的对人不对事吗?》，《本土心理学研究》第7期，第340~356页。

彭芸爽、王雪、吴嵩、金盛华、孙荣芳，2016，《生命史理论概述及其与社会心理学的结合——以道德行为为例》，《心理科学进展》第3期，第464~474页。

钱穆，2011，《民族与文化》，北京：九州出版社。

宋烨、张恒艳、岳喜同、林立、马善晶，2015，《雾霾天气对妊娠妇女心理健康影响》，《中国健康心理学杂志》第7期，第1085~1088页。

谭远发、宋寅书，2015，《人口结构变动对粗离婚率攀升的影响研究》，《人口学刊》第2期，第34~40页。

王国良，2013，《儒家自然观与现代生态文明建设》，《黑龙江社会科学》第1期，第12~15页。

王国印，2008，《环境问题探源研究》，《中国人口·资源与环境》第1期，第11~17页。

吴为、胡亚平，2016，《中国人婚恋调查发布"七年之痒"缩为五年》，《宁夏画报》（时政版）第1期，第86~89页。

辛自强、周正，2012，《大学生人际信任变迁的横断历史研究》，《心理科学进展》第3期，第344~353页。

严梅福、石人炳，1995，《试析我国80年代早婚数量回升的原因》，《社会学研究》第5期，第97~101页。

杨伯峻译注，2012，《孟子译注》，北京：中华书局。

杨光，2003，《中国人的人际信任——以〈金翼——中国家族制度的社会学研究〉为例证》，《湖北社会科学》第5期，第93~95页。

杨国荣，2014，《价值观视域中的天人之辩》，《华东师范大学学报》（哲学社会科学版）第6期，第1~7、149页。

杨国枢主编，2012，《中国人的心理》，北京：中国人民大学出版社。

杨建勋、吕凤臣，1994，《地面水污染对妇女妊娠结局的影响》，《环境保护》第4期，第43~44页。

杨宜音，1995，《试析人际关系及其分类——兼与黄光国先生商榷》，《社会学研究》第5期，第18~23页。

杨宜音，1999，《"自己人"：信任建构过程的个案研究》，《社会学研究》第2期，第38~52页。

杨中芳、彭泗清，1999，《中国人人际信任的概念化：一个人际关系的观点》，《社会学研究》第 2 期, 第 3~23 页。

叶敬忠, 2015,《发展的故事:幻象的形成与破灭》, 北京:社会科学文献出版社。

翟学伟, 2003,《社会流动与关系信任——也论关系强度与农民工的求职策略》,《社会学研究》第 1 期, 第 1~11 页。

翟学伟, 2014,《信任的本质及其文化》,《社会学》第 1 期, 第 82~98 页。

张建新、张妙清、梁觉, 2000,《殊化信任与泛化信任在人际信任行为路径模型中的作用》,《心理学报》第 3 期, 第 311~316 页。

张刘妩晔子、伍兆祥, 2016,《当前中国婚姻稳定性问题研究综述》,《中国市场》第 24 期, 第 255~257、275 页。

周建国, 2010,《关系强度、关系信任还是关系认同——关于中国人人际交往的一种解释》,《社会科学研究》第 1 期, 第 97~102 页。

周晓虹主编, 2007,《现代社会心理学名著菁华》, 北京:社会科学文献出版社。

朱虹、马丽, 2011,《人际信任发生机制探索——相识关系的引入》,《江海学刊》第 4 期, 第 122~127 页。

朱为方、张辉、邵萍萍、冯嘉、徐素琴、伍东森、杨文教, 1996,《稀土区儿童智商调查研究——赣南稀土区生物效应研究》,《科学通报》第 10 期, 第 914~916 页。

朱熹注, 2012,《四书章句集注》, 北京:中华书局。

邹湘江, 2011,《基于"六普"数据的我国人口流动与分布分析》,《人口与经济》第 6 期, 第 23~27、33 页。

《2015 年中国环境状况公报》, 2016 年 5 月 20 日, http://www.zhb.gov.cn/gkml/hbb/qt/201606/t20160602_353078.htm。

Belsky, J., Steinberg, L., & Draper, P. (1991). Childhood experience, interpersonal development, and reproductive strategy: An evolutionary theory of socialization. *Child Development*, 62, 647 – 670.

Blau, Peter, M. (1964). *Exchange and Power in Social Life*. John Wiley & Sons, Inc.

Brumbach, B. H., Figueredo, A. J., & Ellis, B. J. (2009). Effects of harsh and unpredictable environments in adolescence on the development of life history strategies: A longitudinal test of an evolutionary model. *Human Nature*, 20, 25 – 51.

Copping, L. T & Campbell, A. (2015). The environment and life history strategies: Neighborhood and individual-level models. *Evolution and Human Behavior*, 36, 182 – 190.

Deutsch, M. (1958). Trust and suspicion. *The Journal of Conflit Resolution*, 2, 265 – 279.

Deutsch, M. (1962). Cooperation and trust: Some theoretical notes. In M. R. Jones (ed.), *Nebraska Symposium on Motivation*. Lincoln, NE: University of Nebraska Press.

Durkheim, E. (1964). *The Division of Labor in Society*. New York: Free Press.

Ellis, B. J. (2004). Timing of pubertal maturation in girls: An integrated life history approach. *Psychological Bulletin*, 130, 920 – 958.

Ellis, B. J., Figueredo, A. J., Brumbach, B. H., & Schlomer G. L. (2009). Fundamental dimensions of environmental risk: The impact of harsh versus unpredictable environmentson the evolution and development of life history strategies. *Human Nature*, 20, 204 – 268.

Figueredo, A. J., Andrzejczak, D. J., Jones, D. N., Smith-Castro, V., & Montero, E. (2011). Reproductive strategy and ethnic conflict: Slow life history as a protective factor against negative ethnocentrism in two contemporary societies. *Journal of Social, Evolutionary, and Cultural Psychology*, 5, 14 – 31.

Figueredo, A. J., Cuthbertson, A. M., Kauffman, I. A., Weil. E., & Gladden, P. R. (2012). The interplay of behavioral dispositions and cognitive abilities: Sociosexual orientation, emotional intelligence, executive functions and life history strategy. *Temas em Psicologia*, 20 (1), 87 – 100.

Figueredo, A. J., Vásquez, G., Brumbach, B. H., & Schneider, S. M. R. (2004). The heritability of life history strategy: The K-factor, covitality, and personality. *Social Biology*, 51, 121 – 143.

Figueredo, A. J., Vásquez, G., Brumbach, B. H., & Schneider, S. M. R. (2007). The K-factor, covitality, and personality: A psychometric test of life history theory. *Human Nature*, 18 (1), 47 – 73.

Figueredo, A. J., Vásquez, G., Brumbach, B. H., Schneider, S., Sefcek, J. A., Tal, I. R., et al. (2006). Consilience and life history theory: From genes to brain to reproductive strategy. *Developmental Review*, 26, 243 – 275.

Gladden, P. R., Figueredo, A. J., Andrejzak. D. J. et al. (2013). Reproductive strategy and sexual conflict slow life history strategy inihibts negative androcentrism. *Journal of Methods and Measurement in the Social Sciences*, 4 (1), 48 – 71.

Gladden, P. R., Figueredo, A. J., & Jacobs, W. J. (2009). Life history strategy, psychopathic attitudes, personality and general intelligence. *Personality and Individual Differences*, 46, 270 – 275.

Gladden, P. R., Figueredo, A. J., & Snyder, B. (2010). Life history strategy and evaluative self-Assessment. *Personality and Individual Differences*, 48, 731 – 735.

Griskevicius, V., Ackerman, J. M., Cantú, S. M., Delton, A. W., Robertson, T. E., Simpson, J. A., Tybur, J. M. (2013). When the economy falters, do people spend or save? Responses to resource scarcity depend on childhood environments. *Psychological Science*, 24 (2), 197 – 205.

Griskevicius, V., Tybur, J. M., Delton, A. W., & Robertson, T. E. (2011). The influence of mortality and socioeconomic status on risk and delayed rewards: A life history theory approach. *Journal of Personality and Social Psychology*, 100 (6), 1015 – 1026.

Holmes, T. H. & Rahe, R. H., (2009). The social readjustment rating scale. *Journal of Psychosomatic Research*, 11, 213 – 218.

Kaplan, H. S. & Gangestad, S. W. (2005). *Life History theory and Evolutionary Psychology. The Handbook of Evolutionary Psychology*. New York: John Wiley and Sons.

Luhmann. N. (1979) *Trust and Power*. Chichester: John Wiley and Sons.

Michaelson, L., Alejandro de la Vega, A., Chatham, C. H., & Munakata, Y. (2013). Delaying gratification depends on social trust. *Frontiers in Psychology*, 4, Article 335.

Neuberg, S. L. & Sng, O. (2013). A life history theory of social perception: Stereotyping at the intersections of age, sex, ecology (and race). *Social Cognition*, 31 (6), 696 – 711.

Oishi, S. & Schimmack, U. (2010). Residential mobility, well-being, and mortality. *Journal of Personality and Social Psychology*, 93 (5), 831.

Petersen, M. B. & Aarøe, L. (2015). Birth weight and social trust in adulthood: Evidence for early calibration of social cognition. *Psychological Science*, 26, 1681 – 1692.

Stokols, D., Shumaker, S. A., & Martinez, J. (1983). Residential mobility and personal well-being. *Journal of Environmental Psychology*, 3 (1), 5 – 19.

Uslaner, E. M. (2002). *The Moral Foundations of Trust*. New York, NY: Cambridge University Press.

转型期的不确定感与医患关系：文化心理学的视角[*]

杨芊 梁闻 董恒进 潘杰[**]

摘　要：在中国，患者针对医务人员的暴力事件较为突出，严重影响医疗生态，已成为转型时期的公共危机问题。国内外对医患问题的信任研究较多，但机制研究较少；医方干预研究较多，但患方干预研究较少。我们研究发现，患者及其家属有时会出现寻找"替罪羊"的心理：通过将自己的不幸遭遇归咎于医生，来解释为何患者会遭受病痛折磨，从而提高掌控感。本文采用存在主义心理学的理论和科学实验的方法，从宏观医疗市场、中观媒体报道文本以及微观疾病本身特质等不同层面进行实证研究，来为这一机制寻找科学证据。在此基础上依据文化心理学和社会心理学的理论进行讨论，为转型时期紧张的医患关系提供心理学的解释，并为制定有效的干预措施提供理论基础。

关键词：文化心理学　医患关系　不确定感　转型期

新闻报道：2016年5月5日，广东省人民医院口腔科原行政主任陈仲伟在家遭遇患者袭击身亡。2016年10月3日，莱芜市

---

[*] 本研究得到国家自然科学基金青年项目（71603233）和中央高校基本科研业务费专项资金资助项目（2017QNA7020）的资助。感谢南开大学陈子晨老师的编辑与修订。

[**] 杨芊，浙江大学医学院公共卫生系讲师；梁闻，浙江大学医学院公共卫生系硕士研究生；董恒进，浙江大学医学院卫生政策学研究中心、浙江大学医学院公共卫生系教授；潘杰，四川大学西部农村卫生发展研究中心、四川大学华西公共卫生学院副教授。

莱钢医院儿科值班医生李宝华被患者家长追砍十余刀后死亡。

一 我国医患关系问题现状

医患关系问题事关国计民生：和谐的医患关系有利于患者治疗疾病；紧张的医患关系影响医疗服务过程，阻碍医学的发展，更不利于社会的稳定。在我国向现代化社会转型的当下，医患关系紧张的问题逐渐凸显。中国社会科学院的调查数据显示，从2002年到2012年，国内医疗纠纷案件增长了10倍（霍冬冬，2012）。根据国家卫计局的最新统计，最近几年医疗纠纷案件数量同比有所下降：2014年全国医疗纠纷数量比2013年下降8.7个百分点；2015年医疗纠纷数量继续下降1.8个百分点；在2014年下降的基础上，2015年发生在医院的涉医案件继续下降12.7个百分点（赵丽，2016）。但这并不代表历年医疗纠纷的绝对发生数量已经处在低水平状态。某门户网站的调查结果显示，在接受调查的1500余名医生中，有超过50%的医生曾在过去一年内经历过医患纠纷（杏树林，2016）。医疗暴力的受害者已不仅仅是个别医生，其范围扩大到整个医务工作者群体。同时，近些年来大量医患纠纷特别是极端恶性的"暴力伤医"事件见诸报端，加之媒体对医患关系现状的过度解读，患方逐渐形成了医方态度恶劣的"刻板印象"。医患双方的信任问题日趋尖锐，显露出很多互不信任的现象。例如在医疗服务过程中，有些患者及其家属带着微型摄像机对整个就医过程进行视频记录；有些医生在提供医疗服务的过程中采取防御性医疗措施，甚至出现部分医疗机构医生"集体拒诊"等现象。

总体来说，当代中国医患关系的恶化具体表现在医暴事件频发、医生后备力量缺乏（报考医学院的学生比例逐年降低）（An，2013）、医疗纠纷与医疗诉讼案件数量急剧上升等方面。医患之间信任缺失、相互防御和猜忌的心理状态集中反映出，随着市场经济的深入发展，尤其是新一轮医药卫生体制改革的深入，在医患关系问题方面累积的矛盾逐渐增多。而这种群体性心理现象的背后，有着深刻的文化原因和社会心理学根源。中国紧张的医患关系是患方对医疗服务不满意的一种表现，但从更深层来看，高发的医疗纠纷不仅反映出患者与医生和医院的关系，也反映出与患者相关的公众群体和整个医疗体制，甚至整个社会的关系（陈倩雯、郑红娥，2014）。有研究者对山西某医院2002年6月至2003年6月采取诉讼调解的74起医疗纠纷投诉事件进行分析发现，未构成医疗事故的占95%（70起）（冯殿卿、郭君伟，2004）；另有对2002~2005年海南省110例存在争议的医疗案件分析发现，因医方问题而被鉴定为"医疗事故"的仅25例（王平，2005）；再有对湖北1999~2008年586例医疗纠纷的分析发现，涉及死亡的医疗纠纷案例中绝大部分死亡是由疾病和损伤引起的，其中主要是猝死（67.87%），以心血管疾病最常见，真正有医疗过错的是极少数（6.66%）（孙许朋、陈新山，2014）。由此可见，候诊时间长、院内拥挤、医方的医疗水平不佳、患者的承受能力差等原因背后，可能还存在社会环境和社会心理层面上更深的原因。

医患矛盾的产生涉及价值取向、理论发展、社会变革的方方面面，涉及医方和患方两大社会群体，与一系列复杂的社会科学问题相关，包括"感情中立"与"热情沟通"的矛盾、技术效率与交流时间的矛盾、道德规范与法律规范的矛盾，以及经济利益与公益特征的矛盾等。

当我们把这一问题与转型时期的社会特点相联系时，便可发现其他国家在与我国目前所处的社会发展阶段和经济水平相似的历史时期，也经历过类似的波折（Algwaiz & Alghanim, 2012; Mirza, 2012），医暴事件只是其中一种表象。这便要求我们具有社会学的思路，从较为宏观的层面分析当下的问题。但当医患双方进行接触时，往往只是患者个体及其家属与医生个体及其所属医院之间的人际互动。这又要求我们从相对细致、微观的心理学视角去分析医方和患方之间普遍存在的态度特点、情绪反映、动机改变和行为倾向。当前，国外研究已在理论层面进行了大量思考，国内专家立足我国国情，从医院管理、网络报道、信任沟通的角度也进行了一定的研究和积累，这为我们依据社会心理学的理论、方法和机制，结合转型时期的社会特点去研究医暴问题的产生原因、心理学机制和干预方案提供了良好的契机。本文从传统医学伦理学理论、宏观面板（panel）数据、网络行为学实验与医院现场干预等方面来论证受到社会转型大环境和中国文化影响的医患关系的心理特点，并探讨干预的方向与可能性。

二 信任角度的医患研究和前移的视角

> 子贡问政。子曰："足食，足兵，民信之矣。"子贡曰："必不得已而去，于斯三者何先？"曰："去兵。"子贡曰："必不得已而去，于斯二者何先？"曰："去食。自古皆有死，民无信不立。"

在2015年发表于 *BMJopen* 杂志上的中国广东医患关系质性分析文章

里，来自哈佛大学和北卡罗来纳大学的医患关系专家引用了出自《论语·颜渊》中的这段话。与治国一样，治病也需要建立在信任基础上。多数学者认为医患信任是患者对医生能力和动机的信任，即相信医生会从患者最大利益出发，做出符合其预期的行为（Montague，2010；Pearson & Raeke，2000；Suki & Suki，2011）。调查显示，当患者信任医生（尤其是社区医生）时，他们更愿意参与和完成疾病筛查、遵循医生的劝阻、提高服药依从性和改善生活方式（Gupta，2014）。医患信任不仅影响病人对医疗服务的满意度、医护持续性以及治疗依从性，还会影响患者对医疗服务的利用程度、对相关信息的公开程度，从而影响疾病的诊断。另外，患者对医生的信任还会影响其对健康状况的自我评估及对慢性病的管理能力。国内的研究者认为医患不信任是导致目前医疗事故频发的重要因素（郑大喜、肖亚琴，2008；宫福清、张斌，2006），医疗行业的诚信缺失会导致医院丧失信誉、迷失方向，影响医疗工作的顺利实施，给患者的恢复带来不利影响（郑大喜、肖亚琴，2008）。总之，医患信任的增强能极大地提高疾病的治疗和预防效果（孙宏玉、王涵，2003），减少不必要的医疗纠纷和事故（宫福清、张斌，2006）。

目前对中国医患信任的研究进展显著。发表在国外顶级医学期刊上的文章，多立足于医生的自我感受、呼吁，或者质性分析（An，2013；Yip et al.，2012）。而发表在国内期刊上的医患信任问题研究已经相对成熟，如鲍勇和鲍晓青采用PZB服务质量差距模型理论，研究了患者信任和医生诊疗行为之间的相互关系；杨帆研究了当患者拒绝治疗时，医方所应采取的处置方式；王丹旸和朱冬青从医患信任和沟通角度出发进行研究；陈立富等对大量网络舆情所带来的信任问题进行了分析（陈立富、王兰成、苏龙、黄永勤，2014）。

针对医疗系统和医方如何增加医患信任的干预研究也涌现出大量成果，如蒋艳萍提倡用实习操作法来提高医学生儿科临床工作能力，以更好地减少医患纠纷；黄冬梅等从职业风险的角度探讨医生的职业枯竭现象及其对医患关系的影响；顾莉莉等研究了医师对自己角色行为的认知对医患沟通的影响；王根生和柏涌海的研究团队则主要探讨了如何对医患纠纷进行预警（柏涌海等，2015；丁菊玲、勒中坚、王根生，2010）。还有一些研究将患方的反应作为结果变量进行考量，例如从患方知识角度进行的研究：王忠臣和汪文新研究患方和民众对结核病知识的知晓程度；张大亮和康进研究如何挖掘患者满意度数据；陈晶、张兆霞、詹启生从攻击性行为的分类角度来分析患方攻击过程；等等。

有些研究采用单一问题或条目来进行评价。如一项对全国十个城市的卫生行政机构、二、三级医院及社区进行的问卷调查显示，患方中88.5%的人信任医务人员，而医方的认同比例只有69%（梁立智等，2008）。近期有研究对北京市H区乡镇卫生院的患者进行了调查，结果显示，多数患者认为医生和患者之间是相互信任的（朴金花、孙福川，2013；赵博等，2015）；一项针对全国十个城市的政府、社会、患方和医方的全面调查发现，医患关系总体上是和谐的（吕兆丰等，2008）；其他调查也得出了相似的结论（杜治政等，2011）。根据以上研究，医患之间的信任度似乎是良好的。但是，一方面，由于研究方法、地域限制和抽样代表性的限制，目前的实证研究太少，且缺乏代表性，医患之间的信任关系如何还有待进一步验证；另一方面，一旦有医患不信任产生，即使是在小范围内，也可能导致严重的后果，如现在媒体经常报道的暴力伤医甚至杀医事件。

国内的一份文献分析报告指出，我国对医院场所暴力行为的研究滞后国际约16年（王焕强、吴曙霞，2014）。而需要注意的是，一方面，这种滞后反映的并不一定是我国学者研究水平的落后，而可能是我国的社会发展阶段刚刚处于需要这些研究的时期。在全球卫生研究开始强调生物-社会-心理模式的今天，当前关于医暴问题的研究已经发展到适合从转型时期的社会特点和患方心理出发，探讨医暴倾向发生机制的阶段。另一方面，由于医生具有专业威信、职业权威和病人对其的依赖，医生在医患双重关系中处于优势地位（Parsons，1975）。因此，我国的医暴研究一直以来都集中在医院管理的体制以及医务人员自身的问题上，强调服务质量、行业自律和医患沟通。这造成了无论是现有的干预方案，还是学术研究，都更关注医疗机构和医生。但医患关系是双方的互动过程，为了进一步解决医暴问题，需要对患方的力量给予同样程度的重视。

对影响医患信任的因素的研究则主要集中在医疗机构、就医情境、医疗人员三个方面（周常春、徐雪，2015）。医院的声誉会直接影响患者对医院的信任程度（唐庄菊、汪纯孝、岑成德，1999），患者的预设性不信任源于对医方、对医疗纠纷解决机制缺乏信任（徐昕、卢荣荣，2008）。医疗机构的环境、卫生、舒适度会影响患者的信任程度（金玉芳、董大海，2004）。国内外已有大量研究关注医疗人员的专业素质和职业素养，研究显示，医生的专业水平、知识技能、沟通能力、道德水准、情感支持、信息支持和共同决策等会影响医患信任（金玉芳、董大海，2004；罗碧华、肖水源，2014）。有研究认为患者信任主要有四个维度：对医生的个人信任，包括忠诚性、能力、诚实性等；对医生行业的信任，指患者对医生这个行业的一般信任；对相关医疗社会机构的信任，比如对健康保险机构的信任；对其他相关医疗服务提供者或医学技术等的信任（罗碧华、肖水源，2014）。

从本质上来讲，医患关系仍然是一种人际关系，是人们在共同活动中彼此为寻求满足各种需要而建立起的相互关系，它反映了个体或者群体在寻求满足社会心理需要、事业需要和生活需要时的心理状态（曲海英，2013），与角色、信任等社会心理学概念密切相关。而熟人社会、关系就医等人际关系模式则是中国人就医的特色和文化（杨宜音，1995）。在没有这种"关系文化"存在的医患之间，出现了患方将和医方的谈话"句句录音"，医方让患方"步步签字"的情况，医患间信任关系淡薄、矛盾堆积。而部分医务工作者缺乏人文关怀、新闻媒体的报道有失偏颇等，都给医患关系增添了不稳定因素。

在医疗服务过程中，基于医患双方的承诺以及医方的知识技能与责任形成的医患关系是互惠的、动态的、情景依赖的，文化是影响医患关系的重要因素，信任是建立医患双方良好关系的根基。国外有研究认为，病人与医生的关系是不对称的（Parsons, 1975）。医患双方关注的问题差异很大：医生关心的是自己的行为是否符合专业的标准、疾病的演化趋势以及技术水平与设备的性能等；而患方则首先考虑自己的权益是否受损，医方是否有责任，怎样才能获取最佳补偿等（朱锡光等，2005）。而双方沟通不足正是医院工作场所暴力行为发生的主要影响因素之一（Cai et al., 2011）。因此，Delbanco 提出"病人视角"（patient's view），呼吁医生进行换位思考（perspective taking）（Boland & Tenkasi, 1995）。

基于互联网和新媒体的医患关系讨论也值得关注。信任在虚拟社区中比传统情境下更为脆弱，缺乏面对面的交流和正式担保使知识共享很难实现（Huang et al., 2008）。由于信息不对称，再加上一些网络媒体的偏颇报道，患者及家属容易对医院及医务人员产生不信任，建立良好的医患关系比较困难（张艳、周勤、王慧，2014）。政府也已经意识到这一点，并采取了一些比较明确的举动，如 2016 年 9 月 29 日最高人民检察院印发的《关于全面履行检察职能为推进健康中国建设提供有力司法保障的意见》指出，检察机关将从严惩处利用互联网等媒体恶意炒作，挑拨医患矛盾，引发涉医突发案件、群体性事件或者造成恶劣社会影响的犯罪（叶攀，2016）。

然而，就医暴事件发生的根本机制来说，"缺乏信任"只是非常接近暴力施行的结果变量，并不能为医暴等医患冲突现象的解决提供直接的操作性指导。因此，"信任"相关的研究和成果更适合放在整个医暴事件发生链上偏向于结果的位置,医患之间的"信任度"更适合对"医患冲突现象是否得到缓解"的现象和结果进行检验。

实际上,我们很难定义一种最"正确的"医患关系或信任模式,因为疾病本身就具有不确定性(Mishel,1988)。在医生极为忙碌,而患者花费大量时间排队等候的情境下,医患沟通的一个重要特点是"无序",相对应的诊疗情景特点是"模糊性",对人们心理,尤其是患方心理造成的影响主要是"不确定性"和"缺乏掌控感"。在现有的研究链条上,缺乏的是促使"信任"产生的心理机制研究,即"采取何种手段和措施来增加医患之间的信任感"。将医患关系的分析视角前移,澄清医患关系建立和持续的各个环节,有利于从根本上遏制医暴现象的发生,而这就需要从文化心理学的视角对影响医患关系的宏观经济、社会、政治背景,以及微观人际互动氛围和深层次的心理互动机制进行深入探讨。

三 基于文化心理学视角的医患关系研究

1984年,美国密歇根大学心理学系教授弗兰克·耶茨(Frank Yates)应邀来北京大学访问,讲授"人类的决策心理",对于这类"自信心理的客观测试",人们的回答往往是模棱两可的。其中一道题通过问"土豆在什么样的气候环境下成熟得更快一些"(答案为:A. 寒冷的气候,B. 温暖的气候),来判断学生回答/选择其答案的自信水平。耶茨发现,中国学生在回答这些问题的时候,表现出比美国大学生更加强烈的"过度自信"倾向(彭凯平,2016)。英国心理学家劳伦斯就报道过类似的发现,起码在对有关"知识""概率""趋势""规律"等问题的回答上,大多数中国人的自信水准是比较高的,在这些问题上,中国人比美国人更难以忍受模糊的答案(Phillips & Wright,1977)。而在患病的问题上,充满医疗知识、发病概率、病程变化的趋势和规律等问题,因此中国患者获得更加确定性答案的动机也更强。

在文化心理学的视角下,医患关系问题与整个社会环境有重要关联。现有研究表明,我国医患问题领域所面临的日益增多的挑战和广泛存在的矛盾正是随着社会转型、经济高速发展尤其是第二轮医疗改革的深入而出现的(梁子君等,2014)。在社会转型时期,经济的快速增长、社会的巨大变迁对社会成员造成强烈的心理压力,犯罪率亦随之上升,即默顿所定义的社会失范现象增多(Merton,1938)。具体而言,整体社会环境中的社会矛盾堆积、社会信任缺失,以及经济转型时期的市场结构调整等因素给作为社会成员的患者带来强烈的心理压力。人口流动性增加以及定点医疗的取消，为无序的社会环境中的就医行为增加了更多的不可控因素。在这些因素的影响下，转型时期患方心理呈现"不确定性"和"缺乏掌控感"等特征（李汉林等，2010）。而医疗卫生事业还具有另一重不确定性，即"疾病不确定性"（illness uncertainty）（Mishel，1998）。疾病不确定性主要是指病人在处理与疾病相关的刺激和明确相关的含义方面的不确定感，属于认知范畴。病人的疾病不确定感主要来源于以下四方面：①不明确疾病的症状；②不明确复杂的治疗和护理过程；③缺乏与疾病的诊断和严重程度有关的信息；④不可预测疾病的过程和预后。根据以往研究，有50%的患者会产生较强烈的疾病不确定感（Liao et al.，2008）。而很多因素又会进一步加剧不确定性，如患者流动性、个体差异、医疗需求多样性、疾病的复杂性和医疗技术的有效性等（张翔，2007）。

针对社会转型时期大众的心理波动与暴力倾向，存在主义心理学及其理论体系有着较好的解释效力。该流派强调"不确定性和未知会带来焦虑"是人类的普遍特性（Kerr，1988）。为了战胜这种无法控制的虚无感，人们会将负面结果归咎于某一个体或群体，即"替罪羊"（scapegoating），即使不良后果往往并不是由替罪羊引起的。人们由此解释威胁的来源和偶然事件的发生，进而提升个体的掌控感。这就是寻找"替罪羊"的应对模式。该行为模式已在一系列实证研究中得到验证（Rothschild & Landou，2012）。当人们的掌控感受到威胁时，会表现出较强的寻找"替罪羊"模式：人们会夸大"替罪羊"的威胁性，更多地将错误归咎于"替罪羊"，自我掌控感因此会得到补偿。Whitson和Galinsky（2008）则指出，当个体在客观条件下无法获得掌控感时，会转而试图在感知上获得某种掌控感，如更倾向于知觉到某种刻板模式（stereotype pattern）或产生归因偏差（attributional biases），以维持其所处环境可控且有序。

早先研究认为，个体选择"替罪羊"时更倾向选择弱势的对象（Gollwitzer，2004）。但Rosthchild和Landau（2012）通过一系列实验证明：强大的个体作为"替罪羊"可以更显著地降低价值感受威胁者的内疚，并提高他们的掌控感。事实上，这更符合当今中国的医患关系情景。在过去几年中，医生和医院一直被视作"强势"一方，因为他们占有技术和资源、拥有"掌控生死"的权力。在"替罪羊"的心理机制中，找到威胁源的人们不会吝惜对敌人的指责，且会夸大敌人对现实问题应该承担的责任（Becker，1969）。这也解释了中国医暴事件中严重的攻击倾向。一篇关于医疗纠纷的分析提到，2009~2013年的4561起医疗纠纷里，源于非医事故的占一大半（He, 2014）。因此，在很多案例中，当中国患者面临社会和疾病的各种不确定性、面对身体和生活上的迷茫和痛苦时，同样存在将医生当作"替罪羊"的心理倾向。

2009~2011年，国家财政部对医疗改革增量投入的总和为8500亿元人民币，期望能够缓解老百姓"看病难"和"看病贵"的问题（Yip et al., 2012）。在卫生经济学领域，竞争和垄断孰优孰劣是一个未有定论的问题。从宏观层面上看，中国的医疗市场既不像美国那样是自由竞争占主导地位，又不像英国那样由国家对医保完全兜底，中国医改对医疗市场的定位是期待从一个低的竞争水平向充分发挥市场作用转变（Blumenthal & Hsiao, 2015；Pan et al., 2015, Xu et al., 2015）。"竞争"和"垄断"的市场环境会给转型时期的中国医患关系造成什么影响？在这个过程中，社会转型时期的不确定性压力会起到什么作用？一种可能性是，市场竞争使医院更注意声誉，因此越是竞争激烈的市场，医院更注意采取一切管理手段减少医疗纠纷的发生率。另一种可能性是，越是垄断，患者越把医院作为"救世主"，医疗纠纷发生率越低。那么是在竞争充分还是在垄断程度高的情况下，医疗纠纷的发生率更低？或者是否还有第三种可能？

我们采用中国的实际数据对此进行验证（Yang & Pan, 2017），通过获取四川省所有医院的数据，包括不同地区医院竞争程度的数据及同一地区不同时间医院竞争程度的数据，运用计量经济学模型，描绘了不同地区医疗市场结构从完全垄断（确定性）向市场化转变（不确定性），再到完全竞争（确定性）等不同垄断-竞争水平上，医疗纠纷的发生数量和比例。

市场集中度用赫芬达尔-赫希曼指数（Herfindahl-Hirschman Index，以下简称HHI）来表示。HHI是测量产业集中度的综合指数，通过计算一个行业中各市场竞争主体所占行业总收入或总资产百分比的平方和，来显示市场份额的变化。HHI可以用来反映竞争程度，它在0至1之间取值，取值越小，意味着市场中有越多的竞争；取值越大，意味着市场越集中。计算公式为：

$$HHI_{mt} = \sum_{h=0}^{N} (X_{hmt}/X_{mt})^2 = \sum_{h=1}^{N} S_{hmt}^2 \tag{1}$$

其中，h代表医院，m代表医疗市场（由地理固定半径所决定），t代表时间，N代表医院数量。X_{hmt}是在时间t内医疗市场m由医院h所生产的医疗服务数量。S_{hmt}是在时间t内区域c中，医院h所占有的市场份额。因此，HHI_{mt}就可用来表示在给定时间内每个市场中的医疗市场竞争情况。

研究发现，在控制了整体经济水平、医院规模、医院等级等因素之后，随着医疗市场从完全垄断到完全竞争的发展过程，医疗纠纷的发生比呈"倒U形"曲线（见图1），并存在一个拐点。这印证了在不确定性较强、竞争和垄断角力的转型时期，医疗纠纷有着更高的爆发率。

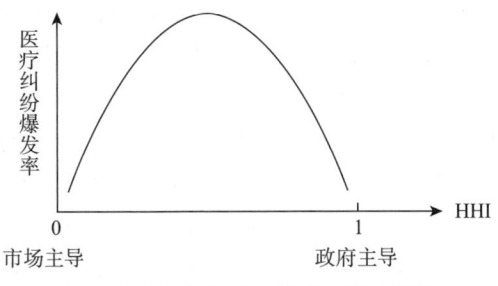

图 1　市场竞争程度与医疗纠纷爆发率

经济的快速增长使中国在短短几十年中跻身工业化社会。现代化的经验为我们提供了一种针对这个正不断变化和大步前进的世界的新感知。传统的层级体系即使没有被消除，也已经被侵蚀，传统的道德约束力已经弱化。人们的流动性更强，意识到相互之间需要有联系。很多人都因感到易受到伤害而去寻找安全感。面对一个传统的习俗、契约和社会秩序正日益脆弱和分裂的社会，身处虽依然连接在一起却日益趋向于分裂的变革时代，人们普遍缺乏安全感，因此无论是从认知上还是从情感上，都试图去制造更多的社会科学家称之为"社会控制"的东西。在吉登斯看来，对人们先验的、根深蒂固的不安全感进行组织管理，正是近现代文明的一个关键元素（Giddens，1991）。

社会控制理论可以用来解释人们缺乏控制感与医患纠纷甚至暴力的频发之间的相关性。在传统社会中，相对于正式的国家工具、政府等法定机构，人们更倾向于使用道德、风俗、规约等不正式的、没有写进国家法律的东西来对人们的言行进行约束（Balck，1976，1984）。大部分矛盾和摩擦的解决并没有诉诸法律资源或者正式的（政府的）社会控制资源。如果社会冲突不能采用大多数人所欢迎的通用途径——谈判——来达成解决方案，人们就不得不忍受矛盾的偏离，被迫接受政府的社会控制，这可视为政府的社会控制对个人控制的替代过程。在一个混乱的市场秩序中，如果勉强步入这一阶段，政府机构对社会的控制会增大人们之间的距离，在流动性很强的社会中，会造成信任感和安全感更加缺乏的恶性循环。

所以，人们之间越是彼此相知，越是不愿求诸政府的社会总机制来解决他们之间的冲突。中国作为一个乡土文化的社会（费孝通，1998），在求医过程中会被熟悉性所驱动。我们也可以看到，在很多医患纠纷的案例中，还有相当比例医患双方是熟人介绍的。在这些案例中，暴力侵害可被理解为一种自救的方式，即一个人设法控制另一个人。

政府，或者政府机构作为一种强力存在，其社会控制作用主要在于填补人们心理控制感的缺失，而这种社会控制效果较好的良性机制是通过软性控制而非硬性控制来实现的。硬性控制是充满了强制性的控制；软性控制则是指更灵活地运用心理学的，以及对话、劝说和干预等方式的控制，目标是使正式社会控制机构减少使用"硬性"资源去强制性地处理各种异常行为。在一个政府或者政府代言者强大到可以被完全信赖的情况下，或者在一个政府机构占垄断性地位的市场中，软性控制的补偿机制才能发生，人们的信任感才能增加，人们通过暴力冲突来增加安全感的做法才能减少。

面板数据的研究结果从宏观层面上反映了社会总体不确定性和医患纠纷的关系。然而这样的关联性现象是否能在其他方面得到验证？基于这样的考量，我们在网络新闻报道的场域内进行了不确定性和医患关系的相关验证，以进行进一步的研究。

为了探究互联网和新媒体对医患关系的影响，本研究对在中国有影响力的互联网新闻媒体所报道的暴力伤医事件进行了文本分析和专家评价，考察了疾病不确定性、意识状态和伤医后果之间的关系。

医院暴力事件往往是患者及家属的不满情绪或报复心理加剧的结果。这是一种情绪难以控制的冲动状态。当个体处于这种状态时，认知能力减弱，外在的道德机制难以发挥有效的作用，对暴力行为的约束机制被解除，容易做出不符合社会规范和内心准则的行为。比如，当患者处于醉酒或精神障碍状态时，实施医暴行为的可能性会增加。

在认知心理学和认知神经科学领域，冲动性以去抑制（disinhibition）的形式表现出来。去抑制就是指个人行为的内部约束机制被解除的状态。这一效应受文化、个人期望和环境的明显影响。当个体处于去抑制状态时，对行为的抑制能力减弱，容易做出不符合社会规范和内心准则的行为。平时人们在进行有目的的认知活动时，需要抑制无关刺激（包括外来的和内在的）引起的反应，确保目标行为的准确实施。这种对复杂行为提供保护框架的能力被称为行为抑制（马朝林，2004）。行为的抑制性是一种重要的操作执行功能，是行为调节的重要基础，起到抑制和终止行为的作用（Aron，2007）。当个体的认知控制机能被自动的或某种奖赏驱动的反应所抑制，出现对奖赏信号反应增强、对惩罚反应信号反应减弱的情况，就会造成无法适应当前任务要求、漠视社会规范，以及无法做出符合社会要求的行为。

本研究主要根据丁香园网站提供的信息,搜集了新华网、人民网、凤凰网、新浪网、腾讯网等国内有影响力的互联网新闻媒体在2013年所报道的59起严重伤医事件,对这59起有媒体曝光的伤医事件的所有相关链接进行文本收集汇总,纳入研究分析范围。

具体分析流程(见图2)如下。首先,根据设定的变量类型,将暴力伤医事件划分为四个维度,分别是疾病不确定性、伤医后果严重程度评价、所患疾病的自我控制感以及社会经济地位。评分标准的确定采用经典德尔菲法,具体操作是每一个维度先随机选取8个事件作为第一轮评价项目,6个评价者根据个人的判断对每一个维度进行0~100分评分,疾病不确定性评分采用Mishel编制的"疾病不确定感量表"中抽取的两个条目进行0~5分评分。在第一轮评价结束之后分析评价的一致性,对存在评价差异的事件进行评价标准讨论,确定完评价标准之后再进行第二轮评分。第二轮评分步骤与第一轮一致。在完成两轮评价之后便可得到较为准确的评价标准,然后再对四个维度的所有59个事件进行总的评分。

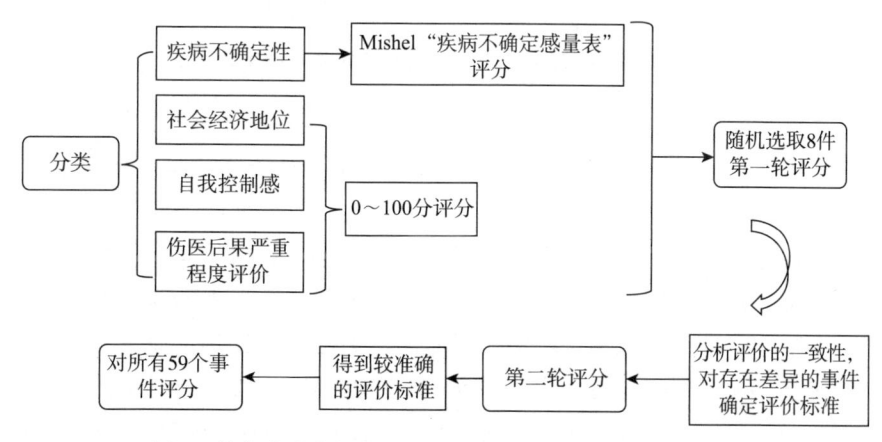

图2 德尔菲法分析2013年媒体报道伤医事件文本的流程

研究结果显示,醉酒或精神障碍、缺乏控制与伤医后果没有显著的关联性(见表1)。因此对行为缺乏抑制能力的患者更容易导致伤医事件的假设是不成立的。而醉酒或意识障碍与疾病不确定性有显著相关。

表1 酒醉或精神障碍、疾病不确定性、缺乏控制与伤医后果的相关

变量	醉酒或精神障碍	疾病不确定性	伤医后果	缺乏控制
醉酒或精神障碍	—			

续表

变量	醉酒或精神障碍	疾病不确定性	伤医后果	缺乏控制
疾病不确定性	0.304*	—		
伤医后果	-0.059	0.234	—	
缺乏控制	0.152	-0.159	-0.104	—

* $p<0.05$。下同。

采用 Hayes 编制的 SPSS 宏对中介效应进行检验（Preacher & Hayes, 2008）。Bootstrap 法检测显示疾病不确定性对醉酒或意识障碍与暴力伤医事件之间的关系存在显著的间接效应，95% 的置信区间为［0.4021，15.9395］。置信区间不包括 0，因此系数乘积显著。

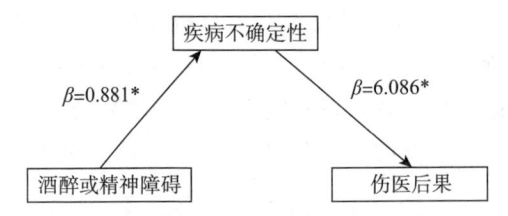

图 3　疾病不确定性对意识状态和伤医后果的中介作用

本研究通过对在中国有影响力的互联网新闻媒体所报道的暴力伤医事件进行文本分析、专家评价和数据分析，发现当患者处于醉酒或精神障碍状态时，疾病不确定感会影响患者对疾病过程的心理，从而更容易导致医暴事件。

在前述研究中，我们使用了宏观层面的经济学数据与间接的新闻报道材料验证了不确定的外部环境与个人心理状态结合会带来不和谐的医患结果，不确定的外部环境会影响医疗纠纷的发生数量和比例，而不确定的疾病情况会影响对医生的暴力伤害程度。研究的局限性在于，对于问题的验证较为间接。因此，我们通过下面的研究来进行改善，直接检验以下假设：不同病种的疾病带给患方的疾病不确定感是有差异的。而高不确定性的疾病，有较大可能引发更多的医患纠纷。

研究方法：分别以表 2 中的 6 个检索策略作为题名或关键词检索近五年收录于中国知网（CNKI）中，采用疾病不确定感量表（MUIS）进行调查研究的相关文献，经初步检索共获得相关文献 114 篇。采用随机对照试验（RCT）文献评鉴标准（见表 3），评估纳入文章的研究质量。阅读文题和摘要进行初筛，剔除文献综述 7 篇，结构式访谈 2 篇，量表不符 12 篇，剩余 93 篇；对剩余文献进行全文阅读复筛，进一步剔除不符合要求的文献

32篇，其中有重复发表嫌疑的8篇，数据不全24篇，最终纳入文献61篇。其中癌症不确定感相关文献49篇，心血管疾病不确定感相关文献12篇（见图4、图5）。然后对文献中疾病不确定感量表（MUIS）的"不明确性"维度得分进行分析。该维度主要是指患者不清楚疾病的症状，不了解复杂的诊疗、护理程序，不清楚现阶段的诊疗对治愈疾病而言是否有效，等等。

表2 文献检索策略

序号	检索策略
1	"癌"And"疾病不确定感"
2	"肿瘤"And"疾病不确定感"
3	"冠心病"And"疾病不确定感"
4	"冠状动脉"And"疾病不确定感"
5	"心功能"And"疾病不确定感"
6	"心房颤动"And"疾病不确定感"

表3 改良后随机对照试验类文献评分标准

评价内容	评分
研究目的是否清晰、特定、明确，立题依据是否充分	0 1 2
样本是否被随机分配到实验组和对照组	0 1 2
资料收集过程是否遵循盲法	0 1 2
样本是否足够大	0 1 2
实验组和对照组在基线时是否具有可比性	0 1 2
是否描述样本流失	0 1 2
资料收集的工具是否合适	0 1 2
对所有研究对象进行资料收集和随访的方式是否一致	0 1 2
是否正确地描述所应用的统计方法	0 1 2
对研究结果的陈述是否恰当、准确	0 1 2
是否所有的重要研究结果均被讨论	0 1 2
该研究的结果是否与其他相关证据相符合	0 1 2
参考文献是否具有权威性和代表性	0 1 2

研究结果：通过文献检索，本次对癌症不确定感的研究纳入49篇文献，共包括5583名癌症患者；对心血管疾病不确定感的研究纳入12篇文

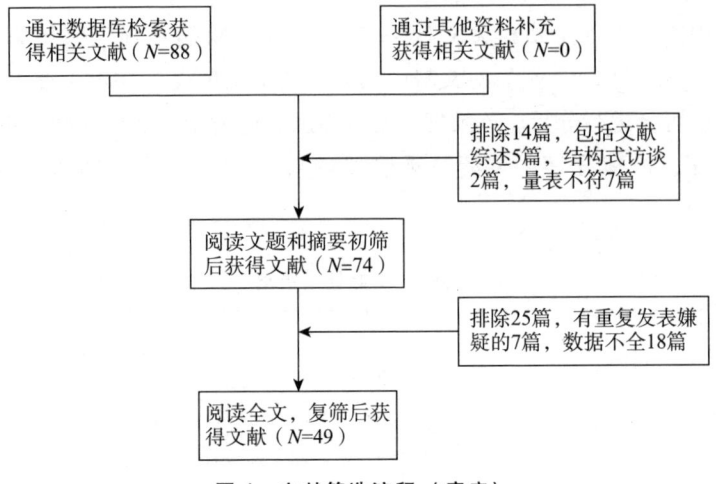

```
通过数据库检索获              通过其他资料补充
得相关文献（N=88）            获得相关文献（N=0）
        │                            │
        └──────────┬─────────────────┘
                   │
                   ▼         ◄── 排除14篇，包括文献
         阅读文题和摘要初筛        综述5篇，结构式访谈
         后获得文献（N=74）        2篇，量表不符7篇
                   │
                   ▼         ◄── 排除25篇，有重复发表嫌
         阅读全文，复筛后获          疑的7篇，数据不全18篇
         得文献（N=49）
```

图 4　文献筛选流程（癌症）

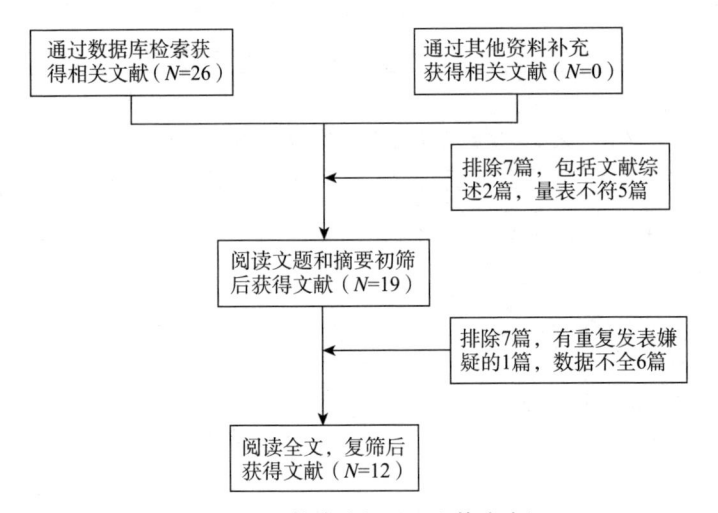

```
通过数据库检索获              通过其他资料补充
得相关文献（N=26）            获得相关文献（N=0）
        │                            │
        └──────────┬─────────────────┘
                   ▼         ◄── 排除7篇，包括文献综
         阅读文题和摘要初筛        述2篇，量表不符5篇
         后获得文献（N=19）
                   │
                   ▼         ◄── 排除7篇，有重复发表嫌
         阅读全文，复筛后获          疑的1篇，数据不全6篇
         得文献（N=12）
```

图 5　文献筛选流程（心血管疾病）

献，共包括1172名心血管疾病患者。由两者对比结果（见表4）可知，就"不明确性"维度条目平均得分而言，心血管疾病患者的疾病不确定感高于癌症患者的疾病不确定感，前者的疾病掌控感低于后者。心血管疾病和癌症同为慢性疾病，两者相比而言，多数癌症患者对其患病进程与结果是能够预期的；而心血管疾病病程复杂、病情反复，存在猝死的可能性，会给患者带来更高的疾病不确定感。

表 4　本次研究中癌症和心血管疾病不确定感"不明确性"条目平均得分情况

	例数（名）	条目平均得分（$\bar{X} \pm S$）
癌症	5583	3.22 ± 0.07
心血管疾病	1172	3.49 ± 0.23

在心血管疾病的案例中，很多卒中患者本人及家属抱着极大的期望和不惜一切代价的心理将病人送至医院就治。由于对疾病的发生机制、救治过程及现代医疗技术的局限性不够了解，患者及其家属在诊治过程中往往只能接受治愈或好转的结果，对治疗无好转，尤其是病情恶化甚至死亡的结果不能接受，而导致与医方发生纠纷。尤其是治疗过程中的猝死，更成为重大医患冲突的导火索（马婉嬑，2012）。

根据癌症和心血管疾病所具有的特点，我们获取了某家大型综合性医院 2014 年的工作报表，依据"癌症"相关和"心血管疾病"相关来区分不同科室，对涉及这两种疾病科室的医疗纠纷数据进行对比分析（见表 5），用医疗纠纷数除以就诊总人数，得到这家医院两种疾病科室的医疗纠纷发生率指标。结果显示，癌症科室的医疗纠纷发生率是 0.38‰，而心血管科室的医疗纠纷发生率是 1.54‰。采用卡方分析进行统计检验得出 $\chi^2(1) = 6.93$，$p < 0.01$，显示出心血管科室的医疗纠纷发生率显著高于癌症科室。癌症的死亡率大概为 0.96‰，而心血管疾病的死亡率为 1.31‰。从总的死亡率上看，两者并无显著差异。可见不同疾病的医疗纠纷率差异与其病程特点所带来的不确定感有紧密的联系。

表 5　某三级医院 2014 年癌症与心血管疾病的统计数据

	医疗纠纷发生数量（件）	就诊人次量（人）	死亡率（‰）	医疗纠纷发生率（‰）
癌症	4	10403	0.96	0.38
心血管疾病	13	8423	1.31	1.54

四　讨论

医患关系，尤其是中国当下的医患关系，是社会转型时期群际关系的反映。以往有关社会信任的本土心理学研究发现，表面上的人际不信任，实则是群际不信任的症状（赵志裕等，2013）。本文通过三个不同层面的研究，从社会心理学的理论中去寻找医患关系紧张的原因，采用"不确定性规避"等概念来解释目前医患之间相处的心理模式。

不确定感是当决策者无法对一件事给予特定的价值,且无法正确地预测结果时所产生的一种感觉(Molleman, Pruyn, & Knippenberg, 1986),或是人们不知道某件事意味或预示着什么的时候所产生的一种疑惑的心理状态(DiFonzo & Bordia, 1998)。不确定感作为一种认知状态而存在,这种状态产生自以下一些情景:环境的细节是模糊的、复杂的、无法预测的;信息是无法利用的或不一致的;人们觉得他们自己的知识或者一般的知识是不可靠的(Brashers, 2001)。在当今社会,不确定性越来越突出。现代社会分工更加细致,医学对专业知识的要求更加有西方特色,且更加科学化(Black, 1984)。这就构成了中国民众在医学方面的认知障碍。当一件事或某一情境因缺乏恰当的信息,而无法给予恰当的分类或组织时,个体就会产生不确定感(Stanley, 1962)。这是造成患者心中产生不确定性和缺乏控制感的一个原因。

一方面,当患者及其家属面对病情严重程度的未知、治疗结果的不可预期,而医生对此缺乏足够的告知、教育和干预的时候,患方将处于一种较高的不确定性状态之中。另一方面,由于医学本身的有限性,有许多疾病仍然无法治愈,而几乎所有的诊断、治疗都存在失败的风险。如果医生不能清醒认识医疗活动的有效性,无法正确地对待医学有限性带给医疗工作和医患关系的影响,也将深受不确定性状态的困扰。因此,虽然有一定的差异,但在转型时期,医患双方实则共同处于不确定性的状态之中。虽然不同的个体对不确定性的关注和耐受程度不同,但是一旦整件事情带来的后果和所需要付出的成本超出其心理预期,人们所能够忍受的风险或非结构化、不明确、不可预测情境的程度就会随之降低。

医患纠纷在某一时期的集中爆发是许多国家都经历过的。从患者角度看,随着医疗技术的进步,治疗手段日趋复杂,这既增加了患者的医疗伤害风险,又容易引发患者对医疗效果不切实际的幻想,以及幻想破灭时过多归咎于医生过失的行为。然而媒体的宣传和教育并没有起到澄清医疗本身固有风险的作用。民众所持有的,仍然是"给了钱就要看好病"的思想。中国人对于免费的可以"随便",例如到别人家做客,可以"客随主便";而一旦付了费,就希望获得更多的确定性。在"看病难、看病贵"已成为一轮又一轮医疗改革痼疾的当下(Yip et al., 2012),医疗负担过重更容易让中国老百姓陷入对确定性的非理性追求状态中。

与之相对的是,医院在近几十年里,被给予与"悬壶济世"的传统医德相悖的盈利权利。"白衣天使"和"白求恩"形象所带来的刻板印象的滞后效应，更加剧了医患之间的矛盾。有研究指出，应该重回对医疗活动的本体认知，并指出，即使医疗活动含有经济意味，也不能因此就认为医疗活动只是单一的经济活动，只适作为交易来认识（王克春，2016）。已有多项研究证明促进不同群体之间的相互了解、换位思考能够减轻刻板印象（Gaertner & Dovidio, 2000; Hewstone, Rubin, & Willis, 2002; Pettigrew, 1998）。比如，通过网络众包（crowd sourcing）等方式来促进民众对医生的培养过程、工作负担、收入水平等的了解，能够干预作为潜在患者和医患关系中介者的网民对医方的刻板印象（杨芊等，2017）。

建立健康的医患关系，重回对医疗活动的本体认知，正是从心理学角度出发，采用软性控制可以进行的探索。在社会转型时期降低患方不确定感、减少模糊性的医疗情景，有利于帮助患方建立理性客观的认知与情绪状态，预防医患纠纷和医疗暴力的发生。一系列社会心理学网络情景实验和医院的现场实验也已证实，通过改善患方群体的掌控感，可以降低患方群体的伤医倾向（Yang et al., 2017）。

参考文献

柏涌海、严文沛、王沛、陈羽中、庞娇艳、陆莉、朱有为，2015，《心理学视角下构建医患纠纷预警机制》，《解放军医院管理杂志》第 5 期，第 408~411 页。

陈立富、王兰成、苏龙、黄永勤，2014，《基于网络的伤医事件舆情分析》，《中华医学图书情报杂志》第 23 期，第 29~33 页。

陈倩雯、郑红娥，2014，《国内外医患关系研究述评》，《医学与哲学》第 5 期，第 44~48 页。

陈文丽、李明，2011，《当前医患关系分析》，《临床合理用药杂志》第 4 期，第 114~114 页。

丁菊玲、勒中坚、王根生，2010，《我国网络舆情危机预警研究探讨》，《情报杂志》第 29 期，第 5~8 页。

杜治政、赵明杰、孔祥金、秦怡，2011，《中国医师专业精神的病人一般观点——全国 10 城市 4000 名住院患者问卷调查研究报告之一》，《医学与哲学》第 32 期，第 2~9 页。

费孝通，1998，《乡土中国　生育制度》，北京：北京大学出版社。

冯殿卿、郭君伟，2004，《74 起医疗纠纷事件的综合分析》，《中国医院》第 8 期，第 69~71 页。

宫福清、张斌，2006，《重建医患间的信任》，《中国医学伦理学》第 19 期，第 65~67 页。

霍冬冬，2012，《我国医疗纠纷引发的恶性事件的政府应对研究》，中国社会科学院研究生院硕士学位论文。

姜乾金，2012，《医学心理学：理论，方法与临床》，北京：人民卫生出版社。

金玉芳、董大海，2004，《消费者信任影响因素实证研究——基于过程的观点》，《管理世界》第7期，第93～99页。

李汉林、魏钦恭、张彦，2010，《社会变迁过程中的结构紧张》，《中国社会科学》第2期，第121～143页。

梁立智、王晓燕、鲁杨、吴利纳，2008，《医患关系调查中医患信任问题的伦理探究》，《中国医学伦理学》第21期，第37～38页。

梁子君、吴超、郭洪宇、于英来、尉迟哲慧，2014，《我国暴力伤医事件成因的政策分析及应对》，《中国医院管理》第34期，第59～61页。

罗碧华、肖水源，2014，《医患相互信任程度的测量》，《中国心理卫生杂志》第28期，第567～571页。

吕兆丰、王晓燕、张建、梁立智、鲁杨、刘学宗、吴利纳，2008，《影响医患关系和谐的诸因素研究——全国十城市典型调查》，《中国医院》第12期，第32～40页。

马朝林，2004，《额叶皮层行为抑制和计数功能的研究》，复旦大学博士学位论文。

马婉嬑，2012，《不同类型脑卒中医患纠纷发生率分析》，《中国实用神经病杂志》第15期，第29～30页。

彭凯平，2016，《吾心可鉴：澎湃的福流》，北京：清华大学出版社。

朴金花、孙福川，2013，《医患双方视角下的医患信任关系研究》，《中国医学伦理学》第26期，第772～774页。

曲海英，2013，《医患关系》，载《医学心理学》，北京：北京大学医学出版社。

孙宏玉、王涵，2003，《整体护理对内外科病房护患关系信任度的调查分析》，《中国护理管理》第3期，第46～48页。

孙许朋、陈新山，2014，《医疗纠纷案例的法医病理学研究》，《新乡医学院学报》第31期，第723～724页。

唐庄菊、汪纯孝、岑成德，1999，《专业服务消费者信任感的实证研究》，《商业研究》第10期，第49～51页。

王焕强、吴曙霞，2014，《医院工作场所暴力文献计量分析》，《中国职业医学》第5期，第535～539页。

王克春，2016，《困扰公立医院改革的思想根源：交易认识方式》（未发表手稿），浙江大学。

王平，2005，《医疗事故争议110例技术鉴定分析》，《海南医学》第16期，第168～169页。

杏树林，2016，《杏树林医线调查：半数医生一年内发生过医疗纠纷》，http://news.china.com.cn/live/2016-09/30/content_37064055.htm。

徐昕、卢荣荣，2008，《暴力与不信任——转型中国的医疗暴力研究（2000～2006）》，《法治与社会发展》第1期，第82～101页。

杨伯峻，2006，《论语译注》，北京：中华书局。

杨帆，2013，《违背患方意愿医疗处置困境与对策研究》，《中国卫生法制》第5期，第9～13页。

杨芊、於梦菲、武鹏、缪人杰、高金锐、袁振、梁家铭、董恒进，2017，《对网民评论医暴事件的心理学分析和干预》（未发表手稿）。

杨宜音，1995，《试析人际关系及其分类——兼与黄光国先生商榷》，《社会学研究》第5期。第18~23页。

叶攀，2016，《最高检：恶意炒作引发涉医群体性事件将被严惩》，http://www.chinanews.com/gn/2016/10-21/8039088.shtml。

张翔，2007，《医疗服务过程中医患非对称信息及互动模式研究》，华中科技大学博士学位论文。

张艳、周勤、王慧，2014，《从信息不对称角度分析护患关系紧张的原因及对策》，《中国医学伦理学》第27期，第532~533页。

赵博、陈秉喆、孙德婧、杨佳、王晓燕，2015，《患方视角下北京市某区乡镇卫生院医患信任状况研究》，《医学与社会》第5期，第58~60页。

赵丽，2016，《医疗纠纷涉医案件数量三连降背后：法治是最大规矩》，http://news.xinhuanet.com/yuqing/2016-07/22/c_129165899.htm。

赵志裕、杨宜音、陈侠，2013，《西方社会认知研究进展及其对中国社会心理学发展的启示》，载《中国社会心理学评论》第6期，北京：社会科学文献出版社。

郑大喜、肖亚琴，2008，《医疗行业诚信危机的形成机理及其治理对策》，《医学与哲学》第29期，第41~43页。

周常春、徐雪，2015，《近年来国内外医患信任研究综述》，《昆明理工大学学报》（社会科学版）第1期，第8~14页。

朱锡光、孙梯业、颜伟、李力，2005，《医患关系现状的多维视角思考的研究》，《医学与哲学》第26期，第16~18页。

Algwaiz, W. M. & Alghanim, S. A. (2012). Violence exposure among health care professionals in Saudi public hospitals: A preliminary investigation. *Saudi Medical Journal*, 33 (1), 76-82.

An, J. (2013). Which future for doctors in China? *Lancet*, 382 (9896), 936-937.

Aron, A. R. (2007). The neural basis of inhibition in cognitive control. *Neuroscientist*, 13 (3), 214-228.

Black, D. (1976). *The Behavior of Law*. New York: Academic Press.

Black, D. (1984). Social control as a dependent variable. In D. Black (Ed.), *Toward a General Theory of Social Control: Fundamentals* (Vol. 1, pp. 1-36). New York: Academic Press.

Becker, E. (1969). *Angel in Armour*. New York The Free Press.

Blumenthal, D. & Hsiao, W. (2015). Lessons from the East—China's rapidly evolving health care system. *New England Journal of Medicine*, 372 (14), 1281-1285.

Boland, R. J. & Tenkasi, R. V. (1995). Perspective making and perspective taking in communities of knowing. *Organization Science*, 6 (4), 350-372.

Brashers, D. E. (2001). communication and uncertainty management. *Journal of Communication*, 51 (3), 477-497.

Cai, W., Deng, L., Lin, M., & Yu, M. (2011). Antecedents of medical workplace violence in South China. *Journal of Interpersonal Violence*, 26 (2), 312 – 327.

DiFonzo, N. & Bordia, P. (1998). A tale of two corporations: Managing uncertainty during organizational change. *Human Resource Management*, 37 (3 – 4), 295 – 303.

DonaldBlack. (1984). Social control as a dependent variable. In D. Black (Ed.), *Toward a General Theory of Social Control: Fundamentals* (Vol. 1). New York: Academic Press.

Gaertner, S. L. & Dovidio, J. F. (2000). *Reducing Intergroup Bias: The Common Ingroup Identity Model*: Psychology Press.

Giddens, A. (1991). *Modernity and Self-Identity*. Cambridge: Polity.

Gollwitzer, M. (2004). Do normative transgressions affect punitive judgments? An empirical test of the psychoanalytic scapegoat hypothesis. *Personality and Social Psychology Bulletin*, 30 (12), 1650 – 1660.

Gupta, S., Brenner, A. T., Ratanawongsa, N., & Inadomi, J. M. (2014). Patient trust in physician influences colorectal cancer screening in low-income patients. *American Journal of Preventive Medicine*, 47 (4), 417 – 423.

He, A. J. (2014). The doctor – patient relationship, defensive medicine and overprescription in chinese public hospitals: Evidence from a cross-sectional survey in shenzhen city. *Social Science & Medicine*, 123, 64 – 71.

Hewstone, M., Rubin, M., & Willis, H. (2002). Intergroup bias. *Psychology*, 53 (53), 575 – 604.

Huang, E., Hsu, M. H., & Yen, Y. R. (2008). Understanding participant loyalty intentions in virtual communities. *Wseas Transactions on Information Science & Applications*, 5, 497 – 511.

Kerr, M. E. (1988). Chronic anxiety and defining a self. *The Atlantic Monthly*, 9, 35 – 58.

Lee, M. K. O. & Turban, E. (2001). A trust model for consumer internet shopping. *International Journal of Electronic Commerce*, 6 (1), 75 – 91.

Liao, M. N., Chen, M. F., Chen, S. C., & Chen, P. L. (2008). Uncertainty and anxiety during the diagnostic period for women with suspected breast cancer. *Cancer Nursing*, 31 (4), 274 – 283.

Merton, R. K. (1938). Social structure and anomie. *American Sociological Review*, 3 (5).

Mishel, M. & Epstein, D. (1997). *Uncertainty in Illness Scales Manual*. Chapel Hill, NC: University of North Carolina.

Mirza, N. M. (2012). Violence and abuse faced by junior physicians in the emergency department from patients and their caretakers: A nationwide study from Pakistan. *Journal of Emergency Medicine*, 42 (6), 727 – 733.

Mishel, M. H. (1988). Uncertainty in illness. *Journal of Nursing Scholarship*, 20 (4), 225 – 232.

Molleman, E., Pruyn, J., & Knippenberg, A. (1986). Social comparison processes among cancer patients. *British Journal of Social Psychology*, 25 (1), 1 – 13.

Montague, E. (2010). Validation of a trust in medical technology instrument. *Applied Ergonomics*, 41 (6), 812 – 821.

Pan, J., Qin, X., Li, Q., Messina, J. P., & Delamater, P. L. (2015). Does hospital competition improve health care delivery in China? *China Economic Review*, 33, 179–199.

Parsons, T. (1975). The sick role and the role of the physician reconsidered. *Milbank Memorial Fund Quarterly Health & Society*, 53 (3), 270–288.

Pearson, S. D. & Raeke, L. H. (2000). Patients' trust in physicians: Many theories, few measures, and little data. *Journal of General Internal Medicine*, 15 (7), 509–513.

Pettigrew, T. F. (1998). Intergroup contact theory. *Psychology*, 49 (49), 65–85.

Phillips, L. D. & Wright, C. (1977). Cultural differences in viewing uncertainty and assessing probabilities. *Decision Making and Change in Human Affairs* (pp. 507–519): Springer.

Preacher, K. J. & Hayes, A. F. (2008). Asymptotic and resampling strategies for assessing and comparing indirect effects in multiple mediator models. *Behavior Research Methods*, 40 (3), 879–891.

Rothschild, Z. K. & Landau, M. J. (2012). A dual-motive model of scapegoating: Displacing blame to reduce guilt or increase control. *Journal of Personality&Social Psychology*, 102 (6), 1148–1163.

Stanley, B. (1962). Intolerance of ambiguity as a personality variable. *Journal of Personality*, 30 (1), 29–50.

Suki, N. M. & Suki, N. M. (2011). Patient satisfaction, trust, commitment and loyalty toward doctors. *International Proceedings of Economics Development & Research*, 7.

Sullivan, D., Landau, M. J., & Rothschild, Z. K. (2010). An existential function of enemyship: Evidence that people attribute influence to personal and political enemies to compensate for threats to control. *Journal of Personality and Social Psychology*, 98 (3), 434–449.

Whitson, J. A. & Galinsky, A. D. (2008). Lacking control increases illusory pattern perception. *Science*, 322 (5898).

Xu, J., Liu, G., Deng, G., Li, L., Xiong, X., & Basu, K. (2015). A comparison of outpatient healthcare expenditures between public and private medical institutions in urban China: An instrumental variable approach. *Health Economics*, 24 (3), 270–279.

Yang, Q., Liu, S., Galinsky, A., & Sullivan, D. (2017). *Taking Control of Violence Against Doctors*.

Yang, Q. & Pan, J. (2017). *Control Under Times of Uncertainty: The Relationship between Hospital Competition and Patient-Physician Disputes*. Unpublished manuscript.

Ye, D. W. & Emurian, H. H. (2005). An overview of online trust: Concepts, elements, and implications. *Computers in Human Behavior*, 21 (1), 105–125.

Yip, W. C., Hsiao, W. C., Chen, W., Hu, S., Ma, J., & Maynard, A. (2012). Early appraisal of china's huge and complex health-care reforms. *Lancet*, 79 (9818), 833–42.

基于社会交换理论视角下的医患信任关系建设研究[*]

杨艳杰　褚海云[**]

摘　要： 医患信任危机已成为我国不可忽视的严峻问题。从社会交换理论视角出发，医患信任关系实质上就是一种社会交换行为，交换主体由医方和患方构成。医生治病救人，以实现自我价值、获得物质报酬；患者通过金钱购买医疗服务，以恢复健康、提高生命质量。当双方进行成本－效益评估后，如果感知到非等价交换，就会产生亏损心理，从而出现心理和行为的失衡，引发医患矛盾。本文在分析医患之间的交换类型和权力构成的基础上，提出医患之间理想交换模式——互惠型，以及理想权力模式——大致对等型，并提供相应的改良策略。

关键词： 社会交换理论　医患信任关系　资源

近年来，医患关系日益紧张，医疗纠纷频繁出现。据 2013 年北京市高级法院数据显示，一审受理的医疗纠纷案件有 1152 件，相比 2007 年增长了约 2.4 倍，医疗纠纷案件呈逐年递增趋势（陈特、刘兰秋、范贞，2015）。在医疗活动中，患者忍受病痛，付出金钱，希望获得良好的治疗来恢复并保障健康；医生承担压力，付出专业知识技能，希望获得认可和

---

[*] 本研究得到教育部哲学社会科学研究重大课题攻关项目（15JZD030）和中央高校基本科研业务费专项资金资助项目（63172055）的资助。

[**] 杨艳杰，哈尔滨医科大学公共卫生学院教授，通信作者，E-mail：yanjie1965@163.com；褚海云，哈尔滨医科大学公共卫生学院硕士研究生。

物质报酬。在这个过程中,医患双方进行成本-效益分析,如果彼此认为自己的投入得不到等价回报,就会产生亏损心理,导致对对方的不满意、不信任,造成医患之间的关系紧张。医患信任危机日益加深,已成为我国不可忽视的严峻问题。然而,目前关于医患信任关系的研究多集中于探讨相关影响因素,对建设和谐医患信任关系的理论阐述还比较匮乏。基于此,本文将从社会交换理论视角出发,深入剖析医患信任关系内涵,探究改良策略,以期为进一步建设和谐医患信任关系提供理论依据。

一 基本概念及理论阐述

(一)医患信任关系

医患关系是医务人员与患者及其家属在医疗过程中产生的特定社会关系,依赖于医患双方的承诺以及医务人员的知识技能,是互惠和信任的关系(Berg, Skott, & Danielson, 2006)。信任是医患关系的基石与核心(Li & Hu, 2008)。医患双方彼此信任,医生治病救人,患者理解尊重,这样才能建立起以保障生命健康为根本目的的良性互动。医患信任关系是一种医患双方在医疗互动过程中,以诚信、公平为准则,自愿相信对方的交往关系(朴金花、孙福川,2013)。然而,目前我国医患信任关系并不容乐观。朴金花、孙福川调查指出,医方认为医患双方相互信任、一般、相互不信任的比例分别为18.86%、62.39%、23.85%,而患方认为双方相互信任、一般、相互不信任的比例分别为12.36%、67.95%、19.69%,双方感知到的不信任的比例明显高于信任的比例(朴金花、孙福川,2013)。刘贺辉指出我国在社会转型过程中,医患双方由于利益冲突等而出现信任危机,关系日益紧张(刘贺辉,2013)。梁艳超等指出,信任缺失是导致医患关系紧张的重要原因(梁艳超等,2010)。同时,张仰瑜认为信任危机是医疗纠纷的根本原因,建设和谐的医患信任关系是减少医疗纠纷、改善医患关系的有效途径(张仰瑜,2005)。而医患信任关系的建立与医患双方各自利益的满足及其交换后的满足感密切相关,因此,从社会交换理论视角探索医患信任关系具有十分重要的意义。

(二)社会交换理论

社会交换理论兴起于20世纪50年代的美国,以经济学、心理学和社会学理论为基础,从付出与报酬视角研究人类社会关系(Homans, 1958)。

该理论认为人与人之间的交往是一种以价值、代价、奖赏、报酬、最大利益等为基础的相互交换资源的社会互动过程，符合"给予和回报等值"的要求（Homans，1958）。社会交换的目的是互惠互利，其隐含条件在于利益和相互依赖（Lawler & Thye，1999）。在社会交换过程中，可交换的"资源"不仅仅是金钱或其他形式的物质利益，还包括认可、尊重、感谢、名誉、地位、情感等非物质资源（彼得·布劳，2008）。

社会交换理论的阐述与发展历程中存在很多流派，其代表人物主要包括霍曼斯、布劳、蒂伯特、凯利、埃莫森等。霍曼斯的行为主义交换论认为，一切社会行为都是物质与物质、物质与非物质、非物质与非物质的商品交换，人们理性地追求自身利益最大化。霍曼斯理论的命题主要包括成功命题、刺激命题、价值命题、剥夺与满足命题、攻击与赞同命题和理性命题（Homans，1958）。布劳的结构主义交换理论认为，人与人之间的社会交换源于社会吸引，是一种对方对其付出做出报答时发生、不报答时停止的行为，且社会交换是一种互惠互利的关系。布劳将社会交换分为内在性报酬的社会交换、外在性报酬的社会交换和混合性报酬的社会交换三种形式（彼得·布劳，2008）。蒂伯特与凯利的相互依赖理论认为，在社会交换关系中，一方的行为只有得到另一方的报酬时才会继续或重复，双方相互依赖（Thibaut & Kelley，1960）。埃莫森的交换网络理论认为，社会交换行为受到交换主体双方权利、依赖关系的影响，当权利-依赖关系失衡时，就会导致交换关系的不和谐甚至终止（Emerson，1962）。

二 社会交换理论视角下的医患信任关系分析

（一）医患角色、资源构成及交换风险

医疗服务是一种关乎人们生命健康的特殊的服务种类。从社会交换理论视角出发，我们发现医疗服务实质上就是一种社会交换行为，交换主体由医方和患方构成，医方包括医护人员、医务管理者及其他派生工作人员，患方包括患者及其家属，每个人在医疗系统中各自扮演着相应的角色、享受着相应的权利、承担着相应的义务。帕森斯指出，患者角色是一种偏离状态，这促使人们寻医问药、保障健康，相应的，医生角色就是控制偏离状态（Talcott，1951）。医生治病救人，以实现自我价值、获得物质报酬，他们的工作职责规定了医生是医疗卫生资源使用的指导者、诊断与治疗效果的评估者；同时，在给予医疗服务过程中，医生对患者具有减轻

病痛、恢复健康的责任和承诺。作为医疗服务的另一主体，患者通过金钱购买医疗服务，以此达到恢复健康、提高生命质量的目的，他们被动地充当着医疗服务的遵守者。

社会交换过程中存在不确定性和风险，人们对不确定性和风险的评估直接影响对交换关系的看法和态度（Molm & Peterson，2000）。医患双方的交换资源不同于其他社会交换，关乎健康和生命，具有不可逆转性，其不确定性和风险性非常高。在医疗过程中，患方投入金钱、时间，承受着疾病带来的痛苦，以及因接受医疗服务而导致的误工、经济损失等；而医方投入自身专业的知识、技术、态度、时间等脑力和体力劳动。针对效益回报情况，患方会从病情是否好转、过程是否舒适、金钱花费是否合理等方面进行评估，而医方会从疾病的改变情况、患方态度、经济收入、社会地位、职称、荣誉等方面进行评估。随着医疗改革的推行和医疗技术的精进，患方对医疗服务效果的期望越来越高。与此同时，我国市场经济体制不断深化，人们开始把医疗过程当作单纯的服务交易，在消费心理的影响下，患方忽视了医疗的局限性，认为付出了金钱就必然能治愈疾病。然而医疗服务不是万能的，当医疗结果不尽如人意时，患方巨大的心理落差就会导致其对医方不信任，甚至愤怒、敌意、攻击等。近年来，暴力伤医杀医事件不断，医生安全得不到保障，造成医方对患者及其家属亦不信任。医患交换过程的信任危机不仅会导致医患关系紧张，严重时还会造成医患纠纷，甚至生命损伤。

（二）医患交换类型与理想交换模式

布劳在《社会生活中的交换与权利》中指出，人与人之间建立交换关系的基础是双方能够从中获取利益，社会交换是互惠互利的行为（彼得·布劳，2008）。布劳认为，社会交换有内在性报酬交换、外在性报酬交换和混合性报酬交换三种类型。内在性报酬的社会交换，行为者将社会交换的过程本身作为交换目标，以此来取得认同、赞美、感激、爱等形式的报酬。外在性报酬的社会交换，行为者将社会交换当作实现更远大目标的方式和手段，以此来获得钱财、升职、帮助等形式的报酬，这些报酬在一定程度上具有可确定性和可计算性。混合性报酬的社会交换指兼具内在性报酬和外在性报酬的社会交换。在医疗服务过程中，医生和患者总是真心实意地进行沟通和交往。医生依靠自身专业知识技能对患者进行疾病的诊断和治疗，以治病救人为己任，在这个过程中他们会获得患者的感激和社会的赞赏，当然也会获得相应的岗位工资、奖金，以及晋升的机会等。与此同时，患者通过交付医疗费用来获取相应的医疗服务，忍受病痛，遵守医嘱，以恢复生命健康为根本目的。在这个过程中，患者会获得医护人员的诊治、关怀与照顾，治疗效果良好的话会重获健康，提高生命质量。因此，就医疗活动中医患的交换类型而言，医生诊治与患者求治是一种兼具内在性报酬交换和外在性报酬交换的混合性社会交换行为。

根据布劳的理论，互惠互利的社会交换有利于双方建立相互信任的关系，只有在获得相应的回报时，个体才愿意付出一定的资源。由此可见，医患间理想的交换模式为医患互惠型交换。每个人一生中都会不止一次地患病，而且很多疾病需要不止一次地治疗，所以医患间需要建立起比较稳定和信任的交换关系。患者因不适而求医，尊敬医生，谨遵医嘱，疾病症状得以缓解，他们就会更加感激医生、信任医生，相信医生可以帮助他们远离病痛。医生得到患者的认可和感谢，实现了自我价值，对工作更有热情，更加投入。当医患双方的付出都得到了相匹配的回报，双方的信任关系就会得到加强，同时会在一定程度上提高医疗服务的有效性。

（三）医患权力构成与理想权力模式

根据埃莫森的交换网络理论，当处于同一社交网络的双方满足以下条件时，一方相比另一方就享有权力优势：一方的资源对另一方而言很重要且不可替代，同时，后者所持有的资源对前者而言不重要且可被替代（Emerson，1962）。就医患关系的权力构成而言，医生在总体权力上具有优势（医护权威），而患者则处于相对劣势的地位。医生具有疾病诊断权、处方权、治疗权，还具有医疗卫生资源支配权等，对患者来说，医生的专业知识和技能是十分必要的，是缓解病痛、治愈疾病的唯一途径，因此，医方所持有的资源对患方具有不可替代性；患者权利包括知情权、参与治疗权等，相比于医生在医疗活动中的权威及其付出的资源，患者的威信以及为了得到治疗而付出的金钱和精力并非十分重要。而且，医生在交换过程中所获得的报酬（如认可、声誉、工资等）不仅可通过患者这一途径获得，还可在其他交换关系中获得。除此以外，就社会阶层来讲，医生本身就具有权威性。医生在医疗领域进行专业学习、培训多年，具有丰富的专业知识和技术，自古以来就是备受尊敬、收入稳定的社会中上层群体。而患者无论是贫穷还是富有都需要专业的医疗救助，在医患双方的交往中是处于服从地位的"弱势群体"。

虽然医生具有权力优势，在医患关系中处于主导地位，但是医疗服务的最终目的是使另一主体——患者减轻痛苦、恢复健康，因此在医疗服务交换过程中不能忽视患者的感受和权利，只有患者与医生达成良性互动，医疗效果才能达到最优。由此可知，医患之间的理想权力模式应该是大致对等型。当然，这种权力的大致对等是很难衡量的，主要依靠医方和患方的心理感受来度量。在医患交换关系中，如果医方处于绝对主导地位，过度使用权力，必然会引起患方不满，尤其是当治疗效果达不到预期时，患方会失望沮丧，甚至产生愤怒、敌意等过激情绪。为了使自己不受制于这种权威和不公平地位，患方会采取一些手段来维护自身权利，这时很可能会产生医患冲突，甚至会导致一些暴力纠纷。因此，要想得到良好的医疗效果，就需要医方在顾及患方的基础上适当、合理地使用自身权力。

三 基于社会交换理论的医患信任关系建设策略

（一）完善法律法规，确保公平的医患交换关系

目前我国对医患双方主体的平等地位已经给予法律上的肯定，而且《医疗事故处理条例》在一定程度上对"弱势群体"——患方给予合理权益的保护。然而，将医患关系定义为民事法律关系引起了社会各界不少争议，现有的医事法律制度还不完善，对医方合法权益的保障也非常欠缺。在医疗改革推进过程中，我们发现医疗服务越来越倾向于市场经济体制，患者通过支付医疗费用获取医疗卫生相关服务，医生通过治病救人获取岗位工资、奖金、福利等，双方关系更多地体现为一种供给——消费行为。在这种情况下，医患双方就会客观理性地评价交换是否公平。患方一般会从医疗效果、医疗费用、医方态度行为等方面评价交换关系公平与否，而医方则会从付出、工资、职称、奖金、名誉等方面评价交换关系公平与否。公平的交换关系是建立良好医患信任关系的前提。

众所周知，医学专业人才培养周期长、费用高，经过层层筛选竞争上岗之后，工作繁重，工资一般。从经济学角度出发，医方也具有"经济人"的属性，期望努力工作，获取经济报酬，满足生活需求。如果付出与酬劳严重失衡，医方就会对交换关系非常不满意。而且，目前我国暴力伤医事件屡见不鲜，曾受到患方威胁的医学工作者也不在少数，医方职业风险大，人身安全得不到有效保障，这会导致医方对患方的严重不信任，进而他们会下意识地躲避疑难杂症。同时，重大疾病患者求医无门，又会导致患方对医方的严重不信任，从而形成恶性循环。因此，需要制定相关法律法规来保障医方合法权益，免除医生后顾之忧，使他们大胆地治病

救人。

另外，由于我国医生普遍存在工作付出与工资报酬不平衡现象，某些医生经不起诱惑而漠视职业操守追逐利益，过度医疗，侵害了患方权益，直接导致医患间出现信任危机。因此，需要制定相关法律法规来制裁医方受贿行为，从而有效保障患方的合法权益，恢复双方的信任关系。

（二）适当转换医患交换形式，增加内在性报酬交换

根据社会交换理论，适当将医患间外在性报酬交换转换为内在性报酬交换有利于医患沟通合作及医患信任关系的建立，同时患者的遵医行为会影响治疗效果。在医患交换关系中，患者会选择经验丰富、口碑良好的医生进行接触与交往，而医生则几乎没有对患者的选择权，生死攸关，治病救人是其职责所在。医患之间的交换关系本身就是兼具外在性报酬与内在性报酬的混合性报酬交换形式，如果可以增加其内在性报酬交换，使其更看重医疗过程而非诊治后的工资、奖金等物质酬劳，他们就会把治病救人当作人生信仰，把诊治过程本身当作实现自我价值的体验，会更有热情地投入工作。患者受到医生的认真对待，对医生充满信任、感激，尊敬医生，谨遵医嘱，有利于获得更好的治疗效果，以及恢复健康。医患双方在交换过程中彼此真诚、信任、合作，可形成医患交换的良性循环。另外，政府及医疗组织机构在医患交换形式的转换中要发挥重要的指导及主导意识作用，利用双因素期望激励措施提升医务人员自我实现需要，同时对患方加强相关医学和法律教育。综上，建立及发展合适的医患交换形式是缓解医患信任危机的重要途径，也是建设优良医患信任关系的必经之路。

（三）提高医方综合素质

作为医疗服务主要提供者，医生自身综合素质会在很大程度上影响医患信任关系。首先，医生应提高自身医德修养，诚信为本，增强责任意识，弘扬职业精神，不被利益诱惑，致力于恢复患者健康，不开大处方，不过度医疗，不收受"红包"，规范自身医疗行为。其次，医生应不断精进医学技术水平，避免误诊，确诊之后提供正确的治疗方案，保障医疗质量水平，提高治疗效果。最后，医生应改善服务态度，对患者具有仁爱之心，在诊治过程中，细心、耐心地与患者沟通，对患者不理解的疾病专业知识进行详尽的解释说明，尊重患者知情权、参与治疗权等各项权益，鼓励患者积极配合治疗，为保障人们健康尽心尽力。

（四）加强患方医学常识教育

根据社会交换理论，医患信任关系除了受到医方影响，还与患方脱不开关系。建立良好的医患信任关系，对于患方而言，主要在于他们对医疗结果的认知和期望。现在普遍存在的现象是患者对医疗效果期望过高，所以当治疗结果达不到预期时，就会产生不满及不信任医生的情况。可是医疗技术手段对疾病的控制和治疗能力是有限的，很多时候不尽如人意。因此，我们可以通过加大对医学常识的宣传力度来纠正人们对医疗结果的认知。首先，在各级医院设立医学知识宣传栏，让人们更简洁明了、直观地了解疾病相关知识。其次，在学生教育阶段，针对医学基础知识及相关法律法规进行介绍和讲解，"从娃娃抓起"，提高社会大众的医学素养。同时，媒体应秉承客观、真实的原则，做负责任的报道，引导人们正确、理性地看待医患间的交往和问题，正视医疗结果。只有医患双方相互理解，相互包容，真诚合作，医患信任关系才会越来越和谐。

四 结语

本文以社会交换理论为依据，集中探讨了医患之间的交换关系，并分析了医患间交换结构与权力结构，目的在于从新的视角发现医患信任关系建立的切入点，提出有效的改良策略，为建立医患信任关系提供理论参考。

从社会交换理论视角出发，医患信任关系在本质上就是一种社会交换，患方付出金钱来获得医疗服务，医方付出专业技能来获得工资和荣誉。当付出与回报不对等时，医患双方就会产生不信任。由社会交换理论分析得出，医患之间理想的交换模式是互惠型，理想的权力模式是大致对等型。本文致力于解决三个问题：第一，基于社会交换理论，对医患信任关系进行重解；第二，分析医患之间的交换结构和权力结构，并探讨双方理想的交换和权力模式；第三，基于社会交换理论，提出建设医患信任关系的有效策略。

目前，我国医患冲突不断，医患关系紧张，鉴于医疗行业的特殊性和重要性，建设医患信任关系任重而道远。

参考文献

彼得·M. 布劳，2008，《社会生活中的交换与权利》，北京：商务印书馆。

陈特、刘兰秋、范贞，2015，《北京市2013年诉讼医疗纠纷大样本研究》，《中国医院》第1期，第3~4页。

刘贺辉，2013，《信任危机与医患矛盾——社会转型时期医患关系研究》，云南大学硕士学位论文。

梁艳超、张建、王辰等，2010，《北京市医患关系现状的医方因素及对策研究》，《中国医院》第14期，第30~32页。

朴金花、孙福川，2013，《医患双方视角下的医患信任关系研究》，《中国医学伦理学》第6期，第772~774页。

张仰瑜，2005，《医疗纠纷与信任危机》，《护理管理杂志》第10期，第59~60页。

Berg, L. , Skott, C. , & Danielson E. (2006). An interpretive phenomenological method for illuminating the meaning of caring relationship. *Scand I Caring Sci*, 20 (1), 42-50.

Emerson, R. M. (1962). Power-dependence relations. *American Sociological Review*, 27 (1), 31-41.

Homans, G. C. (1958). Social behavior as exchange. *American Journal of Sociology*, 63 (6), 597-606.

Lawler, E. J. & Thye S. R. (1999). Bring emotions into social exchange theory. *Sociology*, 25 (25), 217-244.

Li, B. & Hu, L. (2008). Trust is the core of the doctor-patient relationship: From the perspective of traditional chinese medical ethics. China: *Bioethics, Trust, and The Challenge of The Market*, 39-44.

Molm, L. D. & Peterson, G. (2000). Risk and trust in social exchange: An experimental test of a classical proposition. *American Journal of Sociology*, 105 (5), 1396-1427

Talcott Parsons. (1951). *The Social System*, The Free Press.

Thibaut, J. W. & Kelley, H. H. (1960). *The Social Psychology of Groups*. Transaction Books, 184-186.

医患互动中的资源交换风险与信任*

程婕婷**

摘　要：医患双方主要基于协商形式进行资源交换，患方向医方提供物质或精神资源，医方向患方提供医疗服务或医学知识。在现行医疗制度下，医患间协商过程被简化，双方所默认的协商策略中包含证明自身可被信任的条件，加之交换资源涉及个体生命的特殊性，双方利益若遭受损失，即使能够理性反思协商策略的偏误，也会威胁彼此间的信任状况。另外，医患间存在关系资源的互惠交换形式，用于辅助协商交换过程，以人情作为交换客体，起到约束医患双方行为的作用，并促进彼此间的信任建立。

关键词：社会交换　医患信任　社会互动　关系资源

自古以来，医生与患者之间就是彼此需要的互动关系，患者因身体不适而寻医问药，医生为财物或信仰完成救死扶伤。"医患的求治互动过程是一个以信任为核心的过程：病人希望自己的痛苦得以治愈或缓解，而医生希望病人配合自己的诊断和治疗。"（吕小康、张慧娟，2017）人类互动行为的产生源于个体生存离不开对他人的依赖，当个体缺乏生存所需之物时，为了生存和繁衍，需要与他人互动才能弥补匮乏。在医患互动中，患方的生存受到威胁，而医方手中的资源恰好是患方最为迫切的需要。当患方的交换之物无法换取健康时，他们便可能产生被对方利用或者剥削的信

---

* 本研究得到教育部哲学社会科学研究重大课题攻关项目（15JZD030）的资助。
** 程婕婷，山东大学（威海）法学院社会工作系讲师。

念，即出现信任危机；反之，医方的付出得不到患方的恰当回应，也会产生类似的信任问题。这种情形多见于医患信任的发展初期，"该阶段的主要心理机制在于收益感知与风险感知的计算过程，即患方比较收益感知与风险感知来决定是否遵医嘱，医方比较收益感知与风险感知来决定是否采取恰当的医疗措施而非防御性的医疗措施"（汪新建、王丛、吕小康，2016）。而且，这种基于互动所形成的信任状况，会进一步影响互动过程，逐渐将微观的个体行为表现扩散至宏观的社会背景中。"在当下中国社会信任危机的大背景下，医患之间的互不信任已经成为一种弥散于整体社会的普遍性的'社会心态'。"（吕小康、朱振达，2016）所以，当前医患之间信任缺乏的普遍状态，可以理解为医患双方基于医患关系进行多次互动所积累起来的社会现象。

一 医患互动的资源交换形式

社会交换理论，正是着眼于人际社会互动过程，从各取所需的交换视角将各类社会交往行为界定为至少两个人之间的交换活动（Homans，1961）。其中，交换活动参与者作为交换主体，可以是个人、集体、企业、国家等多种形式，主体所拥有且用于彼此交换的资源称为交换客体，可以是物质层面的有形物品、地位、服务、信息、金钱（Foa & Foa，2012），也可以是心理或社会性的支持、信任、自尊和威望等（Blau，1964），还可以是中国社会所特有的人情与关系资源。交换主体可以通过多种直接或间接的交换形式，向对方提供自己控制的交换客体，以换取对方拥有且自己需要的其他资源。当这种交换处于付出与回报的利益均衡点时，交换主体间的互动过程得以顺利进行。只是，任何一种社会交换形式都隐含相应的交换风险，时刻影响交换主体的利益得失，可引发不同形式和程度的信任结果。另外，我国对"医疗体制的市场化改革使我国的医疗机构大量商业化，医疗机构不得不以逐利手段维持自身的运行和发展，医疗服务事实上成为了一种商业化活动"（柴民权、王骥，2016），从而导致资源交换的性质更为凸显。由此，本文拟基于社会交换理论中人际互动与信任的分析模式，剖析医患互动模式，以解读医患关系与医患信任的特点，为寻找改善当前医患信任危机的方法提供有价值的干预策略。

交换形式一直是社会交换理论的核心概念之一，交换主体受制于外在环境和个体自身等多种因素，需要通过不同方式的互动从对方那里获取自己所需的资源。对于医患互动来讲，看似是医方提供医疗服务，获得经济报酬，患方以金钱换取身体健康，属于典型的双方直接交换形式，却并不适用于当前医疗体制中普遍存在的状况。因为，医方并不是单一主体，而包括医疗服务一线的医务工作者、多数医务工作者所属的医疗机构，以及医学教育工作者几个方面（卫生部统计信息中心，2010）。前两者是医疗服务过程中直接与患方接触并完成互动的主体，医学教育工作者则是通过多种途径以间接方式为患方提供医学资源的主体。

按照社会交换理论对交换形式的分类，只有两类交换主体直接进行资源互换才被视为直接交换形式，比如主体 A 和主体 B 直接交换各自的资源，再如主体 A 与主体 B 交换资源同时，主体 B 与主体 C 也完成资源互换，形成多个主体联结的交换形式（李艳春，2014；Molm, 2003；Molm, Peterson, & Takahashi, 1999）。在当前的医患互动中，这样的直接交换形式普遍存在于个体经营的小规模诊所。所谓规模之小，基本就是一位医务工作者等同于一个医疗机构。与此同时，患方提供的金钱、声望等资源无论是归属医务工作者还是归属医疗机构，都是二者共同拥有。按照现行的医疗体制，一旦两名及以上的医务工作者供职于同一医疗机构，直接交换形式便向一般性交换形式（generalized exchange）（Yamagishi & Cook, 1993）转变，即医生和患者之间看似直接完成的医疗服务互动过程，实则并未全部直接完成互换，部分资源是由医疗机构进行的间接传递与交换。就是说，在大多数的患方就诊过程中，医务工作者为患方提供了医疗服务或者医学信息，除了部分荣誉、情感类的资源可直接从患方处获得外，所需要的金钱、地位、治疗物资、其他荣誉等资源是从医疗机构得到的，与此同时，患方进行交换的金钱资源也只能提供给医疗机构。这种交换形式具有部分协商交换的特点，交换主体需要在同一时间段内针对交换条件达成共识。比如，患方与医务工作者之间可以达成医疗服务或医学知识的协议，医务工作者针对患方提供某种医疗服务，患方选择接受或拒绝，进而双方共同确定用于交换的医疗服务或医学知识资源。医疗机构与医务工作者之间则针对行医的精神和物质保障予以协商（见图1）。但是，协商普遍不存在于患方与医疗机构之间，因为在现行医疗体制中，患者难以同医疗机构针对就医费用进行讨价还价。尽管交换主体严格执行交换协议，却仍无法保证交换结果符合彼此的预期利益，而可能存在不平等的利益交换，这是所有社会交换形式均难以避免的风险。

另外，中国社会所特有的人情交往逻辑几乎对任何理性思维或条文性的制度产生特事特办的影响，强调具体问题具体思考的个别性。人情的指向性更加偏重人与人之间与生俱来的关联性和心理需求（翟学伟，2014a）。人情同

```
        人情、关系 → 患方  金钱等
                 ↗  ↖  ↘
          中间人         医疗机构
                 ↘  ↗  ↙
        人情、关系  医务工作者  地位、收入、
                              荣誉等
```

图 1　医患互动的交换形式

样使普遍的医患交换过程附带特殊的资源交换形式，即患方利用关系资源换取医疗工作者的医疗服务和医学知识。基于人情的交换过程，既可由患方直接用关系资源换取，也可通过至少一人的第三方关系资源进行间接交换。这种对关系资源的交换属于互惠交换，其特点是利益的单向流动，交换过程要么是一方对另一方施加恩惠，要么是回报曾经的恩惠。当患方与医疗工作者之间存在关系资源的流动时，任何两个交换主体之间都存在唯一方向的利益流动，而由此产生的所有利益流动则包含施加恩惠与回报恩惠两种类型。比如，患方、医务工作者和第三方之间存在关系资源交换，可能是医疗工作者为回报第三方曾经的恩惠，向患方提供医疗服务或医学知识；也可能是医疗工作者通过向患方提供医疗服务或医学知识，对第三方施加恩惠（见图1）。

需要指出的是，在现有的医疗体制中，大多数基于关系资源的医患互动交换形式是患方、医疗机构和医务工作者之间交换过程中非必要性的补充。所谓补充是指前者无法替代后者，只能起到推进后者顺利进行的作用，非必要性则表明后者并非必须借助前者才得以完成。另外，两种交换过程除了完成资源交换以外，还各自具有不同的交换目的。基于关系资源的医患互动是交换主体维持长期关系的一种途径，关系资源与医疗资源实现交换对交换主体来说，只是一个阶段性的目标，最终目标是实现某种关系的建立或持续。患方、医疗机构和医务工作者之间的资源交换，则期望实现平等性的利益获得，这是社会资源交换的基本前提，尤其是患方与医方之间的熟悉程度越低，或者说情感成分越少，这种理性的等价利益交换目的越强烈，且互动频次以单次居多。

二　医患资源交换的风险

在社会交换过程中，风险阻碍资源交换的完成，信任则通过克服风险、威胁促进社会交换的完成（Morgan & Hunt, 1994），风险是信任产生的前提，信任是风险导致的客观结果之一（Molm, Takahashi, & Peterson,

2000）。交换主体之间只有相互依赖才能实现各取所需，每个主体仅能掌控自己所付出的资源成本，预期的回报完全由其他主体的行为决定，这种自己无法独自控制交换结果的过程，势必导致付出与回报不相符，即出现风险，假若还存在回报低于付出的不平等利益交换或者回报不利于主体的成分，势必影响主体对交换结果的预估。所有交换过程都可能存在风险，而主体之间的依赖程度（Molm，1994）、主体的行为动机（Fehr & Gintis, 2007）以及曾经的互动行为、交换客体的价值或质量等因素则进一步影响风险的大小和性质（Molm, Schaefer, & Colett, 2009）。

在基于社会交换的医患互动中，患方和医方均面临一定的风险。首先，在依赖程度方面，患方与医方对彼此的依赖程度均较强。虽然对患方来说，各种医疗机构和医务工作者的种类和数量繁多，但受制于地域、医疗制度等限制，每一个患方所能够依赖的医方数量有限，而且从当代社会普遍认可的患病求医等常识考虑，个体的身心若出现异常，只能由正规医疗机构及专业医生所组成的医方予以有效解决。医方同样较依赖患方，从收入角度看，除了国家政策和医疗体制所给予的特定资金补助外，医方的主要经济来源为患方对治疗服务、药品、医学知识等方面的金钱支出，即患方用于交换所付出的主要成本。另外，医方掌握和丰富医疗知识同样离不开患方的存在，尤其是医学教育工作者和医务工作者的教育与研究资源都需要患方的病理数据。交换中一方对另一方的依赖程度一旦增强，势必导致难以预估回报情形，而仍要为对方付出自己的成本，因为只能从对方手中获得所需资源。

其次，主体的行为动机以及交换客体的特点影响风险判断。社会交换理论始终认为自利是所有主体进行交换行为的动机和目的（李艳春，2014；Mills & Clark，1982；Clark & Mills，1979）。主体为实现所拥有的资源均有利于自己，会不断寻求需要的资源，抛弃已有的无用资源，导致主体间进行交换互动时不得不衡量互换资源的价值等同与否，乃至争取一切机会实现自身利益的最大化。在医患互动的过程中，患方利用金钱资源换取医疗服务或医学知识时，权衡利益的标准是身体健康的主观感知，既缺乏客观指标，又涉及患方的生命质量，加之金钱对多数患方来说不属于无用资源，从而使患方易认定风险的存在。与此同时，患方在评估医方的行为动机时也采取利益最大化原则，认为医方将金钱作为所需要的资源，会使用有限的、恰到好处的已有资源进行换取，以保证自身利益。事实上，若以整体视角看待医方各个主体同患方的交换过程，医方的确如此进行利益的权衡，只是标准来自综合判断客观医学诊断指标和服务过程中的物资投入。医方付出的资源一旦不被患方认可，得益于现行医疗体制的规章保障，如知情同意书的签署、医疗器械检查结果的存档、医嘱遵照与否的签字确认等制度性措施，在某次交换过程中可以避免风险的出现，但实则并不能真正排除风险，毕竟当前的医学水平无法了解并治愈所有的疑难杂症，医生的能力参差不齐，物质条件受制于社会经济状况的影响，这些因素时刻威胁着医患双方资源的等价交换。另外，若患方利用人情的关系资源交换形式予以辅助时，无论是出于恩惠还是出于回报，均难以获悉对方动机，只能凭借个人经验进行推断并预知风险。

至于主体曾经的互动行为过程与结果，往往作为主体当前交换行为与反应的判断依据，使其忽略权衡现有资源交换的价值，易导致风险的发生。这是一种行为的习得性过程，按照心理学的行为主义观点"刺激－反应"模式，有利于主体利益的资源交换结果，会强化其相应的交换行为。当主体日后面对相似的交换对象与客体时，习得的交换行为随之产生。在医患互动过程中，若患方曾利用自身资源换取过某家医疗机构中医务工作者的有效治疗服务，那么，该患者再次需要其他治疗服务或医学知识时，极有可能直接选择同样的医疗机构或医务工作者，而放弃重新评估交换资源的利益平衡问题。此外，一些患方会根据医院的规模或等级、医生的声誉或职称等条件选择医方，这些因素是判断医方提供患方所需资源质量与价值的参考标准。此类选择也有可能来自患方与各类医方的交换互动经验。患方在日常生活中以其他主体身份与不同主体产生交换行为时的经验，也会影响医患互动的交换过程，比如，在衣食住行方面的互动过程中，个体经验若为高级别场所提供高品质服务资源，自身资源的付出易于实现最大化的回报，那么，在医患间进行资源交换时，患方也更愿意选择高级别的医疗机构或医务工作者。基于人情的关系资源交换，由于关系资源处在缺乏协商且无法权衡利益的情况下，既可以同各类资源进行交换，又可以提升所需资源的质量。这样的交换行为经验可被用于医患互动过程。

另外，基于当前医疗制度下的医患双方进行资源交换之前缺乏直观明确的协商过程，却普遍遵循协商交换模式完成互动。协商交换通过双方共同制定交换策略，来降低交换过程中不确定性和风险的出现。不确定性和风险的数量越少，交换主体间产生信任的机会越少，即不确定性和风险是交换主体证明自身值得信赖的前提。与此同时，协商过程因存在协议达成与否的多样性，本身即为一种不确定性的存在，因为交换主体若进行协商的策略有偏差，就可能导致自身失去交换的机会。然而，医患间的资源交换协商过程存在一些特殊之处。首先，双方间的协商被一些医疗体制规定所替代而无须进行。比如，为降低医方获得资源的风险，规定患方预先支付治疗费用或垫付押金；为降低患方获得资源的风险，规定患方初次就诊时未获得任何医疗服务，医方应退回挂号费或无条件接受患方更改就诊科室的要求，就诊过程中医生必须履行告知义务，以便患方同意并配合医疗行为。其次，受个体与群体关系的影响，医患互动的主体为单一的、特定的患方和医方，这是个体层面的互动过程，但双方易通过群体层面的角色规范判断或预期个体行为。比如，医务工作者"担心个别医生伤害患者的行为被外群体成员认为是其群体的典型行为"（汪新建、柴民权、赵文珺，2016），患者可能受此影响而从群体层面预测个体间的互动行为。反之，倘若没有上述现象的出现，患者则倾向于默认医务工作者个体符合其群体规范，那么，所涉及的风险或不确定性亦被认为不存在，导致不用进行相应的协商。最后，医疗服务或医学知识资源的特殊性，降低了医患双方协商的可行性。因为大多数患方缺乏医疗方面的知识，只能以获得健康的概括性观念明确自身利益，无法通过具体的操作性方式辨别医方资源的价值，导致难以明确避免风险和不确定性，也无法建立具有约束力的协议，往往依靠医疗体制所提供的医疗机构级别、医务工作者职称等信息进行判断，因此患方进行的自主选择过程替代了其同医方之间共同协商的部分环节。

医患双方基于这样的协商而进行资源交换，看似排除了其中的风险和不确定性，实则并未有效达到目的。一旦交换过程中出现意外而有损主体利益，主体即使质疑自身当初所采取的协商策略有误，这些策略也是基于自身默认对方会履行责任、遵守规则、具备基本常识等而建立的。比如，患方判定医方具有医者仁心的品质，且能力符合职称标准；医方判定患方了解并同意医疗方案后才接受治疗，认为患方具有关于医学科学尚未达到完善与精准水平的常识。那么，一些主体会将协商策略有误归因于自身选择策略的方法不恰当，另一些主体则将其归因于所选策略的普适性有限。而这种有限性将进一步引发主体重新修订对交换对象的认识，比如，未必所有的医生都能严格履行责任、医生的职称难以代表其能力水平、患者不一定具备基本的医学常识等。如此一来，主体本可以选择终止交换以避免自己遭受更大的损失，但是，生命规律的特殊性使这种交换过程往往必须进行。受制于宏观政策和客观环境约束的医患资源交换，由于双方修正协商策略的范畴有限，总是伴随利益损失的出现，随着时间的推移，双方将逐渐加深对宏观层面政策制度以及群体层面角色规范的质疑，进一步提升医患资源交换过程中的不确定性和风险，令双方证明自身可以被信任的难度增大。其实，我国当前医患互动中存在的"红包"现象，也从侧面说明医患资源进行交换之前的协商过程不清晰或不明确，存在令患方担心自身利益受损或被利用的不确定性和风险。对于患方来讲，"红包"是用于降低不确定性和风险的策略，一旦医务工作者接受了"红包"，"红包"就能发挥一定的约束作用，提升医务工作者严格履行交换协议的可能性。对于医务工作者来讲，"红包"则降低了其付出资源无法得到应有回报的风险。

三 基于交换风险的医患信任

面对医患互动中资源交换的不确定性所引发的风险，需要某种保障性的措施增强主体的交换意愿，才能使交换过程进行，否则，任何主体为保障自身利益都可能随时终止交换过程。这些保障性措施可以是来自个体之外关于交换主体和客体的描述信息，也可以是个体内在的主观认知和心理状态或者所习得的行为反应。个体之外的措施往往从事实出发提升主体的准确判断程度，以降低风险发生的概率，个体之内的措施则寄托于未来的交换结果符合自身所期望的状况，前者的作用以理性判断成分居多，后者仅依靠个体意识层面的反应。许多学者用信任一词概括此类反应及所引发的一系列个体心理状态，从作用、过程、目的、参与对象等视角阐述其内涵。在作用和目的方面，概念界定强调资源的获得、期望的满足、交换过程的管理等（Deutsch, 1958; Rousseau et al., 1998; Lewicki & Bunker, 1996）；在参与对象和过程方面，则涉及交换主体及彼此间的交换关系，强调信任依赖个体自我、他人以及互动关系而产生或存在（Lewis & Weigert, 1985；卢曼，2005；翟学伟，2014b）。也就是说，若他人不具备主体所需要的资源，主体不会对其产生信任，即使他人具备主体所需资源，但不存在与主体进行交换的动机或意向，也不会产生信任，乃至他人即使有主体所需资源且愿意进行交换，可无法建立交换关系使交换过程具有发生的可能性和可行性，同样不会产生实在性的信任。所以，社会交换过程中出现的信任，既需要客观存在的资源、交换情境等物质条件，也需要交换主体的动机和意向等心理要素，并需经过整合而非简单的加和后才能得以生成。

在医患互动中，不确定性为患方带来的风险表现为医疗服务或医学知识的效益偏低乃至无效，这直接导致患方的生命受到威胁，尤其是这种风险可能伴随时间的延续而无法通过第二次交换过程予以补救时，或者某种病症存在特有的治疗期限时，给患方带来的风险是无法挽回的。为了避免这样的风险出现，患方的主要策略就是自主选择医方，医务工作者的能力与交换意愿、医疗机构的物质条件供给和资费标准等都是患方做出抉择时的参考因素。然而在现行医疗体制下，对于大多数患方来讲，选择一个进行资源交换的医方就意味着接受与其配套的交换过程，如医方所要履行的义务和担负的责任、医方获取交换客体的要求等，均由医疗体制进行了约束，虽然使患方不必担心被医方所利用，却也降低乃至剥夺了患方的部分选择权，呈现"患方是医患关系中的弱势一方"（汪新建、王骥，2017）等客观事实。如此一来，只要患方选择完医方后，看似风险已不存在，可事实上，患方在确定医方的同时就伴随着风险的出现，即医方可能未必是患方最为理想的交换对象。但是，患方未必能够意识到这一问题，因为通过医疗机构的级别、特点、规模，以及医疗工作者的技能水平和专长等信息的筛选，甚至有些患方仅凭借单一信息的内容而推断其他信息状况后直接完成的选择，看似使患方选择了理想的交换对象，排除了所有引发风险的不确定性，令交换过程在符合双方利益最大化的情况下平等进行，但实际情况未必如此。一旦资源交换的结果未能达到患方的期望，一般会产生两种结果：一种是患方质疑自身的选择策略不恰当，这不会令患方认为医方是不值得信任的；另一种结果则是患方倾向于质疑交换协议的约束力欠缺和策略不具备普适性，比如，质疑医方没有严格履行自己的职责，医方并不具备符合协商策略的资格，加之医方若无其他有效途径证明自身遵守协商策略以表明值得被信任，患方就可能出现不信任医方的状态。

与此同时，医方付出医疗服务或医学知识以换取患方的物质或精神资源时，所面临的最主要的不确定性因素就是患方对医方资源的认可程度。根据现行医疗体制的规定，大多数情况下，患方只有先向医方提供一定的金钱资源后才能获得医方的医疗资源，以至于患方对医方资源的认可程度总是在医方已经付出资源后而进行的。一旦患方的认可程度偏低或不认可，就可能导致医方在单次交换过程中付出医疗资源后而无法取得全部金钱资源，患方可能会通过法律或非法途径收回已经付出的金钱资源，也可能导致医方无法获取患方付出的精神资源——患方对医疗机构或医生的赞誉和良好评价等，这可能令医方失去同其他患方进行资源交换的互动机会。理论上，医患双方可以通过共同协商以降低或排除这样的不确定性因素，实则却难以进行。医方无法有针对性地向特定患方提供交换资源质量的证明，患方也难以说明其衡量医方资源价值的标准，许多保障资源价值或约束双方行为的因素由于协商过程的缺失而被忽略，致使不确定性和风险出现的可能性提高。尤其对医方来说，协商过程的缺失使其难以获得约束患方行为的任何保障，比如患方可能拒绝提供交换资源的情形以及对医方资源的判断标准等，这些令医方无法确保自身资源的付出会得到所需的患方的资源回报。当未达成某些交换条件时，医方本来拥有决定交换与否的权利，但是，治病救人乃天经地义的观念已经普遍成为社会大众的共识，以至于患方默认医方不能拒绝资源交换，并且相信这种共识对医方资源具有良好的约束力。医方若因病症不符合其治疗领域、医疗水平有限、病因复杂而无有效疗法等理由拒绝医治或仅提供有限的交换资源，将直接导致患方质疑医方资源的价值，使其认为自身利益受损并被医方所利用，最终会引发不信任医方的状态。实际上，医方同样会因此产生对患方的不信任。受制于当前医学科学发展状况、医疗物质条件、自身医疗能力等多方面的局限，医方可以向患方提供的医疗服务和医学知识等资源质量参差不齐，患方所付出的资源可以等价换取客观准确的医疗器械检查结果和明码标价的治疗药物，却未必能获得身体健康，这些在医方看来，应该是医患双方已经默认的资源交换前提，无须经过协商而达成一致意见，或者可以通过知情同意书、病例记录等方式协商确定，由此避免那些医学尚未攻克的疾病和难以控制的潜在病症对资源交换的影响。但是，医方忽略了患方易将身体痊愈的期望作为认可医方资源的判断标准，加之个体主观感受的差异性，医方难以衡量交换的效果，以至于提供了过多的医疗服务和医学知识等资源，也未必能换来患方认可等交换资源。这不仅有损交换过程的效果，也使医方因自身的时间和精力被占用，失去与其他患方进行有效资源交换的机会，最终医方可能质疑与患方的协商策略不恰当，而这种策略恰恰涉及医方相信患方可以客观评价医疗资源的状况，若患方再无法通过有效措施证明自身可以被信任，医患间的信任问题将逐渐显现并威胁医患资源交换的互动过程。

  当关系资源交换辅助医患互动过程时，任何一方处于付出和回报这两种状态之一，所涉及的主要风险就是付出与回报的利益价值不平等，乃至付出未必得到回报，加之交换主体可能缺乏相关信息推断对方意图，导致利用对方和被对方利用的情况总是存在发生的可能性。这样的风险反而有利于信任的产生，因为风险为主体提供了证明自身可被信任的机会，尤其是在没有类似协商策略等其他措施减少风险的前提下，信任的形成是有效保证资源交换得以进行的重要条件。在医患资源交换过程中，若医方的医务工作者处于付出资源以施加恩惠的状态，虽然面临对方未来不予回报的可能性，但所付出的资源数量和质量可以成为了解对方可被信任程度的标尺，加之交换主体以关系、人情为交换客体的目的不仅局限于单次资源交换的需求满足，还期望建立持久或维持稳定的互动结构和关系网络，以利于资源交换效率的提升和资源种类的多样性，那么，付出的资源数量越多、质量越高，获知对方情况以判断其意图的有效信息越多。结合对方日后的回报情况，更易于判断同其建立互动关系的可行性和信任发展的程度。若医方的医务工作者处于回报对方的状态，当对方需要医疗资源时，正是医务工作者施以回报的机会，也是其展示自身可信度的机会，信任随着回报的发生而增加，并将推动持久稳定的互动关系的建立。而患方和第三方同医务工作者进行互动时，用于交换的资源是人情，这个人情可能形成于他们曾经与医务工作者在其他资源的互惠交换过程中，此时用于交换所需的医疗资源，使医务工作者处于回报状态；这个人情也可能为获取医疗资源而赊欠，日后再通过其他资源的互惠交换予以偿还，使医务工作者处于付出状态。如此一来，当交换主体付出资源和获得回报无法同时进行时，人情资源可以成为交换资源的等价替代品，而信任则产生于一次完整的资源互换过程之后，并促进下一次互惠交换的进行，令互动双方逐渐展示自己的可信状态，以促进彼此间信任关系的形成。这对医患资源的协商交换来说，不仅起到辅助作用，也可被视为一种降低不确定性和风险的协商策略。

四　小结

社会交换理论从资源交换视角阐述风险与信任的关系，强调风险存在于任何交换过程之中，交换主体为了获得所需资源，会采取多种策略避免风险干扰交换过程或影响自身利益。当某些风险仍然无法排除时，必须向对方证明自己值得信赖，只有这样，对方才可能不受风险干扰而提供资源，完成交换过程。所以，社会互动中的信任是一种关系性的存在，交换双方为显示各自的可信赖性，自身必须具备可以被信任的条件和相信他人的能力，与此同时，面对不同的交换对象，还要从自身具有的所有值得被信任的条件中，选择恰当且适用于特定对象的条件。

在当前的医患互动中，医患双方所具备的可信任条件，较难有针对性地向对方展示。医方的治疗能力和物质保障等普遍来自现行制度的等级评定和审核监管，一旦患者不认可这些方式，或患者的主观认识和客观事实不匹配，医方无法通过其他途径予以弥补或辅助。患方曾经的医患互动经历、个体的内在心理特征、对治疗的依赖程度等较难被医方获知，医方只能通过经验猜测患方的可信任性，且较难选择适合患方的医疗互动模式。因此，医患资源交换的风险较难避免，任何一方因此损失利益，都可能进一步影响医患双方信任彼此的动机和程度。

在医方和患方以协商形式进行资源交换的过程中，不明确的协商过程难以有效避免风险的发生。当前的医患协商过程被简化，医方按照规章制度不能拒绝医疗资源应用范畴内的患方，又需要通过规章制度提供医疗资源质量的说明，而患方只能被动地选择医方。这个过程替代了医患双方面对面协商约束条件的环节，患方易默认医方资源符合机构级别和能力评定的要求，医方易默认患方能理性对待医学发展客观规律等。这样的过程难以达到协商交换的效果，即使任何一方因交换风险而蒙受损失后，能够理性反思自己的协商策略有偏误，不去质疑对方的可信性，但被简化后的协商策略涉及双方证明自身可被信任的条件，同样威胁彼此间的信任状况。在中国社会，医患间存在互惠交换过程以辅助协商交换形式，其以人情作为交换客体，起到约束医患双方行为的作用，并促进彼此间的信任建立。

参考文献

柴民权、王骥，2016，《医患信任危机发生机制探察——基于群际关系的视角》，《南京师大学报》（社会科学版）第 2 期，第 117 ~ 122 页。

李艳春，2014，《社会交换与社会信任》，《东南学术》第 4 期，第 157 ~ 164 页。

卢曼，2005，《信任》，翟铁鹏、李强译，上海：上海世纪出版集团。

吕小康、张慧娟，2017，《医患社会心态测量的路径、维度与指标》，《南京师大学报》（社会科学版）第 2 期，第 104 ~ 111 页。

吕小康、朱振达，2016，《医患社会心态建设的社会心理学视角》，《南京师大学报》（社会科学版）第 2 期，第 110 ~ 116 页。

汪新建、柴民权、赵文珺，2016，《群体受害者身份感知对医务工作者集体内疚感的作用》，《西北师大学报》（社会科学版）第 1 期，第 125 ~ 132 页。

汪新建、王丛、吕小康，2016，《人际医患信任的概念内涵、正向演变与影响因素》，《心理科学》第 5 期，第 1093 ~ 1097 页。

汪新建、王骥，2017，《媒体中的医方形象及其对医患信任的影响》，《南京师大学报》（社会科学版）第 2 期，第 99 ~ 104 页。

卫生部统计信息中心，2010，《中国医患关系调查研究：第四次国家卫生服务调查专题研究报告（2）》，北京：中国协和医科大学出版社。

翟学伟，2014a，《信任的本质及其文化》，《社会》第 1 期，第 1 ~ 26 页。

翟学伟，2014b，《人情与制度：平衡还是制衡？——兼论个案研究的代表性问题》，《开放时代》第 4 期，第 170 ~ 182 页。

Blau, P. M. (1964). *Exchange and Power in Social Life*. Transaction Publishers.

Clark, M. S. & Mills, J. (1979). Interpersonal attraction in exchange and communal relationships. *Journal of Personality and Social Psychology*, 37 (1), 12 – 24.

Deutsch, M. (1958). Trust and suspicion. *Journal of Conflict Resolution*, 2 (4), 265 – 279.

Fehr, E. & Gintis, H. (2007). Human motivation and social cooperation: Experimental and analytical foundations. *Annual Review of Sociology*, 33. 43 – 64.

Foa, E. B. & Foa, U. G. (2012). Resource theory of social exchange. In *Handbook of Social Resource Theory* (pp. 15 – 32). Springer New York.

Homans, S. (1961). *Social Behavior: Its Elementary Forms*, New York: Harcourt, Brace and World, 1961.

Lewicki, R. & Bunker, B. (1996). Developing and maintaining trust in work relationships. *Trust in Organizations: Frontiers of Theory and Research*, 1, 114 – 139.

Lewis, J. D. & Weigert, A. (1985). Trust as a social reality. *Social Forces*, 63 (4), 967 – 985.

Mills, J. & Clark, M. S. (1982). Exchange and communal relationships. *Review of Personality and Social Psychology*, 3, 121 – 144.

Molm, L. D. (2003). Theoretical comparisons of forms of exchange. *Sociological Theory*, 21 (1), 1 – 17.

Molm, L. D. (1994). Dependence and risk: Transforming the structure of social exchange. *Social Psychology Quarterly*, 57 (3), 163 – 176.

Molm, L. D., Peterson, G., & Takahashi, N. (1999). Power in negotiated and reciprocal exchange. *American Sociological Review*, 64 (6), 876 – 890.

Molm, L. D., Schaefer, D. R., & Collett, J. L. (2009). Fragile and resilient trust: Risk and uncertainty in negotiated and reciprocal exchange. *Sociological Theory*, 27 (1), 1 – 32.

Molm, L. D., Takahashi, N., & Peterson, G. (2000). Risk and trust in social exchange: An experimental test of a classical proposition. *American Journal of Sociology*, 105 (5), 1396 – 1427.

Morgan, R. M. & Hunt, S. D. (1994). The commitment-trust theory of relationship marketing. *The Journal of Marketing*, 58 (3), 20 – 38.

Rousseau, D. M., Sitkin, S. B., Burt, R. S., & Camerer, C. (1998). Not so different after all: A cross-discipline view of trust. *Academy of Management Review*, 23 (3), 393 – 404.

Yamagishi, T. & Cook, K. S. (1993). Generalized exchange and social dilemmas. *Social Psychology Quarterly*, 56 (4), 235 – 248.

我国医患互信本土化构建的社会机制：
陌生关系熟悉化[*]

董才生　马洁华[**]

摘　要：目前，随着我国医疗卫生体制改革的不断深入，医疗纠纷频发并呈恶性化，医患关系日趋紧张。医患关系紧张的直接原因是医患之间的互不信任。因此，要有效减缓或消除医患关系的紧张状态必须构建医患互信。而医患互信的成功构建必须充分利用本土资源。中国人"托人看病"或"关系就医"式的关系运作内蕴的"陌生关系熟悉化"这一具有中国特色的医患互信的本土化构建机制，经过适当的"创造性改造"之后，可以作为目前我国医患互信构建的有效的社会机制。

关键词：医患紧张关系　医患信任危机　关系运作　陌生关系熟悉化　医患互信

随着社会主义市场经济建设的不断推进，尤其是医疗卫生体制改革的不断深入，我国的医患关系日趋紧张，主要表现为：医疗纠纷事件数量急剧上升，医疗纠纷恶性化，医闹与暴力伤医事件时有发生。①据《人民日报》2015年1月22日报道：2014年，全国发生医疗纠纷11.5万起，公安机关破获涉医刑事案件1349起，刑事拘留1425人，移送审查起诉347人，查处涉医治安案件4599起，及时制止发生在医院的现行违法行为8342次

---

[*]　本研究得到教育部哲学社会科学研究重大课题攻关项目（15JZD030）和国家社会科学基金重点项目（11AZD088）的资助。

[**]　董才生，吉林大学哲学社会学院教授，博士生导师，哲学博士；马洁华，吉林大学哲学社会学院博士研究生。

①　目前我国的医患关系紧张主要发生在公立医院，因此，本文主要研究公立医院的医患互信构建机制。

（白剑峰，2015）。又据中国医师协会统计，2015年5月28日到6月7日，全国连续发生9起伤医事件（潘庆霞等，2016）。我国医患关系的紧张严重影响了医疗卫生事业的发展、社会的稳定与社会主义和谐社会的建设。因此，减缓或消除医患关系的紧张状态成为目前我国推进医疗事业进一步发展、维护社会稳定以及建设社会主义和谐社会的一项迫切任务。本文尝试立足于我国的本土资源，基于"制度信任论"，① 深入分析具有中国特色的"托人看病"或"关系就医"看病形式的具体运行过程，探寻医患关系紧张的原因，揭示医患互信构建的社会机制，进而为减缓或消除医患关系的紧张状态提出新的解决思路。

一 医患互信构建的理论基础与现实背景

（一）理论基础：制度信任论

我们尝试将"制度信任论"作为目前我国医患互信构建的理论基础。"制度信任论"认为，制度就是人类在社会交往过程中形成的一切社会交往行为模式，包括支配与约束人们社会交往行为的定型化、非定型化的规则与规范。它是一种规则与规范体系，包括内在制度与外在制度两种基本类型，具体是指习俗、惯例、道德规范、法律制度、规定、规章、程序等（董才生，2004）。制度是社会信任的基础，制度通过秩序对社会信任起基础性作用，即制度促进、维持秩序，秩序鼓励、造就社会信任。因此，社会信任本质上就是社会交往主体对对方能做出符合制度行为的持续性期望。社会信任这种持续性期望产生于社会交往主体在相信制度的基础上对制度的直觉或理解，因而基于制度的社会信任以对制度的相信为前提。而对制度的相信就是对其有效性的认可、接受，它来自对"内化的"制度的有效性的直觉或对"未内化的"制度的有效性的理解。社会信任作为一种持续性期望就产生于对制度有效性的直觉或理解的过程之中，因此，对制度有效性的这种直觉或理解就是社会信任产生的具体的内在机制。基于内在制度而产生的社会信任可以称为"内在制度型"社会信任（主要是指"道德型"社会信任），而基于外在制度而产生的社会信任则可称为"外在制度型"社会信任（主要是指"法律型"社会信任）。内在制度与外在制度的"制度化"和"社会化"、内在制度与外在制度之间的相互容纳和相互激励以及内在制度与外在制度的不断创新是制度对社会信任发挥基础作

---

① 笔者在拙文《社会信任的基础：一种制度的解释》中提出了以"制度是社会信任的基础"为核心观点的"制度信任论"。

用的内在机制。制度对社会信任的基础作用具体表现在：制度培育了社会信任，塑造了社会信任的模式与结构；制度维持了社会信任的全面性、稳定性与长期性；制度保障了社会信任独特的社会资本功能的发挥；制度变迁促使社会信任模式与结构发生转型、社会信任程度与范围发生变化。社会信任缺失有两种类型：一是单向信任，即社会交往主体双方中一方信任另一方，而另一方却不信任他；二是双向不信任，即社会交往主体彼此之间相互不信任。单向信任是一种不太严重的社会信任缺失，而双向不信任则是一种严重的社会信任缺失，可以称为社会信任危机（董才生，2004）。

（二）现实背景：医患关系日趋紧张

目前我国医患互信构建的现实背景是医患关系日趋紧张。我们尝试运用"制度信任论"来分析与解释目前我国医患关系紧张的原因。根据"制度信任论"，社会信任是社会交往主体对对方能做出符合制度行为的持续性期望，它产生于社会交往主体在相信制度的基础上对制度的直觉或理解，它的缺失包括单向信任或双向不信任两种类型。医患信任是患者通过看病在与医生的交往（医患交往[1]）过程中所形成的一种社会信任形式。作为患者，在看病时对医生具有很高的期望，即期望医生在整个治疗过程中能够在其能力和水平的范围之内尽心尽力地做出符合制度（主要是道德和法律）规范的行为。比如，患者期望医生的行为符合道德和法律规范，平等、热情地对待他，不附带任何外在条件尽心尽力地、负责任地给他看病，对他不隐瞒病情及其他一些相关信息，等等。而作为医生，对患者同样具有很高的期望，即期望患者在整个治疗过程中也能做出符合制度（主要是道德和法律）规范的行为。比如，医生期望患者积极配合他的诊治，在他尽心尽力治疗之后，在医疗效果不太好的情况下，不要做出违反道德和法律规范的行为，等等。然而，在患者看病的实际过程中，由于一些外在因素的影响，患者和医生双方彼此对对方的高期望都可能会落空。于是，引发了"医患信任缺失"，甚至"医患信任危机"[2]，最终导致以医疗纠纷频发与恶性化为表征的医患关系的紧张。

而目前我国不完善、不健全的医疗卫生体制或制度则是众多外在影响

---

[1] 对"医患关系"的理解基础是对"医""患"这两个概念的理解。"医""患"概念包括广、狭两种含义。广义的"医"指的是"医方"，包括医生和医疗机构（主要是医院）等，而狭义的"医"仅指医生。广义的"患"指的是"患方"，包括患者及其亲属、朋友等，而狭义的"患"仅指患者。因此，"医患关系"相应地也有广、狭两种含义。广义的"医患关系"是指医方和患方之间的关系，而狭义的"医患关系"仅指医生和患者之间的关系。本文研究的是狭义的医患关系或医患信任关系。

[2] "医患信任危机"是"医患信任缺失"的一种严重形式或状态。

因素中最为根本的因素。2009年3月17日，中共中央、国务院颁布的《关于深化医药卫生体制改革的意见》标志着"新医改"的正式启动。新医改的背景是社会上出现了医疗费用快速上涨、基本医疗服务可及性下降的问题，即"看病贵、看病难"问题（顾昕，2013）。这两大问题的存在与发展说明现行医疗卫生体制的公益性严重缺失，公立医院的趋利性日益增强，"以药养医"或"以药补医"已成为公立医院的生存和发展之道。新医改的近期目标就是通过医疗卫生体制的深化改革缓解和解决涉及广大人民群众切身利益的"看病贵、看病难"问题，使公立医院的趋利性日益消退而公益性逐步回归。然而，经过八年的"新医改"，公立医院仍然没有很好地解决趋利性与公益性之间的平衡问题。

公立医院的"以药养医"体制使它不是以"公益性"而是以"趋利性"为安身立命之本，并逐渐催生了部分医生的"趋利性"。为了增加自己的经济利益，他们经常收受红包、过度治疗、开大处方等而置职业道德与法律法规于不顾。部分医生的这些不符合制度规范的行为，经过媒体曝光或患者的口口相传，使患者群体在看病之前就对医生产生了不信任感。尤其是非"托人看病"或非"关系就医"[①]的患者在整个看病过程中都会怀疑为他们治疗的医生，始终处于不信任状态。因此，从客观效果来看，医患信任缺失或危机的发生直接源于部分医生的不符合制度规范的行为，它最初表现为患者对医生的不信任或患者对医生的单向信任。正如信任可以传染一样，不信任也可以传染。随着医生对患者的治疗过程的展开，医生也开始对患者产生不信任。因为患者对医生的单向不信任如果被医生所感知或发现，他们反过来也会对患者产生猜疑和不信任。尤其是医生群体在经历一些医疗纠纷事件之后，他们也会像患者群体不信任医生一样，猜疑和不信任患者。这样，患者与医生就会陷入不断增强的互不信任的恶性循环之中。医患之间的这种互不信任直接导致医患关系的紧张。因此，如果说目前我国的医疗卫生体制或制度的不完善、不健全是导致医患关系紧张的根本原因的话，那么这种体制或制度造成的医患之间的互不信任则是医患关系紧张的直接原因。也就是说，宏观层面的不完善、不健全的医疗卫生体制或制度，通过患者去医院看病与医生进行交往（医患交往）这一中间环节，直接导致微观层面的医患之间出现互不信任，即出现医患信任缺失或医患信任危机。

---

① 在中国的现实生活中，存在大量患者"托人看病"或"关系就医"现象。据此，我们将看病的患者划分为"托人看病"或"关系就医"患者与非"托人看病"或非"关系就医"患者两大部分。后一部分患者指的是没有托人或找关系而去医院看病的患者。

二 医患互信构建的本土资源："托人看病"式的关系运作

"托人看病"或"关系就医"是中国人看病的一种常见形式。有的学者专门就这种看病形式对某医院住院患者和医生展开问卷调查。调查数据显示："9.3%的人每次都找关系，45.6%的人有时会找关系，15.7%的人想找关系但找不着，从不找关系者仅占29.4%"，"86.6%的医生接受'关系就医'，不能接受的仅占13.4%"，"73.8的医生希望各种关系介绍病人，不希望各种关系介绍病人的仅占26.2%"（屈英和等，2010）。也就是说，大部分患者（占调查总数的70.6%）通过或希望通过托人或找关系来选择医生和医院看病，而绝大部分的医生（占调查总数的73.8%～86.6%）接受或希望有这种看病形式。这一调查结果与人们的日常感知基本一致。

有的学者认为中国人的这种看病形式只是近几年因医患关系紧张才盛行的，因为"近年来医患博弈日益激烈，患者为确保在博弈中的最大收益，往往会选择'托人看病'的策略"（王秋芬等，2012）。这显然是一种理性博弈论的视角。在我们看来，与其将"托人看病"或"关系就医"的患者视为"社会理性人"，不如将他们视为"社会文化人"。"社会理性人"的特征是事事处处都依赖"理性算计"，而"社会文化人"的特征则是依凭"文化习惯"来行事。这种"托人看病"或"关系就医"的"文化习惯"孕育和生长于传统中国的"熟悉社会"。在费孝通看来，传统社会或乡土社会就是一种熟悉社会。所谓"熟悉"就是"从时间里、多方面、经常的接触中所发生的亲密的感觉。这感觉是无数次的小摩擦里陶炼出来的结果"（费孝通，1998）。熟悉社会以熟悉为特征，是由相互熟悉的人所组成的社会。① 因此，"在一个熟悉的社会中，我们会得到从心所欲而不逾规矩的自由。这和法律所保障的自由不同。规矩不是法律，规矩是'习'出来的礼俗"，而"在乡土社会中法律是无从发生的"（费孝通，1998），而以儒家伦理道德为主体的"礼俗"则是熟悉社会中相互熟悉的人们进行日常生活交往时必须遵守的行为准则，遵守"礼俗"而"不逾矩"是他们所具有的"共识"。并且，人们对一种行为的规矩会熟悉到"不假思索"的程度（费孝通，1998）。在熟悉社会中人们彼此之间因相互熟悉而期望双方

---

① 熟悉社会也可称为"熟人社会"。在费孝通看来，熟悉社会、熟人社会或乡土社会就是传统社会，它与"陌生人社会"或现代社会相对应，后者是指由相互陌生的人所组成的社会。

做出合乎"礼俗"的行为，即产生相互信任，"在乡土社会里从熟悉得到信任。这信任并非没有根据的，其实最可靠也没有了，因为这是规矩"（费孝通，1998）。在熟悉社会中，相互熟悉的人之间在长期的交往中相互信任、相互托付，逐渐养成了凡事托付熟人、找熟人帮忙的习惯或倾向。因此，"托人看病"或"关系就医"确切而言就是"托熟人看病"或"找熟人就医"。

因此，中国人要看病时，首先会不假思索地想到托人、找人看病，而不是在理性算计后选择"托人看病"或"关系就医"的策略。中国人也不像上述的学者所认为的那样，只有在目前我国医患关系紧张时才"托人看病"或"关系就医"。"托人看病"或"关系就医"这种看病形式已内化为中国人的一种"民族习惯"，是大多数中国人看病时普遍采用的一种形式。中国人的这种看病方式也并没有因医学、医疗机构以及医疗制度的不断发展而发生根本性改变，只是在不同的历史时期呈现不同的特征而已。

中国人看病时习惯于"托人看病"或"关系就医"，这种倾向就是一种"关系运作"（彭泗清，1999）。有学者认为人际关系包括既有关系与交往关系两个最基本的成分。既有关系是由血缘、地缘、业缘等非个人互动的因素决定的，如同乡、同学、同姓等，而交往关系则是两人之间实际的交往行为的结果（Yang，1995）。关系运作是建立、发展、维持和利用关系的活动（彭泗清，1999）。然而，在我们看来，关系运作就是利用既有关系展开交往关系的活动或过程。具体而言，就是某人利用既有关系，通过与他人交往而与他人建立、发展和维持新的关系的活动或过程。因此，有可以利用的既有关系是关系运作的前提和关键。也就是说，如果没有可以利用的既有关系，关系运作就无法实现。而那些没有人可托、没有关系可找的人，从他们的内心或习惯而言，并不是不想托人、不想找人，只是没有可以利用的既有关系而已。关系运作是中国人办事的一种"民族习惯"或"民族倾向"。就中国人看病而言，其关系运作具体表现为"托人看病"或"关系就医"，即利用既有关系，通过与医生的直接交往，建立、发展和维持与医生之间的新关系。因此，那些非"托人看病"或非"关系就医"看病的少数人，实在是没有人可托、没有关系可找，他们一旦拥有了可托之人或关系网络资源，也会采用"托人看病"或"关系就医"这种看病形式。

目前我国社会正处于由熟人社会向陌生人社会转型时期，它既不是"半熟悉社会"（贺雪峰，2000）或"无主体的熟悉社会"（吴重庆，2011），也不是"完全陌生人社会"，总体上仍然是熟人社会，只不过这种熟人社会中同时存在大量陌生关系（刘少杰，2014）。并且，这种处于熟人社会中的陌生关系不断地被熟人社会所同化或"熟人社会化"，熟人社会的规则、规矩或"礼俗"等不断通过关系运作而渗入陌生关系中,使陌生关系被"熟人社会化",即人们与陌生人交往不是依凭外在的法律制度,而是沿袭与熟人交往时所运用的内在的道德制度。在费孝通看来,"熟悉化"是"乡土社会中人与人相处的基本方法"。具体而言,就是"做子女的得在日常接触中去摸熟父母的性格,然后去承他们的欢,做到自己的心安"(费孝通,1998)。而"这种方法在一个陌生人面前是无法应用的。在我们社会的急速变迁中,从乡土社会进入现代社会的过程中,我们在乡土社会中所养成的生活方式处处产生了流弊。陌生人所组成的现代生活是无法用乡土生活的习俗来应付的"(费孝通,1998)。然而,与费孝通的看法不同,我们认为目前中国社会在由"熟人社会"向"陌生人社会"的转型时期,熟人社会的规则仍然起着主导作用,"陌生关系熟悉化"或"陌生关系熟人社会化"仍然是我国现实生活中的一种独特而普遍的现象,或者说是具有中国特色的社会生活现象。"陌生关系熟悉化"的目的是达成遵守共同规则的"共识"而获致共同期望即相互信任,以降低或规避风险,进而获得"心安"。事实上,"自古以来,中国式的诊疗就具有开放性、流动性、医患协商以及共同参与的特点,而病人与医生的关系基本是遵循一种熟人的社会规则"(程谕、邹翔,2015)。因此,中国人"托人看病"或"关系就医"式的关系运作之目的是通过"陌生关系熟悉化"这一内在机制,使医患彼此之间达成遵守共同规则的"共识",以获致共同期望,即相互信任,来降低或规避医疗风险而最终获得"心安"。总之,由于具有中国特色的"托人看病"或"关系就医"式的关系运作内蕴医患互信构建的机制,因而它可以作为目前我国医患互信构建可资利用的本土资源。

三 医患互信的构建机制:陌生关系熟悉化

费孝通在《乡土中国 生育制度》中深入探讨了乡土社会的性质与特点,认为乡土社会就是熟悉社会。按照我们的理解,尽管费孝通没有明确提出"熟悉化"这个概念,但事实上他已将"熟悉化"视为乡土社会或传统社会中人与人之间相处的基本方法。有学者在论及市场交易秩序的本土化问题时提出了"陌生关系熟悉化"(刘少杰,2010)这个概念,但没有对它做出明确界定。我们认为所谓"陌生关系熟悉化"就是"陌生关系熟人社会化"(简称"熟悉化"),指的是关系运作的具体过程,即某一或某些交往主体利用既有的熟悉关系通过与另一或另一些陌生的交往主体进行交往而产生新的熟悉关系的过程。这是一个客观而真实的"熟悉化"过程,而不是"拟熟悉化"(崔香芬,2010)过程。因而通过关系运作而形成的新熟悉关系或新熟悉社会也不像有的学者认为的那样是一种"拟熟悉关系"或"拟熟悉社会"（崔香芬，2010），而是客观而真实的"熟悉关系"或"熟悉社会"。目前我国社会与传统乡土社会相比，具有深度开放和快速流动的特点，这使人们经常遭遇大量的陌生人，但这并不意味着目前我国社会已是"陌生人社会"。如前所述，目前我国社会仍然是"熟悉人社会"或"熟人社会"，熟人关系仍然是社会关系的主体。尽管有大量的陌生人存在，但我们在与他们交往时，习惯于运用关系运作来使与他们的陌生关系不断地"熟悉化"或"熟人社会化"，而这纯粹是一种民族习惯使然，跟理性算计关系不大。有学者认为中国人的关系运作会根据不同情况转换领域，即"虽然市场经济的发展使得关系在某些社会生活领域的影响力减弱，然而'关系'又找到了其他领域新的运作土壤"（Mayfair Mei-hui Yang，2002）。然而，在我们看来，这种所谓关系运作的"领域转换"不是因为它找到了适合自己的土壤，而是一种习惯性的行为而已。事实上，中国人的这种习惯性的关系运作没有任何领域的限制。

中国人常常"托人看病"或"关系就医"就是这种关系运作的民族习惯使然，习惯性关系运作内蕴的机制就是"陌生关系熟悉化"，即患者通过关系运作使他们与医生的陌生关系熟悉化而与医生形成彼此熟悉的关系。医患双方以共同认同的熟悉社会的规则或规矩来行事，从而达致双方对彼此的期望，即相互信任，而最终获得"心安"。有学者高度评价"托人看病"或"关系就医"这种中国特色的看病形式，认为它是一种"民间智慧"与"地方性实践"，即"'关系就医'的运作能够改变医生具体的诊疗实践，是患者规避医疗风险、获得医患信任的民间智慧的展现，也是患者对抗生物医学制度化带来的'冷漠惯习'的一种地方性实践"（程瑜、邹翔，2015）。有学者甚至认定关系运作就是中国人人际信任建立的机制，认为："在某种意义上，怀特利等人事实上提出了另一种建立人际信任的机制：关系运作，即建立、发展、维持和利用关系的活动。考虑到关系在中国社会中独一无二的重要性，可以认为，关系运作可能是中国人建立信任的主要机制。"（彭泗清，1999）然而，在我们看来，中国人人际信任建立的具体机制不是关系运作而是具有中国特色的"陌生关系熟悉化"。因此，中国人"托人看病"或"关系就医"式的关系运作只是医患互信构建的手段而不是具体的构建机制，医患互信构建的具体机制是具有中国特色的"陌生关系熟悉化"。当然，患者要具体实现与医生的"陌生关系熟悉化"，需要根据医生的不同情况，采取经济、政治和文化等方面的不同方法，对医生进行利益输送或与医生进行资源交换。比如，患者给医生送红包就是对医生进行的一种经济利益输送。有的学者将这种经济利益输送视为医患互信构建的一种"媒介"与"催化剂"，认为"医患红包产生的深层原因在于医患之间相互信任的建立，医患之间交往互动的核心是建立医患双方的相互信任，由于医患交往关系的特殊性，从而使医患之间的相互信任成为一种以医患之间各种社会关系为基础的关系信任，红包则充当了关系建构的媒介和医患关系信任产生形成的催化剂"（李伟民，2005）。又如，患方利用权力为医生及整个医方办事则属于政治利益输送。有学者对此做了具体分析，认为"医生作为理性社会人，虽然占有了较丰富的社会卫生资源，但缺乏其他社会资本，医生同样希望将自身占有的稀缺的剩余社会卫生资源转换为其他社会稀缺资源，接受受托人的邀请替人诊病为这种资源交易提供了很好的市场和平台"（姚澄，2009）。

因此，中国人"托人看病"或"关系就医"式的关系运作内蕴的"陌生关系熟悉化"这一本土化医患互信构建机制在医患互信的现实构建过程中的确起着其他方式无法替代的独特作用。然而，正如多数论者所指出的那样，由于它有违健康公平原则，因而造成的负面影响是非常明显的，即它客观上造成了患者之间的严重不公，使一部分患者产生"怨恨"，并在一定程度上加重了"看病贵、看病难"问题，从而加剧了医患关系的紧张。因为我国的医疗资源相对于患者来说是极其稀缺的，如果某一或某些患者习惯于"托人看病"或"关系就医"，就会挤占其他一些非"托人看病"或非"关系就医"患者看病的时间资源、优质医疗资源以及人性化的关爱服务资源等，甚至前者可能会通过"熟悉化"的医生的暗箱操作将部分医疗费用转嫁给后者。为此，有的学者主张采取经济、社会、文化等多项措施来综合治理这种不良现象（姚澄，2009）。然而，在我们看来，采取"综合措施"虽能在一定程度上缓解或减少了这些负面影响，但无法彻底根除它们。因为中国人"托人看病"或"关系就医"式的关系运作及其内蕴的医患互信构建机制赖以存在的深厚的文化土壤是不可能被清除的。

于是，目前中国要利用"陌生关系熟悉化"机制来构建医患互信就会遇到一个两难困境：如果原封不动地照搬就会违反健康公平原则，造成患者之间的严重不公；如果舍弃不用就无法有效减缓或消除医患关系的紧张状态。这一两难困境深刻反映了基于传统道德制度的熟人社会的关系运作与基于现代法律制度的陌生人社会的医疗制度安排之间的矛盾与冲突。因此，目前我国要顺利推动医患互信构建必须突破这一两难困境。具体而言，要对"陌生关系熟悉化"机制的基础进行适当的"创造性改造"，即在基于传统道德制度的习惯性关系运作的同时"融入"现代法律制度，将现代法律制度与传统道德制度相融合，并进一步以融合的制度作为医患互信构建的新基础，从而使"陌生关系熟悉化"这一本土化的医患互信构建机制获得新生。这样，患者与医生之间通过基于传统道德制度的关系运作使彼此之间的陌生关系"熟悉化"而形成的一种初级的、不稳定的和不健康的互信,由于现代法律制度的融入而转变成一种高级的、稳定的和健康的互信。这种形式的医患互信无疑将有效缓解或消除医患关系的紧张状态。

参考文献

白剑峰,2015,《医患和谐是主流——我国依法维护医疗秩序综述》,《人民日报》1月22日。

程谕、邹翔,2015,《关系就医:诊疗的本土化实践》,《思想战线》第2期,第37~42页。

崔香芬,2010,《农民就医过程中关系资本运作的行动逻辑——以江苏省A县X村为个案》,《中国农业大学学报》(社会科学版)第4期,第49~55页。

董才生,2004,《偏见与新的回应——中国社会信任状况的制度分析》,《社会科学战线》第4期,第253~256页。

董才生,2004,《社会信任的基础:一种制度的解释》,吉林大学博士学位论文。

费孝通,1998,《乡土中国 生育制度》,北京:三联书店。

顾昕,2013,《新医改的公益性路径》,昆明:云南出版集团公司、云南教育出版社。

贺雪峰,2000,《论半熟人社会——理解村委会选举的一个视角》,《政治学研究》第3期,第61~69页。

李伟民,2005,《红包、信任与制度》,《中山大学学报》(社会科学版)第5期,第110~116、128页。

刘少杰,2014,《中国市场交易秩序的社会基础——兼评中国社会是陌生社会还是熟悉社会》,《社会学评论》第2期,第28~34页。

刘少杰,2010,《陌生关系熟悉化的市场意义——关于培育市场交易秩序的本土化探索》,《天津社会科学》第4期,第43~47页。

潘庆霞等,2016,《公立医院医患关系紧张的原因及对策探讨——基于医患双方视角的分析》,《中国医院管理》第5期,第68~70页。

彭泗清,1999,《信任的建立机制:关系运作与法制手段》,《社会学研究》第2期,第14页。

屈英和等,2010,《"关系就医"现象的调查与分析》,《医学与哲学》(人文社会医学版)第2期,第32~33、52页。

吴重庆,2011,《从熟人社会到"无主体熟人社会"》,《读书》第1期,第19~25页。

王秋芬等,2012,《"托人看病"的医患博弈策略分析》,《医学与哲学(A)》第11期,第37~38页。

姚澄,2009,《熟人社会中托人看病现象之初探》,《医学与社会》第5期,第10~12页。

Mayfair Mei-hui Yang. (2002). The resilience of guanxi and its new deployments: A critique of some new guanxi scholarship. *The China Quarterly*, 170, 459 – 476.

Yang, C. F. (1995). Psychocultural foundations of informal groups: The issues of loyalty, sincerity, and trust. Paper presented at *the 47th Annual Metting of the Association of Asian Studies*, April 6 – 9, Washington, D. C.

医患信任关系"非对称性"的负效应及其疏解机制

——基于社会变迁的心理学分析

伍　麟　万仞雪[*]

摘　要：随着现代性的发展，中国社会的信任模式经历了由传统社会的人际信任逐渐向现代社会的制度信任转移的变迁。在此过程中，医患信任"非对称性"在传统社会所获得的合法性也随之瓦解，正是在这样的社会变迁背景之下，医患冲突频发、医患关系紧张，一时间医患关系议题也被推向风口浪尖。本文基于社会变迁的逻辑揭示了当前医患关系紧张的根本原因，并由此进一步探讨了由"非对称性"瓦解所造成的负效应及其背后所隐含的认知与情感转换机制。提出只有以动态的视角，把医患关系看作互动过程中的关系问题，从个人和制度两方面着手进行改良，才能真正疏解由"非对称性"合法性丧失引起的负效应。

关键词：医患信任　非对称性　社会变迁　负效应

在后传统社会秩序中，面对中国社会医患信任关系紧张的严峻现实，从社会心理的角度探索社会变迁下医患信任关系的性质、特征以及医患关系如何不断发生变化具有重要的现实意义。毋庸讳言，一方面，现实中确实存在个别医生对待患者敷衍、冷漠甚至歧视、排斥患者，引起患者对医疗服务的不满意。有时，即使医生付出了相应的医疗技术服务也难以抵消

---

[*] 伍麟，武汉大学社会学系教授，博士生导师；万仞雪，武汉大学社会学系硕士研究生。

患者心理上的怨气、对立甚至仇恨情绪。有些患者维权意识强烈，过于自我中心主义，不尊重医生及医学事实，采取不恰当乃至违法行为，突破道德和法律底线，对医生进行人身攻击和伤害。另一方面，管理上医院及医疗机构也存在片面推行"弱认同、高强度"绩效管理模式的现象，医生工作负荷过重，职业压力较大，在一定程度上也导致医生对待患者的态度消极。从社会卫生医疗的大环境来说，人际信任关系和制度信任关系都出现了很大变化。传统上，由于人们对医生信任水平高，加之医生的较高职业声望以及医疗福利的国家保障特性，人们对卫生医疗系统的制度信任水平也往往较高。然而，在当今社会，上述情形已经从根本上发生了变化，整体层面上的社会改革推动了医疗卫生组织结构上的调整以及医疗卫生服务文化上的转变。公众对专业人士和医学权威的态度同以往有较大差异，表现出对权威尊重、专家认同以及机构信任的程度普遍下降，同时表现出越来越坚持医学存在风险的个人判断。

一 医患信任"非对称性"的社会变迁

从本性上讲，医生和患者之间的关系应当是天然的合作关系。患者依赖医生祛除病扰之苦，医生施以仁术救人于危难之中。医生和患者之间信任关系的突出特征之一是"非对称性"。这种非对称性源自两者在疾病面前身份属性的自发性差异。首先，是疾病认识和医疗技能上的差异。其次，由于医生在疾病知识和医疗技能上所处的优势地位以及相关法规的职业授权，医生具有出于职业要求的疾病诊断和医治的上位决策权。当然，在实施具体的医学措施之前，需要获得患者的同意。最后，在疾病负面心身体验上，患者遭受着疾病困扰——身体痛苦、心理煎熬以及经济压力。而医生虽然有义务消除患者的疾病痛楚，但对于患者疾病负面心身体验来说，医生在同情心之外，更多需要以理性的心态医治患者。上述诸多非对称性对医患信任关系起着极为重要的影响。国内学者普遍把医患互动中的信息不对称当作影响医患信任的消极因素看待。然而，当我们把医患信任置于中国社会信任变迁过程之中便会发现，信息的非对称性并非一直是危害医患关系的"元凶"。在以人格信任为主的传统社会中，信息的非对称性作为一项基本事实被人们所接受，患者认医生为"再生父母"，或将其奉为神明一般的存在。患者自然地接受这种不平等，而这种"不平等"在患者与医生的互动中则产生良性循环。而在制度信任逐渐确立的现代社会，患者逐渐开始鞭笞由这种先天的信息不对称造成的患者弱势地位，原先对医生的盲目崇拜转换为理性评估。建立一个值得信赖的卫生系统不是简单地发挥医生的主观能动性，耐心移情式地倾听患者并与之交流，更重要的是必须发展各种制度和机制去创建有效、真诚、团结和公平的医疗规范，进而调节卫生服务系统内部的相关各方（患者、医生、管理者），实现社会稳定和谐。

信任是个体将期望付诸他人的能力（杨中芳、彭泗清，1999；郑也夫，1999）。Hardin（1993）利用三方信任理论（three-party theory）来描述这一过程的发生机制。A 选择相信 B，而其中信任产生的依据是特定事件 Y。这表明在此过程中，A 作为施信方（trustee）与受信方 B（trusted）发生互动的前提条件是特定的事件 Y。例如，在经济活动中买卖双方的信任以确认对方的经济能力为前提；在政治生活领域，公民对执政党的信任只在执政党体现出良好的运行管理能力时产生（Freitag & Bulhmann，2009）。若将此逻辑应用于医患信任，理想的情形便是患者（施信方 A）在确认医生的医德与医术水平的前提下（事件 Y）完成对医生（受信方 B）的信任行为。在现代社会发展进程中，一些旧有的秩序规范分崩离析，新式的秩序观念孕育而生。时代的变迁力量同样对医患信任关系有着重要影响，使这种关系的性质、特征以及维持方式都发生了明显的改变。医患信任的发展逻辑内嵌于宏观社会信任的变迁之中，医患信任本身所具有的"非对称性"的合法性在中国信任格局由人格信任走向制度信任的过程中经历了获得、质疑与制衡三个阶段。原先合理存在的"非对称性"在现代社会失去了合法性，甚至成为构建和谐医患关系的阻碍。

（一）传统社会："非对称性"具有天然合法性

医患信任有广义与狭义之分。广义的医患信任包括患者对医生的信任与医生对患者的信任：患者相信医生能够治好自己的疾病，同时医生相信患者愿意配合自己接受治疗。狭义的医患关系仅指患者对医生的信任："患者 A 相信医生 B 会将自己的病治好，并在信任与否的态度下采取顺从或抵制的行为。"（房莉杰等，2013）本文从狭义的概念出发对医患关系的发展困境进行梳理。"非对称性"这一概念最初源自诺贝尔经济学奖获得者 Kennth J. Arrow（1963）基于信息经济学理论提出的信息不对称（asymmetric information）现象。信息不对称指患者须依赖医生的专业知识为其提供诊疗措施，即使是在基础医疗知识普及化的现代社会，病患还是认同"医嘱"的权威性，同时患者提供的关于自身疾病的信息则有可能是失准的。透过信息不对称对医患关系进行研究的学者认为，失衡的信息控制关系使医患关系难以通过感性、直观的接触达到促进信任的效果，相反，互动的过程成为二者间的博弈（徐渊红、朱亮真，2004；黄瑞宝、陈士福、马伟，2013）。

传统社会中非对称性本质上是伪命题，这一点是由传统社会的性质决定的。传统社会的两个主要特征——人口流动性较低、社区内成员交往频率高，使信任关系得以在"熟悉"与"同质性"的基础上建立，这种信任模式也就是所谓内群体信任（Tajfel, 1974; Tajfel & Turner, 1979）。它是在长期的小范围且密集的交往下所形成的类型化信任的结果，人们利用这种熟悉感自然地相信他人会理所当然地做出符合自身期待的行为。这种传统社会的熟人信任模式转换到医患关系上来，使医患之间的信息不对称被病患个体作为医患关系的先赋属性所接受。这一时期"医患平等"的概念还没有产生。医生的职业性质赋予其权威，而病人一旦选择就医的行为直接象征着对医生的信任，二者之间"非对称"式的互动关系具有高度合法性。目前中国农村依然保留着"看病首选赤脚医生（村医）"的习惯，农民与赤脚医生的医患互动就是患者听从医嘱，而医生则用通俗易懂的语言与患者沟通。在这里，"邻里信任"所裹挟的亲密关系代替了"专业信任"（杨念群，2006），成为传统社会医患信任的主要逻辑。郑大喜（2010）则将这种合法性解释为医生与患者作为施信方与受信方互相遵守的权力让渡机制。病人作为施信者在做出就医行为的同时默认让渡自己的一部分权力交给医生行使，而医生必须相应地承担管理病人身体的责任。

（二）现代社会："非对称性"合法性遭受质疑

以传统社会交往模式为基础形成的"熟人社会"逐渐在现代化的过程中向陌生人社会转变，由此伴随的是建立在熟悉基础之上的信任关系由内群信任向外群信任扩散。医患信任中"非对称性"合法性的瓦解也鲜明地体现了这一变迁路径。外生环境与内生环境的共同作用使得在传统社会中从未被质询过的医患互动的"不对称性"的合法性遭遇挑战。在外生环境方面，现代社会疾病的复杂性和多样性使治疗难度加大，要求医生提高专业程度，传统社会靠心理支持及亲密关系与患者建立信任关系的"全医"，不再能够弥补其自身专业与技术的不足。不仅如此，落后的医疗设备及无保障的治疗环境使医生就算懂得病理，也无法提供相应的治疗（房莉杰，2013）。此外，现代化医疗体制的建立健全将以人际信任为基础的医患关系逐渐推广为以制度信任为主轴的医患关系。

传统社会中，患者对医生的信任不仅来自医生的专业，还来自"生于斯，长于斯"的人情，而现代性管理理念指导下建立起的医院相比传统以个人或组织（如医药世家）为主的就医形式更加趋于系统化、正规化、科层化（郑大喜，2010）。这种科层管理及逐利驱动的共同作用使医患关系中的消费主义倾向越加浓厚。在此基础上，要求"医患平等"的概念出现在了医患关系中，并成为一项新的医患关系的评价标准。这时病人是求诊者，也是消费者；医生是治疗者，更是服务提供者。由此带来的医患心理期待的错位则象征着内生环境的改变。在商品经济原则之下，消费者有权要求服务者提供高质量的技术，同时拥有良好的服务态度。矛盾的是，与消费者心态同步增长的还有医生技术的专业性及医疗制度的规范性，现代社会医生在弥合传统社会"全医"技术缺憾的同时变得更加冷漠、理性甚至专断，患者对医生的职业素养及专业性的期望增高，而医生却没有从传统"被神化"及被依赖的角色期待中调整过来。这就使"非对称性"效应的弊端逐渐凸显，原本合情合理的权力让渡关系逐渐演变为失衡的"医强病弱"关系。

二　医患信任"非对称性"的负效应

医患关系"非对称性"的天然性在由传统向现代社会过渡的过程中经历了合理性丧失的过程。这一过程的本质是现代性发展所谓"祛魅"的过程，即以现代社会的工具合理性代替传统社会的价值合理性。在这个过程中，医患关系先天携带的"非对称性"弊端逐渐凸显。

首先，信息不对称引起偏位效应。医生经过系统科学的职业训练，比患者掌握更加丰富和专业的医学知识，比患者具备更多现实和直接的诊治经验。传统中国社会观念中流行对医生神圣化，诸如"妙手回春""药到病除"。这些观念反映了民众对医生的尊重和认同。即使在濒临绝望，没有生机之际，民众对医生仍然抱有"死马当活马医"的最后期望。患者心中的医生形象几乎是"无所不能"的，只要医生尽心尽力，就可以解除其疾病痛苦。从社会医疗卫生的大环境来说，人际信任关系和制度信任关系都出现了很大变化。传统上，患者对医生有较高的信任水平，这样的人际信任关系是一种典型的全然或盲目信任（blind trust），它依赖于医患双方的亲密互动（intimate interaction）及心理支持。这种嵌入式信任缘于患者医学知识缺乏以及对医生个人熟悉等。同时，由于患者对医生信任水平高，加之医生较高的专业地位以及医疗福利的国家保障特性，人们对卫生医疗系统的制度信任水平也往往较高。医生的神圣化形象并没有随着现代医学与技术的进步而增强，反而变得更为理性：应当褪去医生神圣化的光环,使其回到相对平衡的职业及角色定位中。疾病千差万别,人类对疾病的认识还存在巨大的未知空间。在一些疾病面前,不仅患者,甚至医生也无法避免不确定性、迷茫感和不如意状态。加之医疗活动与技术的复杂性、偶发性和风险性,仅凭患者个体的认知能力和经验阅历无法对疾病有充分、科学的理解,也无法对诊治结果做出全面、准确的判断,同样对医疗活动的后果也没有控制能力。患者更多能够完成的只是积极配合医生诊治,保持乐观向上的正面情绪。在医疗专业化及制度化的现代社会,医生对患者的心理支持逐渐消弭,患者全然依赖医生的专业权威,双方关系由传统社会的"人情互动"转化为单向度的被动依赖。

其次,决策权非对称引起权力滥用效应。由于医生在疾病知识和医疗技能上所处的优势地位以及相关法规的职业授权,医生具有出于职业要求的疾病诊断和医治的上位决策权。Goodyear-Smith 和 Buetow(2001)认为,医生需要这种上位决策权以获得病人的信赖,并给予病人专业支持。这既包括在医患关系中及时提供详细的病情介绍及治疗意见,也包括利用其专业知识合理解除病人的焦虑与疑惑。医患信任关系建立在这一基础之上,患者更多依赖于医生,将自己的健康托付于医生,从人际互动层面上讲,患者对医生行为期望的一部分也在于医生适度行使其上位决策权,以助其解除病痛。但由于医生对患者的依赖较弱,医患信任关系潜含脆弱性的漏洞。建立和维持任何信任关系都需要考虑脆弱性因素,都存在信任关系一方出于某种认知判断或情感主动让渡某些权力,自愿承担风险后果或者不认为会出现风险后果,而向信任关系另一方表现出依赖与积极的预期。在医患关系当中,医生所具有的主导诊疗权不是自由无度、毫无边界的,而是有相应的制度约束和监督医生权力,也就是说,在医生具备权力的同时,对权力的问责必不可少。对医生权力问责的特殊性是,医学问题的不确定性较强,风险较难掌控,有时并非主观原因却造成较为严重的、出乎预料的医疗后果。因而对于医疗活动的问责,往往较其他类型的问责更为复杂。判断某些医疗活动的恰当与否,即使富有经验的专业人员也很可能存在分歧和争议,而作为外行的一般患者的确不具有判断的科学能力,从而对医疗活动的判断很容易出现狭隘的利己主义偏差。可现实的流行心态往往是,在消费主义时代主位权力至上,患者容易将商品和服务交易当中"消费者就是上帝"所蕴含的"金钱换取尊重"观念,较为简单地移植到医疗救治活动上,认为支付了医疗费用就必须获得自己"称心如意"的身体恢复结果。而且患者经常凭借所掌握的一些片面、零星的直接或间接的经验,期望自己在治疗决策中发挥作用,怀疑医生的判断,这种"无知"

的态度反向加剧了医生的厌烦情绪。如此恶性循环严重抑制健康的医患信任关系的建立。

最后,情感非对称引起情感枯竭效应。医生对患者的支持包括心理支持和技术支持两个方面(Simon,1954)。技术支持指的是医生所拥有的、能够治愈病人疾病的病理知识及专业技术,毋庸置疑,技术支持是现代社会医生获得病人信任的核心资本;心理支持指医生通过疏导,向病人讲解病情,给予病人适度的自决权,帮助病人战胜对疾病的恐慌,增强信心,从而使其进一步配合医生的治疗工作。帕森斯(Parsons,1951)在进行医患信任研究时认为,医生冷峻的形象及专业的技术有助于医患关系的顺利建立,而与此同时,因之减弱的心理支持却使得医患之间的亲密关系逐渐消弭。从患者的角度出发,医患互动过程是"一对一"的过程。患者对疾病的有限认识使其并不能完全了解自己的病情,因而信任的建立仅仅来自医生的技术支持。这时的信任往往是应激的(stress-responsive)和天真的(naïve trust),患者对医生的信任程度随疾病的严重程度及由此造成的恐慌程度而增加(罗天莹、雷洪,2002)。因此,每一个患者都自然而然地期待能够得到医生全身心的照顾甚至是"特殊关照"。有学者认为,红包的产生就是这样一种寻求"特殊关照"的心态的反映(李伟民,2005;周弘、张浚,2004)。从医生的角度出发,医患互动过程是"多对一"的过程。医生要面对的是庞大的患者群体,由此必然带来两方面问题:医生与病人互动时间缩短,医生对单个病患的关注程度降低。医生在与病患互动过程中经历的情感耗损大于病患对医生的期待,长期面对大量的病人会造成医生的情感麻木甚至情感枯竭。病患出自尽快治愈疾病的需求,往往会选择忽略医生作为个体情感供给的有限性。

上述诸多非对称性对医患信任关系起着极为重要的影响。广泛的社会和文化进程推动了人际信任关系的变化,也推动了制度信任的变化。医学能力的局限、医疗服务有效性的不足、医疗差错媒体报道的渲染都侵蚀着人们对医疗卫生机构、医疗行业乃至整个卫生系统的信任。低水平的制度信任以及拥有更多知识和潜在要求的患者的出现给政府和医疗行业带来了挑战。

三 "非对称性"中的认知与情感

信任必有所指。因有所指对象的存在,信任无论是表现为行为还是态度,都将以关系的方式展示出来。从对象所指的意义上而言,信任就是信任关系。信任是一个内涵丰富的概念，涵盖情感与认知两方面内容。信任关系的情感成分是指个体在人际互动、社会互动的基础上，对关系双方的人际和社会关系抱有认同，能够建立起情感纽带，将不同分量的感情投射至他人。信任关系的认知成分是指个体对各项互动交往自觉从理性立场出发，以工具性判断为主体，权衡利益得失，考量风险后果，做出积极预期。信任关系中并存情感成分和认知成分，但是难以确定两种成分以何种比例存在，它们在信任关系中的比重不是固定的，也不是平均分布的。随着情境条件的变化，情感成分和认知成分在信任关系中的权重也会发生变化。从简化的角度来讲，当情感成分偏多并占据主导状况时，信任关系表现为"情感型信任"；当认知成分偏多并占据主导状况时，信任关系表现为"认知型信任"。在认知型信任关系中，信任双方的主体意识明确，行为活动界限清晰，相应约束稳定；而在情感型信任关系中，信任双方的主体意识弥散，行为活动界限开放，相应约束淡化。在一定条件满足的情况下，情感成分和认知成分可以各自单独或者共同一起孕育建立信任关系。积极诚挚的情感催生信任，缩减人际心理距离；审慎理性思忖驱动信任，降低后续活动成本。信任不可能纯粹只具有认知色彩，程度上虽然存在差异，但只要认知上得出可以积极预期的信任姿态，积极情感便会出现。且随着认知强度和稳健性的增加，情感成分强度和影响力会提升，信任关系会愈发牢固。信任关系的情感升华，使在受到外界不利因素或反面证据的干扰和冲击之下，信任关系被削弱的可能性降低，信任被修复的机会更多。与之对应，信任也不可能纯粹是情感成分，正常的信任关系必然伴随基本的认知内容，完全脱离认知属性的信任关系，极有可能分化为两种非常态信任水平，即狂热型信仰崇拜和无知型信从跟随。此外，信任关系中即使认知成分占据较大比例，也不会绝对挤占情感内容而使其毫无一丝空间。而完全不嵌入情感色彩的人际及社会互动很难具备合宜性的交往规范、生活良俗，以及很难相容于人性的基本要求。如果信任关系当中断然不具有丝毫情感内容存在的空间，那么唯一仅剩的便是利益的算计，唯一能够遵循的规则便是好处第一、利益至上。可以想象，这种信任关系是虚幻的，无异于一场海市蜃楼。

医患信任很大程度上取决于患者整体上对医生的个性和职业精神的评估。从根本上说，患者在疾病的妥协状态中寻求照顾的脆弱性驱动着上述评估行为。因此，信任医生是情感性的，而不只是可以称为依赖或信心的心理状态，依赖或信心更具理性基础。一般而言，信任通常被认为处在概念谱系的中间位置，兼容谱系两端的元素。患者对医生的信任比其他社会或经济领域的信任表现出更强的信念程度，更类似于亲密的人际关系的信任形式。人们通常更信任个体而不是行业系统（Matehews et al., 2015）。信任关系具有混合属性，理性认知的正常思维与情感体验的移情共识一道维持健康稳定的信任关系。理性认知和情感体验是信任关系的重要两翼，缺一不可。随着理性认知和情感体验在信任关系当中权重的变化，信任关系展现出不同类型的表现。决定认知和情感在信任之中权重比例变化的因素有哪些呢？一般而言，包括社会关系、交往情境、制度系统、文明水平等。在个体所依赖的近亲属及首要亲密群体里情感体验厚重，长时间且较为熟悉的互动认知、生活阅历可演化为直观现实的情感依赖和依恋。随着社会距离的扩大，心理距离自然加大，情感归属不断弱化甚至消失。在生活半径不断外延的趋势下，群体范围急剧扩展，情感体验淡化，认知理性越发重要。认知理性开始成为人际与社会互动中更为具有价值的依赖物，成为广泛和持续存在的社会要素。

在传统社会的人际信任向现代社会的制度信任过渡的过程中，医患信任类型也经历了从情感型信任向认知型信任迁移的过程（见表1）。而在此过程中双方角色适应的滞后所带来的角色期望错位是导致医患信任"非对称性"合法性丧失的根本原因。表1呈现了医患信任中认知与情感二者之间过渡路径的理想类型。正如文中前两部分所讨论的，传统社会中，人们依靠与医生建立的情感联系维系信任关系，与医生的熟悉及良好的个人关系使病患自愿遵医嘱、履行作为病人配合医生治疗疾病的义务，二者关系的"非对称性"在这样的情境下自然地建立起合法性；而在现代社会中，认知主导型信任关系代替情感主导型信任关系，其中隐含医患信任的"消费化"倾向，认知信任中的以利益最大化为原则的工具理性取向成为医患信任建立的重要纽带，消费主义所主导的维持医患信任的方式由情感交流与沟通转变为利用关系网和利益交换获得对医生"用心治病"的信任（罗天莹、雷洪，2002）。在这样的背景下，二者的天然合作关系逐渐演变成博弈关系，医方或是担心患者不配合、害怕"医闹"，或是通过上位决策权力用红包"寻租"；与此同时，患者处于一种脆弱的处境，单纯相信医生会照顾病患的利益（Kreatshmer et. al, 2004）。在无其他选择的情况下出现的自愿性信任本质上既有理性的认知，又因存在健康托付的因素而容易转化为情感的依赖。患者这种自愿性信任"浓缩"为对医生的高度尊重和期望。但是，如果出现心理落差，患者极易逆转情绪。患者担心医生为了经济利益滥用权力，耽误病情，同时由于缺乏熟悉感，对医生的医德也持怀疑态度，由此医患关系中的"非对称性"因素便成为矛盾焦点。

表 1 "非对称性"效应中的认知情感转换

信任类型	传统社会	现代社会
认知型信任	低	高
情感型信任	高	低
主导类型	情感主导型	认知主导型

还要强调的是，有研究指出（郭永松等，2008），现代社会中患者医疗认知水平并未有实质性的升高，医疗基础知识的普及程度仍较低。此外，目前网络上流行的"伪科学"也在一定程度上对病患造成了误导。本文中提到的认知信任的提高和情感信任的降低都是建立在传统与现代对比的概念之上，并不具有绝对代表性。

四 "非对称性"负效应的疏解途径

在2005年央视对医患关系的调查中，数据显示，与往年相比有94%的受访者认为医生声望下降，其中40%认为医生的职业道德水准呈下滑趋势（杨阳，2009）。疏离的医患亲密度、猖獗的医患红包、频繁的"医闹"事件、消弭的医德，都成了学者研究关注的焦点。回顾医患信任的相关文献不难发现，当前学界对医患信任现状的评价及其未来的发展几乎持"一边倒"的消极态度，有学者甚至将医患关系形容成扭曲、异化的关系（陈飞，2006）。毋庸置疑，频繁的恶性事件和相关报道将本就脆弱的医患关系推向舆论的风口浪尖，在众多关注与评论中，声讨似乎大过理性的分析，在医患信任不断面临"危机"拷问的今天，过度的斥责、焦虑对医患关系的改善是弊大于利。本文希望将医患关系看作内嵌于社会结构中的、始终处于发展与变化之中的历史关系，通过对医患信任中"非对称性"合法性的获得与质询的逻辑演变及具体表现形式的梳理，揭示当前医患信任"非对称性"消极效应凸显的必然性，同时提出疏解、改善当前医患信任关系的途径。

首先，医患信任问题的本质是一种关系问题。信任是社会活动衍生的一种属性，体现在双向的个体或群体互动关系之中。作为一种关系的属性，孤立个体谈不上信任问题，即便作为个体心理状态的信任也是从双向的个体或群体之间的互动交往中产生的。社会成员通过彼此的表现以及符号化的表征来建构未来预期，只要社会成员能够确保彼此的共同预期并且按照这些预期来进行相应活动，那么社会活动就能衍生出信任。作为关系存在的信任表现出自愿和依赖的特点。从一定意义上讲，目前社会医疗卫生系统面临的最重要、最关键挑战就是关系问题，包括医生与患者的关系问题、医生与医院及医疗管理机构的关系问题、医疗卫生系统与社会的关系问题。改善医患信任中的偏位效应，需要建立更为公平合理的医疗管理制度，增强弱势群体对医生及医疗制度的信任程度。这要求卫生系统必须严格遵循程序正义。程序正义反映在通过特定的人际行为和决策过程的结构所体现的决策情境中。不仅要强调所有人经济准入平等，而且要确保所有群体文化准入平等，决策机制只有从识别穷人和弱势群体经验的信任特点的约束条件中发展，才能够建立起所有人之间的信任。

其次，要把医患关系看作一个处在动态过程中的互动关系。从这个角度出发便可以理解医患信任"非对称性"由合理到瓦解的必然性。首先要认识到医生这一职业形象处在动态变化的过程之中。Jecker（2005）通过历史分析的方法考察了传统历史的"主导性叙事"（master narrative）对当代医生形象的消极影响。历史的描述倾向于将医生刻画为无私的、医术精湛的"道德完人"，同时将医生对个人利益的追求过分淡化。这使医生作为理性人追求经济利益的行为或动机在某种程度上被视为与医生清廉高尚的职业作风相违背的"非道德"行为，医生作为一项社会职业的盈利属性被"污名化"。把医生的职业形象作为动态的发展过程看待，就是要有效识别以往历史形态对医生的"主导性"描述，综合看待医生的趋利性与奉献精神，即不过分神圣化，也不过度污名化，重新建立"非对称性"的合法性。其次要认识到医患关系处在动态变化的过程中。这一点在前文医患关系"非对称性"发展逻辑的部分已论述得十分清晰，此处不再赘述。医患信任"非对称性"的变迁，正如 Skirkekk（2009）所言，使医患信任呈现前所未有的复杂性，它建立在隐性信任（implicit trust）和显性信任（explicit trust）的双重维度之上。显性信任就是患者作为消费者对医生作为服务提供者的趋于理性选择的信任，它是有条件的；隐性信任是患者对医生天然形成的信任，是无条件的。目前的医患信任既没有完全脱离隐性的"理所当然"（take-for-granted），也没有全然建立在以消费主义为主导的理性选择的基础上，这在一定程度上给予医患信任极大的协商、重构的空间。

最后，要从个人与制度相结合的层次入手寻求改善医患关系的方案。医患信任并不是简单的医生与患者之间的行为及态度问题，它还是一个宏观的社会问题。现代社会带来了一系列渐进式的结构和制度的变化。个性张扬、个体表达成为一种新的崇拜形式，个人权利和自由成为社会的核心追求，新的社会形式造就了群体和个体之间复杂的互动系统。更广泛的社会和文化进程推进了人际信任关系的变化，也推进了制度信任的变化。研究医患信任关系需要关注医患信任如何形成以及如何受到破坏。相比于整个社会信任的水平和公民参与，制度信任更有可能建立在有效的作为之上。从系统论的角度看，医疗卫生活动承载着多方面的"关系"，而其中多方主体利益的交错使得许多政策决策者面临一谈医疗体制改革就陷入宏大的体制困境的尴尬局面。事实上，良好的医患关系的构建可凝练为两个层面的维度，一是个体，二是制度。在个体层面，改善"非对称性"造成的偏位效应实际上就是同时要求医生与患者建立起符合现代社会信任的互动话语。Schulz 和 Rubinelli（2008）将现代社会的医患信任重新定义为一种信息－劝说（info-pervasive relationship）式的互动关系。一方面，医生应当遵守知情同意的规定，与病患保持沟通，形成信息平衡；另一方面，医生应当利用一定修辞策略在知情同意的前提下说服病患接受推荐的治疗方案。这种劝说式的关系在给予病患尊重的前提下允许医生发挥建立在专业技术之上的决策权，有效实现了"非对称性"关系的相互制衡。在制度层面，有学者（Simon，1954；Stein，1980）呼吁通过构建以主治医生为核心的专业的医疗团队，避免医患"情感非对称"造成的情感枯竭效应。这个模式在西方多数国家日渐成熟，目前已被国内许多主流医院引用。

参考文献

陈飞，2006，《医药德行的扭曲与回归》，《医学伦理学》第 3 期，第 23~26 页。

房莉杰、梁小云、金承刚，2013，《乡村社会转型时期的医患信任——以我国中部地区两村为例》，《社会学研究》第 2 期，第 55~77 页。

弓宪文、王勇、李廷玉，2004，《信息不对称下医患关系博弈分析》，《重庆大学学报》第 4 期，第 126~129 页。

郭永松、吴水珍、张良吉、骆啸、张晓红，2008，《国内外医患关系现状的比较与分析》，《医学与社会》第 11 期，第 1~3 页。

刘俊香、沙仁高娃、李晶、王官会，2011，《新医改背景下医患信任的主导：道德信任与制度信任》，《医学与哲学》（人文社会医学版）第 11 期，第 30~32 页。

罗天莹、雷洪，2002，《信任，在医生与患者之间》，《社会》第 1 期，第 32~34 页。

李伟民，2005，《红包、信任与制度》，《中山大学学报》（社会科学版）第 5 期，第 110~116 页。

黄瑞宝、陈十福、马伟，2013，《医患信任危机的成因及对策：基于博弈论视角的分析》，《山东社会科学》第 2 期，第 143－147 页。

徐渊洪、朱亮真，2004，《信息不对称下医患信任的重构》，《中华医院管理杂志》第3期，第167~169页。

杨念群，2006，《再造"病人"》，北京：中国人民大学出版社。

杨阳，2009，《不同医疗体制下医患信任关系之比较：中国与新西兰》，《医学与哲学》（人文社会医学版）第6期，第34~36页。

杨中芳、彭泗清，1999，《中国人际信任的概念化：一个人际关系的观点》，《社会学研究》第2期，第3~23页。

郑大喜，2010，《社会学语境下医患关系的异化及其重建》，《医学与社会》第7期，第14~16页。

郑也夫，1999，《信任：溯源与定义》，《北京社会科学》第4期，第118~123页。

周弘、张浚，2004，《医疗卫生行业中"红包"现象的社会史分析》，《中国人口学》第1期，第23~31页。

Freitag, M. & Bulhmann, M. (2009). Crafting trust: The role of political institutions in a comparative perspective. *Comparative Political Studies*, 42 (12): 1537–1566.

Goodyear-Smith, F. & Buetow, S. (2001). Power issues in the doctor-patient relationship. *Health Care Analysis* 9 (4), 449–462.

Hagquist, C., Bruce, M., & Gustavsson, J. P. (2009). Crafting trust: The role of political institutionsin a comparative perspective. *Comparative Political Studies*, 42 (12), 1537–1566.

Hardin, R. (1993). The street-level epistemology of trust. *Politics & Society*, 21 (4), 505–529.

Jecker, N. S. (2005). Health care reform: What history doesn't teach. *Theoretical Medicine and Bioethics*, 26 (4), 277–305.

Kreatshmer, N. et. al. (2004). How does trust affects patients preferences for participation in decision-making. *Health Expectations*, 7 (4), 317–326.

Matthews, P. F., Blendon, R. J., Zaslavsky, A. M., & Lee, B. Y. (2015). Predicting support for non-pharmaceutical interventions during infectious outbreaks: A four region analysis. *Disasters*, 39 (1), 125–45.

Parsons. T. (1951). *The Social System*. Glencoe II: Free Press.

Schulz, P. J. & Rubinelli, S. (2008). Arguing "For" the patients: Informed consent and strategic maneuvering in doctor-patient interaction. *Argumentation*, 22 (3), 423–432.

Simon, K. (1954). Evolution of doctor-patient relationship by J. H. Means. *The Milbank Quarterly*, 32 (2), 232–234.

Skirbekk, H. (2009). Negotiated or taken-for-granted trust? Explicit and implicit interpretations of trust in a medical setting. *Medicine, Health Care and Philosophy*, 12 (1), 3–7.

Stein, J. E. (1980). Doctors and patients: Partners or adversaries. *Biothetics Quaterly*, 2 (2), 118–122.

Tajfel, H & Turner. J. C. (1979). An integrative theory of intergroup trust. In W. G Austin& S. Worchel (Eds.), *The Social Psychology of Intergroup Relations* (pp. 33–47). Monterey, CA: Brooks/Cole.

Tajfel, H. (1974). Social identity and intergroup behavior. *Social Science Information*, 13 (2), 65–93.

角色认知与人际互动对医患信任的影响：基于社会资本理论[*]

朱艳丽[**]

摘　要： 社会资本缺失是医患信任问题产生的根源。从社会资本理论角度，信任指存在于社会资本中的人际关系模式，医患信任是医患双方的角色认知及在此基础上良好的人际互动。角色认知中影响人际信任的两个因素是特质认知和关系认知，体现在医患关系中，角色特质认知包括医生能力特质和患者个性特征，角色关系认知包括关系横向上的亲疏程度与关系纵向上的阶层高低，这些因素对医患信任的影响十分显著。从社会资本理论的个体层次-关系维度，医患关系双方的角色认知与人际互动的一致可以增加社会资本的存量，而信任社会资本的积累有助于促进医患双方的理解和沟通。

关键词： 医患信任　社会资本　角色认知　人际互动　特质认知　关系认知

一　医患信任：社会资本的个体层次-关系维度

信任是人际交往中一个重要主题，也是一种重要的社会资本。良好的

---

[*] 本研究得到教育部哲学社会科学研究重大课题攻关项目（15JZD030）的资助。
[**] 朱艳丽，郑州大学教育学院心理学系讲师。

人际信任能够促进各种人际关系的良好互动，缺乏人际信任则会破坏交往关系，甚至给交往双方造成损失和伤害（王沛等，2016；Ben-Ner & Halldorsson，2010）。当前中国社会医患关系问题凸显，究其原因有医疗技术发展的有限性、法律法规建设的不完善、政府监管力度的不充分以及双方沟通交流的不对等等，同时与医患之间的信任、规范和参与网络的缺失密切相关，有学者认为医患社会资本存量的不足是医患信任问题产生的重要根源（胡洪彬，2012）。

（一）信任：社会资本中的人际关系模式

社会资本概念从诞生之日起就与"信任"一词密切联系。回顾社会资本的经典定义，"权威关系、信任关系以及规范，都是社会资本的特定形式"（科尔曼，1992），"社会资本，则是在社会或其下特定的群体之中，成员之间的信任普及程度"（福山，1998）。不难发现，信任被视为社会资本的一种形式，与网络、规范一起构成社会资本的主要内涵，而信任关系的建立在某种程度上则成为社会资本产生的重要条件和表现形式。在信任研究中，社会资本理论提供了一个新的视角，而信任在社会资本的理论框架中扮演重要的角色。

在有关社会资本概念的已有研究中，研究者从多个不同层次和维度进行了讨论。福山在研究中强调个体层次，认为"所谓信任，是在一个社团之中，成员对彼此常态、诚实、合作行为的期待，基础是社团成员共同拥有的规范，以及个体隶属于那个社团的角色"（福山，1998）。林南则强调群体层次，认为"信任则是一种集体性的财产，是行动者可动员的资源之一"（转引自后梦婷，2012）。因此，在运用社会资本理论探讨信任或其他问题时，需要从社会资本的不同层次和维度出发进行分析。有研究者从个体层次－结构维度、个体层次－关系维度、群体层次－结构维度、群体层次－关系维度对信任与社会资本的关系进行了阐释。其中，个体层次－关系维度的社会资本存在于人际信任（尤其是两两信任）中，并通过义务与期望的交换关系带来自愿性合作（后梦婷，2012）。

（二）医患信任：角色认知与人际互动

医患关系是社会关系的重要组成部分，从微观层面而言，医患关系就是医务人员与患者之间面对面的互动关系（冯玉波、冷明祥，2014）。从个体层次－关系维度来看，医患信任关系中医生被赋予高角色期待（汪新建、王丛、吕小康，2016）。医患互动过程是一个双方以角色交换为核心的过程。病人对医生角色的认可及病人角色的及时调整可保障治疗有效进行。已有一些实证研究调查了理想医生角色与角色行为的内涵，如有研究指出，医生角色主要有两个方面的内容——知识技能和人际交往中的关心与真诚（Cornelis et al., 2003）；Hall 等（2002）建立的初级卫生保健医生信任量表（Patients' Trust in Their Primary Care Providers），包括忠实性、能力、诚实性和整体信任四个维度，董恩宏和鲍勇（2012）对该量表进行了中文修订，形成了仁爱和技术能力两个维度；张艳（2012）以艾滋病患者为研究对象，对医疗服务关系信任量表（Healthcare Relationship Trust Scale）进行修订，形成了包含人际沟通、专业合作及经济因素三个维度的中文版量表。综合这些研究结果不难发现，在理想医生角色的因素中，除了专业技术能力，最主要的因素就是人际交往。

近期，还出现了患者角色期望研究。研究者认为，患者的内隐期望建立在对医生角色、职业责任、医疗服务标准的认知之上，一旦感受到医生行为有所背离，就可能会产生负性情绪（李德玲、卢景国，2011）。有研究探讨了患者的个性特征在医患信任关系中的表现，如自信的患者更倾向于与医生沟通信息和做出决定（Braman & Gomez, 2004）。还有研究发现，患方拥有的社会资本越高越倾向于相信医生（张奎力，2014）。医生和患者都很重视沟通能力在角色期待中的作用，有研究发现患者如参与了解医疗的全部或大部分活动，就可以降低对医疗行为的风险感知，增强医患信任度（刘文波等，2009；Kenny et al., 2010）。从社会资本的个体层次-关系维度可见，医患信任的内容是双方的角色认知以及在此基础上的人际互动。

二 角色认知对医患信任的影响

角色认知是个体通过各种方式来认识自己某种角色的权利、义务和行为模式的过程，包括确定自己到底承担哪些角色，以及在某一条件下应采取何种适宜的行为方式。但理想角色和现实角色总是有差别的，体现在医患关系中，医患双方的角色认知、行为方式和对对方的角色期望是不对等的，进而会出现角色认知偏差。角色认知偏差易导致认知双方在归因的认识性与动机性上出现偏差，进而影响认知双方的相互关系（顾莉莉等，2015；尤蔚、夏妍，2009）。有研究指出，医患信任并非简单的患方对医务工作者的信任，而是大众持有的一种期待，包含对社会医疗秩序性、对医生或患者承担的义务遵守情况及对角色技术能力的期待（Mechanic & Schlesinger，1996）。学者汪新建等认为，"公众的认知水平和心理预期影响医方形象的再塑造"（汪新建、王骥，2017）。特质认知和关系认知是角色认知中影响人际信任的两个重要因素（王沛等，2016）。

（一）特质认知对医患信任的影响

在人际交往中，特质认知是影响人际信任的一个重要因素，信任发出一方往往根据对方是否存在可信赖特质的认知判断来决定是否信任对方（Mayer，Davis，& Schoorman，1995；McAllister，1995；Lewicki，Tomlinson，& Gillespie，2006）。在特质认知如何影响人际信任的研究中，Mayer等（1995）提出的信任整合模型具有较大影响。该模型认为，信任方对对方最具代表性的三个特质因素，即能力（ability）、善意（benevolence）和诚信（integrity）的认知影响人际信任水平（Colquitt，Scott，& le Pine，2007；Mayer et al.，1995；Poon，2013）。该研究结果被广泛接受和证实，其中Colquitt等（2007）研究进一步证明，能力特质对人际信任的影响最为显著。

在医患关系中，已有一些特质认知影响医患信任的实证研究，如Anderson和Dedrick（1990）通过两项研究形成了一个包含11条项目的患者对医生角色特质的信任量表（Trust in Physician Scale，TPS），包括可靠性（医生所提供信息的可靠性）、信心（对医生的知识和能力的信心）、信息（保守秘密）三个维度。有研究（Hall et al.，2001）论证了医生对患者及患者对医生的角色特质期待的五个维度：忠于职守、高能力、真诚、保密性、整体信任。有研究者（Mechanic，Ettel，& Davis，1990）总结了大量医患研究后发现，大多数有关患方对医生角色期望的因素研究包含以下五个因素：尽责与仁爱（fidelity）、能力（competence）、诚实（honest）、保护患者隐私（confidentiality）、总体信任（global trust）。综合上述研究，医生角色的能力特质、责任特质（包括尽责与仁爱、忠于职守、可靠性）对医患信任的影响较为显著。新近一些研究进一步证实了能力特质的重要性，如有研究发现，患者对医生技术能力的信任比对医生仁爱程度的信任更能影响其后续就医行为（谢琴红等，2015）。还有研究从医生的正直、善意、能力三个面进行分析，发现医生能力不足与当前社会医患信任缺失有密切关系，而医生的善意与正直则需要通过其诊疗行为体现出来（马志强、孙颖、朱永跃，2012）。作为一种产生于社会互动过程的信任关系，医患关系必然是"双向的"（吕小康、朱振达，2016）。有研究运用深度访谈法发现，报复行为、内疚感和孝心是影响患者医疗行为的重要因素（Chiu，2010）。

目前关于患者角色特质认知对医患信任的影响研究较少，未来可以更深入地研究。

（二）关系认知对医患信任的影响

人际信任是在人际交往中建立起来的，关系认知是影响人际信任的一个关键因素（Lewis & Weigert, 1985; Trope, Liberman, & Wakslak, 2007）。尤其在强调人际关系因素重要性的中国社会，对关系差异的认知判断影响着人际交往中信任的建立，甚至会先于个体的特质因素被认知（吴继霞、黄希庭，2012；杨中芳、彭泗清，1999；Han & Choi, 2011）。

学者汪新建等认为，我国医患间的"关系信任取向"明显（汪新建、王丛，2016）。有研究通过问卷调查发现（屈英和，2010），患者选择医院和医生的方式表现为关系取向，86.6%的医生接受并希望"关系就医"。费孝通先生提出中国人的社会关系是一种以"己"为中心、以血缘为纽带的"差序格局"（费孝通，1985）。一些研究证明，中国人的人际信任同样呈现亲疏有别的差序化，依据关系亲疏的信任水平表现为家人—熟人—陌生人的次序（韩振华，2010；张建新、张妙清、梁觉，2000；Niu & Xin, 2012）。有关乡村医患关系的研究运用访谈法发现（董屹等，2014），"差序格局"使乡村医生与村民之间"血浓于水"的情感纽带更加牢固，使乡村医生在得到村民信任的同时，也因得到村干部的认可而继续留任。

不仅关系横向上的亲疏程度，关系纵向上的阶层高低认知也会影响人际信任。阶层关系作为一个重要的关系模式深刻地影响着中国人的人际交往模式（刘嘉庆等，2005）。例如有研究发现，患方拥有的社会资本越高越倾向于相信医生（张奎力，2014）。群体认同理论认为，个体根据群体认同确定其社会角色以及与其他个体和群体的互动模式（Tajfel, 1978；张莹瑞、佐斌，2006），在群体认同较高的情景下会出现对群体角色期望模式的认知较一致的结果。因此，医患个体会根据自己的阶层与对方阶层的相同或相异的认知来确定关系互动模式。学者汪新建等研究发现，医务工作者的群体受害者身份感知对其集体内疚感具有显著影响（汪新建、柴民权、赵文珺，2016）。还有研究基于社会阶层分化视角进行分析（罗集、高杰，2013），认为医患信息行为对医患关系产生影响，患者作为医疗信息掌握的弱势群体，对从医方获得信息的依赖性将长期存在。未来有必要拓展阶层关系认知对医患人际信任影响的研究，考察和比较亲疏关系认知和阶层关系认知对医患信任的不同影响。

三 作为社会资本的医患信任：角色认知与互动方式的一致

医患关系的发展不仅取决于医患双方对疾病的认知，还取决于医患双方对患者角色和医生角色的相互认知。有研究选取公众、患者、医生与护士等不同群体对医患角色认知进行问卷调查（瞿晓萍、叶旭春，2013），发现各群体对医患的期望角色和现实角色的认知之间存在显著差异。各群体对医患角色的认知期望高，而沟通不足，是对医患现实角色产生刻板印象的原因之一，缺乏群际沟通容易使刻板印象泛化与扩大。在此基础上，研究者提出要获得关于医患角色的真实印象，其中有效互动沟通是关键。但以往研究说明，当人们缺乏与某一群体的互动经验时，会凭借与其少数成员交往所获得的经验来建构对该群体的刻板印象（Hillon & von Hippel, 1996）。刻板印象是通过沟通来实现形成、维持及改变的，而群体内沟通常常会加强对目标群体的刻板印象，使刻板印象更极端化，对外群体更易产生敌意（瞿成蹊、李岩梅、李纾，2010；Pettigrew & Troop, 2006）。由此，医患之间基于角色认知上的换位思考和互动沟通有助于信任关系的建立。

衡量医患沟通效果的指标主要有患者满意度（Cherry, Fletcher, & O'Sullivan, 2013；Posner & Hamstra, 2013）、患者对医生的信任感和对医生的尊敬程度（Yakeley et al., 2011）、患者的情绪体验（Slatore et al., 2010）、患者对医嘱的理解程度（Heisler et al., 2015）、医患对疾病风险认知的差异（Deveugele, Derese, & de Maeseneer, 2002）、患者治疗后健康恢复情况（Goldzweig et al., 2015）等。其中，患者情绪、认知与行为由对医生角色期望与医生现实行为之间结果的一致程度考察。作为一种社会意识，有效沟通的前提在于理解，而理解的根基则是信任，唯有医患之间建立起足够的信任，医患关系的和谐化才具备心理上的可能性（胡洪彬，2012）。因此，从社会资本理论的个体层次－关系维度，医患信任中双方的角色认知与关系形式的一致增加社会资本的存量，而信任社会资本的积累有助于促进医患双方的沟通和理解，由此促进医患关系和谐化。

参考文献

董恩宏、鲍勇，2012，《维克森医师信任量表中文修订版的信效度》，《中国心理卫生杂志》第 3 期，第 171~175 页。
董屹、吕兆丰、王晓燕、彭迎春、杨佳、刘扬、刘一、马晓、周慧姊，2014，《村落人际关系与 "差序格局" 中的医患信任——基于北京市 H 区的实地研究》，《中国医学伦理学》第 1 期，第 141~143 页。
费孝通，1985，《乡土中国》，上海：上海人民出版社。
冯玉波、冷明祥，2014，《试论符号互动论视角下的医患关系》，《南京医科大学学报》（社会科学版）第 2 期，第 125~129 页。
福山，1998，《信任——社会美德与创造经济繁荣》，李宛蓉译，内蒙古：远方出版社。
顾莉莉、叶旭春、崔静、吴菁，2015，《医生角色认知研究现状的分析与思考》，《解放军护理杂志》第 7 期，第 30~32 页。
韩振华，2010，《人际信任的影响因素及其机制研究》，南开大学博士学位论文。
胡洪彬，2012，《社会资本：化解医患冲突的重要资源》，《海南大学学报》（人文社科版）第 6 期，第 99~103 页。
后梦婷，2012，《信任与社会资本的多维解读》，《重庆社会科学》第 6 期，第 21~26 页。
科尔曼，1992，《社会理论的基础》，邓方译，北京：社会科学文献出版社。
李德玲、卢景国，2011，《从患者视角看预设性信任/不信任及其根源》，《中国医学伦理学》第 2 期，第 201~203 页。
刘文波、王国斌、张亮、陈荣秋，2009，《基于顾客参与的医疗服务管理》，《中国医院管理》第 3 期，第 35~37 页。
刘嘉庆、区永东、吕晓薇、蒋毅，2005，《华人人际关系的概念化——针对中国香港地区大学生的实证研究》，《心理学报》第 1 期，第 122~135 页。
马志强、孙颖、朱永跃，2012，《基于信任修复归因模型的医患信任修复研究》，《医学与哲学》（人文社会医学版）第 11 期，第 42~44 页。
瞿晓萍、叶旭春，2013，《不同群体对医生、护士、患者角色认知的刻板印象》，《解放军护理杂志》第 7A 期，第 1~5 页。
屈英和，2010，《"关系就医"取向下医患互动关系研究》，吉林大学博士学位论文。
吕小康、朱振达，2016，《医患信任建设的社会心理学视角》，《南京师大学报》（社会科学版）第 2 期，第 110~116 页。
罗集、高杰，2013，《社会阶层分化视角下医患信息行为对医患关系的影响》，《医学社会学》第 6 期，第 45~47 页。
汪新建、柴民权、赵文珺，2016，《群体受害者身份感知对医务工作者集体内疚感的影响》，《西北师大学报》（社会科学版）第 1 期，第 125~132 页。
汪新建、王丛，2016，《医患信任关系的特征、现状与展望》，《南京师大学报》（社会科学版）第 2 期，第 102~109 页。
汪新建、王丛、吕小康，2016，《人际医患信任的概念内涵、正向演变与影响因素》，《心理科学》第 5 期，第 1093~1097 页。
汪新建、王骥，2017，《媒体中的医方形象及其对医患信任的影响》，《南京师大学报》（社会科学版）第 2 期，第 99~105 页。
王沛、梁雅君、李宇、刘雍鹤，2016，《特质认知和关系认知对人际信任的影响》，《心理科学进展》第 5 期, 第 815～823 页。

吴继霞、黄希庭, 2012,《诚信结构初探》,《心理学报》第 3 期, 第 354～368 页。

谢琴红、赖佳、何静、宋兴勇, 2015,《患者后续行为意向及其与信任度的关系》,《医学与哲学》(人文社会医学版) 第 5 期, 第 91～93 页。

杨中芳、彭泗清, 1999,《中国人人际信任的概念化: 一个人际关系的观点》,《社会学研究》第 2 期, 第 1～21 页。

尤蔚、夏妍, 2009,《运用社会角色理论浅析医患冲突及其对策》,《中国医院》第 6 期, 第 32～34 页。

翟成蹊、李岩梅、李纾, 2010,《沟通与刻板印象的维持、变化和抑制》,《心理科学进展》第 3 期, 第 487～495 页。

张建新、张妙清、梁觉, 2000,《殊化信任与泛化信任在人际信任行为路径模型中的作用》,《心理学报》第 3 期, 第 311～316 页。

张奎力, 2014,《赤脚医生与社区医患关系——以社会资本理论为分析范式》,《社会主义研究》第 6 期, 第 119～127 页。

张莹瑞、佐斌, 2006,《社会认同理论及其发展》,《心理科学进展》第 3 期, 第 475～480 页。

张艳, 2012,《艾滋病患者医患信任量表的编译及应用研究》, 中南大学硕士学位论文。

Anderson, L. A. & Dedrick, R. F. (1990). Development of the trust in physician scale: A measure to assess interpersonal trust in patient-physician relationships. *Psychological Reports*, 3, 1091–1100.

Ben-Ner, A. & Halldorsson, F. (2010). Trusting and trustworthiness: What are they, how to measure them, and what affects them. *Journal of Economic Psychology*, 31 (1), 64–79.

Braman, A. C. & Gomez, R. G. (2004). Patient personality predicts preference for relationships with doctors. *Personality and Individual Differences*, 37, 815–826.

Cherry, M. G., Fletcher, I., & O'Sullivan, H. (2013). The influence of medical students' and doctors' attachment style and emotional intelligence on their patient-provider communication. *Patient Education and Counseling*, 93, 177–187.

Chiu, Y-C. (2010). What drives patients to sue doctors? The role of cultural factors in the pursuit of malpractice claims in Taiwan. *Social Science & Medicine*, 71, 702–707.

Colquitt, J. A., Scott, B. A., & Le Pine, J. A. (2007). Trust, trustworthiness, and trust propensity: A meta-analytic test of their unique relationships with risk taking and job performance. *Journal of Applied Psychology*, 92 (4), 909–927.

Cornelis, C. F., van Oppen, P., van Marwijk, H., de Beurs, E., & van Dyck, R. (2003). A patient-doctor relationship questionnaire (PDRQ–9) in primary care: Development and psychometric evaluation. *General Hospital Psychiatry*, 26 (26), 115–20.

Deveugele, M., Derese, A., & de Maeseneer, J. (2002). Is GP-Patient communication related to their perceptions of illness severity, coping and social Support? *Social Science and Medicine*, 55, 1245–1253.

Goldzweig, G., Abramovitch, A., Brenner, B., Perry, S., Peretz, T., & Baider, L. (2015). Expectations and level of staisfation of patients their physicians: Concordance and discrepancies. *Psychosomatics*, 56, 521 – 529.

Hall, M. A., Dugan, E., Zheng, B., & Mishra, A. K. (2001). Trust in physicians and medical institutions: What is it, can it be measured, and does it matter? *Milbank Quarterly*, 79 (4), 613 – 639.

Hall, M. A., Zheng, B., Dugan, E., Camacho, F., Kidd, K. E., Mishra, A., & Balkrishnan, R. (2002). Measuring patients' trust in their primary care providers. *Medical Care Research and Review*, 59 (3), 293 – 318.

Han, G., & Choi, S. (2011). Trust working in interpersonal relationships: A comparative cultural perspective with a focus on East Asian culture. *Comparative Sociology*, 10 (3), 380 – 412.

Heisler, M., Bouknight, R. R., Hayward, R. A., Smith, D. M., & Kerr, E. A. (2015). The Relative importance of physician communication, participatory decision making, and patient understanding in diabetes self-management. *Journal of General Internal Medicine*, 17, 392 – 399.

Hillon, J. L. & van Hippel, W. (1996). Stereotypes. *Annual review psychology*, 47, 237 – 271.

Kenny, D. A., Veldhuijzen, W., van der Weijden, T., LeBlanc, A., Lockyer, J., Le'gare', F., & Campbell, C. (2010). Interpersonal perception in the context of doctor – patient relationships: A dyadic analysis of doctor – patient communication. *Social Science & Medicine*, 70, 763 – 768.

Lewicki, R. J., Tomlinson, E. C., & Gillespie, N. (2006). Models of interpersonal trust development: Theoretical approaches, empirical evidence, and future directions. *Journal of Management*, 32 (6), 991 – 1022.

Lewis, J. D. & Weigert, A. (1985). Trust as a social reality. *Social Forces*, 63 (4), 967 – 985.

Mayer, R. C., Davis, J. H., & Schoorman, F. D. (1995). An integrative model of organizational trust. *Academy of Management Review*, 20, 709 – 734.

McAllister, D. J. (1995). Affect-and cognition-based trust as foundations for interpersonal cooperation in organizations. *Academy of Management Journal*, 38 (1), 24 – 59.

Mechanic, D., Ettel, T., & Davis, D. (1990). Choosing among health insurance options: A study of new employees. *Inquiry: A Journal of Medical Care Organization, Provision and Financing*, 27 (1), 14.

Mechanic, D. & Schlesinger, M. (1996). The impact of managed care on patients' trust in medical care and their physicians. *Journal of the American Medical Association*, 275 (21), 1693 – 1697.

Niu, J. & Xin, Z. (2012). Trust discrimination tendency of trust circles in economic risk domain and cultural difference between Canada and China. *Journal of Social, Evolutionary, and Cultural Psychology*, 6 (2), 233 – 252.

Pettigrew, T. F. & Troop, L. R. (2006). A meta-analytic test of inter-group contact theory. *Journal personality Social Psychology*, 90 (5), 751 – 783.

Poon, J. M. (2013). Effects of benevolence, integrity, and ability on trust-in-supervisor. *Employee Relations*, 35 (4), 396 – 407.

Posner, G. D. & Hamstra, S. J. (2013). Too much small talk? Medical students' pelvic examination skills falter with pleasant patients. *Medical Education*, 47, 1209 – 1214.

Slatore, C. G., Cecere, L. M., Reinke, L. F., Ganziai, L., Udris, E. M., Moss, B. R., & Au, D. H. (2010). Patient-Clinician communication: Associations with important health outcomes among veterans with COPD. *Chest*, 138, 628 – 634.

Tajfel, H. (1978). *Differentiation between Social Groups: Studies in the Social Psychology of intergroup Relations*. London: Academic Press.

Trope, Y., Liberman, N., & Wakslak, C. (2007). Construal levels and psychological distance: Effects on representation, prediction, evaluation, and behavior. *Journal of Consumer Psychology*, 17 (2), 83 – 95.

Yakeley, J., Shoenberg, P., Morris, R., Sturgeon, D., & Majid, S. (2011). Psychodynamic approaches to teaching medical students about the doctor-patient relationship: Randomised controlled trial. *The Psychiatrist*, 35, 308 – 313.

中国传统医学医患关系的元建构及其启示

——从辨证论治的觉知性出发*

王 丽**

摘 要：辨证论治作为中国传统医学特有的实践模式，是在证的作用场域、觉知现象以及相应的符号系统中展开的，其过程是觉知者与觉知对象的双向牵引与整体互动。通过对这一实践模式过程的分析，我们认为中国传统医学医患关系的元建构是：觉知着的主体间互动。这一元建构模式决定了传统医学界不但提出医者仁术等对医家的要求，而且从如何择医以及如何求治等方面规范了对患者的要求。在现代医学从生物模式到心理社会生物全人医学模式转型中，这一元建构模式在互动场域建立以及疗效的互动性开发等方面为新医患模式的建立提供了有益的资源。

关键词：医患关系　中医辨证论治　身体场域　觉知性

医患关系是任何一种医学设定其医疗目标、制定治疗方案以及对治愈

---

* 本文是教育部哲学社会科学研究重大项目"医患信任关系建设的社会心理机制研究"（15JZD030）和鲁东大学引进项目"基于中医病理学体系的心理疾病诊疗体系的建构与检验"（LY2010008）的阶段性研究成果。

** 王丽，鲁东大学教育科学学院讲师。

结果预期与解释的过程中不可或缺的因素，任何医学在其体系建构之初，一定隐含对医患关系的基本预设，而这一基本预设必然会影响这一医学体系中所有相关参与者对真实医患关系的预期，进而影响医患的真实关系。本文权且将这种预设称为医患关系的元建构。医患关系元建构作为医者与患者的预期互动模式必然在特定医学体系诊疗过程中得以显现，对诊疗过程的梳理将清晰阐发医患关系的元建构模式。

一　基于觉知的医学诊疗体系

"医学不仅仅是一门自然科学或社会科学，医学的生命力和特质根植于本民族的文化之中。"（邱鸿钟，2004）传统通天地之一气的基本理念，同声相应、同气相求的感应原则以及志气心神之间的双向循环、互为因果，是我国自古以来人类生命整体论的要义（杨儒宾，1993；汤浅泰雄，1990；蔡璧名，1997）。这里预设了一个具有觉知性的整合性主体。具有觉知性的整合性主体的存在直接规范了具有觉知能力的人与被觉知的现象始终是不可分割的整体（Merleau-Ponty，2002；Baldwin，2007）。作为中国传统医学赖以生存和发展的土壤，这一整体论观念规范了中医学的整个医学实践过程。这一过程也是在这种觉知者与觉知现象双向互动中完成的。

（一）证及其作用场域

传统中国医学实践过程被称为辨证论治，医家和研究者认为其中辨证是认识疾病的过程，论治是治疗疾病的过程。辨证论治的起点是证，证是传统医学对疾病的特殊表达方式。

证是出现在传统医学经典和医学实践中的一个特殊的医学名词，与症状、疾病之类的医学概念相类似，但其表达方式和表现形态有诸多不同。证，也称证候，指涉机体在疾病发展过程中某一阶段的病因、病性、病位、病机，它包括病变的部位、机理、性质以及常变关系，能够反映出疾病发展过程中，某一阶段的病理变化的本质。如发热、恶寒、疼痛、恶心、腹胀等症状是病人的主诉或体会到的不适感，而面色苍白、舌淡苔白、脉细无力、下肢浮肿、腹部包块等体征是医生或病人发现的病理征象（高思华、王键，2012）。

如果说疾病①这一认识论的概念，是针对具体的症状现象做一抽象的理解和概括，是把原初的经验加以观念化的结果，那么证所要指涉的是实实在在的身体的感受。可以看到，症②指涉的是一种现象，疾病指涉的是一种对现象的认知，而证所指涉的则是对现象的觉知。事实上中国传统文化本身就具有重体验、内省、修炼与超越的特质（刘长林，1993；邱鸿钟，2006；周晓虹，2013）。直接就现象层面研究具体的感官经验，比起将具体而流变的经验加以观念化，更加切合中国人认识疾病的方式，而细致的感官经验未必能够体现在观念化的疾病图像中。事实上，大多在时间中流动且细致独特的身体感受，根本无法在共时性的身体结构图像及作用机制中呈现。因而证这一概念的出现，其本身就标示了扎根于中国传统认知模式和方法论模式的中国传统医学的特异性。

以中医学第一临床指导性读本《伤寒论》③之小柴胡汤证④及其后世解读为例：

> 本太阳病不解，转入少阳者，胁下硬满，干呕不能食，往来寒热，尚未吐下，脉沉紧者，与小柴胡汤（267条）。
>
> 伤寒五六日，中风，往来寒热，胸胁苦满，默默不欲饮食，心烦喜呕，小柴胡汤主之（96条）；少阳之为病，口苦，咽干，目眩也（264条）。
>
> 少阳中风，两耳无所闻，目赤，胸中满而烦（265条）；伤寒，脉弦细，头痛发热者，属少阳（266条）；伤寒中风，有柴胡证，但见一

---

① 通常认为疾病是在一定病因作用下自稳调节系统紊乱而发生的异常生命活动过程，并引发一系列代谢、功能、结构的变化，表现为症状、体征和行为的异常。与人体正常形态、功能偏离的疾病，有如健康一样，从不同角度考察可以给出不同的定义。最常应用的定义是"对人体正常形态与功能的偏离"。现代医学对人体的各种生物参数（包括智能）都进行了测量，其数值大体上服从统计学中的常态分布规律，即可以计算出一个均值和95%健康个体所在的范围。习惯上称这个范围为"正常"，超出这个范围（过高或过低）便是"不正常"，疾病便属于不正常的范围（详见世界卫生组织，1998）。

② 症，即症状，是病证所表现的各种现象，包括症状和体征。

③ 伤寒论是以六经病立论，以方证对应的方式成书，其基本行文方式为，"心烦，腹满，卧起不安，厚朴栀子汤主之"，后世谓厚朴栀子汤证，"无大热，口燥渴，心烦，背微恶寒，白虎加人参汤主之"，谓白虎加人参汤证，如阳明病不吐不下，心烦者可与调胃承气汤，如猪苓汤证的少阴病，咳而呕，渴，心烦不得眠，等等。

④ 《伤寒论》中涉及小柴胡汤的条文共17条，其中太阳病篇11条，阳明病篇3条，少阳病篇1条，厥阴病篇1条，辨阴阳易差后劳复病篇1条。柴胡证三阳皆见，叙证简略，临床颇为常见。

证便是，不必悉具。（101 条）。

伤寒五六日，头汗出，微恶寒，手足冷，心下满，口不欲食，大便硬，脉细者，此为阳微结，必有表，复有里也。脉沉亦在里也。汗出为阳微，假令纯阴结，不得复有外证，悉入在里，此为半在里半在外也……可与小柴胡汤（148 条）。

关于柴胡证，历代医家的解读，择其广传者如下：

少阳内主三焦，外主腠理。①

无形之邪气客于腠理，或结于胁下，正邪纷争，偏于半表，有向外之势，可用小柴胡汤，扶正祛邪，疏利三焦，调达升降，宣通内外，故上焦得通，津液得下，胃气因和，汗出而解（引自江长康、江文瑜，2010）。

夫少阳之上，相火主之，标本皆热，故病则口苦咽干…目眩者，风火相煽也。②

足少阳胆经也，内经云，有病口苦者，名曰胆瘅。③

少阳居半表半里之位，……盖口咽目者，不可谓之表，又不可谓之里，是表之入里，里之出表处，所谓半表半里也。三者能开能阖……恰合枢机之象，故两目为少阳经络出入之地，苦、干、眩者，皆相火上走空窍而为病也。④

可见，证延展于心灵、意识、口舌、肌肤、四肢、脏腑及其间间隙的整个生命场域。伤寒论中，对疾病场域的判认同时也是对一个疾病本身的判认。而后世医家解读证，也是对其现象与场域、生灭与转机的细部论述。

在传统医典诸多关于证的论述中，无法找到证的纯粹的性质，传统医家并不用纯粹的性质来描述其对病人的所见所感，他所论的性质都是落实在身体某个场域的一种属性，任何性质只有展现在可觉知的身体场域中才能得以确认。比如，论及颜色，只有在面赤，目赤，面青黄，舌上苔黄

---

① 引自《陈修园医学全书》（北京：中国中医药出版社，1999），第 440 页。
② 引自《张志聪医学全书》（北京：中国中医药出版社，1999），第 687 页。
③ 引自《成无己医学全书》（北京：中国中医药出版社，2004），第 116 页。
④ 引自《伤寒来苏集》（北京：中国中医药出版社，2008），第 124～125 页。

腻,大便黑或者身发黄时,颜色才有意义。一种颜色从来不只是颜色,它是某个场域的颜色,面赤和目赤不是同一种赤,就如身黄和苔黄也不是同一种黄。同样的,唯有寒热温凉展现实在的身体感知,如发热、往来寒热等时,寒热温凉才有意义。所以,伤寒论中,没有纯粹以某种性质界定的证,只有归属于具体场域的证,性质必须呈现在场域之内,脱离场域就无法论证、无法辨证。

伤寒论被认为以汤方为证,盖以其基本以方证而行文,随着传统医学的发展,不同的病理学模型引发证这一概念不断延展,诸如后世医家的风寒证、风热证、血虚证、气虚证等(林晓峰,2003)。然纵观诸证及其论述,可发现证无不具有两项特质:一是或以病机或以汤方或以邪势为界定的特征,如郁证、虚证、柴胡证、厚朴栀子汤证、白虎汤证、火证、热证、寒症、湿证等;另一则是证的作用场域,虚①诸如半表半里、少阳区块、阳明区块,甚至脾气虚衰、肾阴不足,而实者诸如热雍胸腹,或者胃中寒。总之,证不是纯粹的状态,也不仅仅是医者医学思维中的概念,具有明显作用场域与身体感知的"证"反映着病家与医家所置身于世界的生存与生活状态。

(二)证的觉知

在以证的身体感以及医患的觉知在场而立论的疾病观和治疗观上产生的辨证论治,必然呼唤觉知者和觉知对象的双向牵引与整体互动。

病家通过其自体觉知,觉知到证的存在及其场域,作为一个觉知主体的病家,其觉知力延展在身体及其四周,而觉知体验,不过是某种觉知从混沌中得以呈现或者实现,而实现了的觉知体验,将会被记忆在觉知力的载体——身体中。所以,某个个别的疾病场域,固然是为便于标识某种症状体验而划出的身体部位,但作为觉知整体的一个部分,它并不是一个临时的客观场所,被动地让疾病来落脚,待病愈之后,又被动地与该疾病觉知脱离关系。事实上,一旦某种觉知体验在身体某部位呈现及实现,身体会形成辨认此种觉受的能力,即使一时的觉知体验消失了,其觉知依旧留在生命中。而尽管疾病场域被划分为心、口、胸、胁、肌肤、四肢,觉知

---

① 从《黄帝内经》起,传统医学对身体的言说就不仅包含可见的身体部位,还包括可感但未必可见的身体区域概念,诸如三阳区块、三焦膝理、半表半里等。甚至传统医学五脏六腑也非单指其可见部位,更有某种特征的气机运作的意义,这来自中国古代的气论身体观,详见杨儒宾(1993)。

能力却在整个身体中蔓延，没有明显边界。证既然属于觉知场域的一部分，一旦被感知，其后的体验便只是不同程度、不同部位的"证和非证"，非证并非分辨其证的觉知力缺席，而是这一证的"感"暂时不在。所以，非证仍然联系着主体和证的存在，因为主体本身已经形成了对证的感受能力（蔡璧名，2005）。

而医家更是延展一己之身体感，由他体感（透过触摸脉象等方式）来认识气机中的程度和轻重。

不仅仅在于看见（望）、听见（闻）这样一些意识性活动，中医四诊最特殊的，如脉诊，因触觉体验粘附在身体表面，医家无法把此种体验独立于被接触的患者身体之外。相应的，作为触觉主体，医家必须通过自己的觉知去感知病家，于是，当医家站在病家面前，一个运动的空间即在手下展开，病家的场域在触摸意向中向医家呈现，而非在一种认知意向中向医家呈现。也就是说，脉诊按压动作的执行，不是意识在判断，而是手的实实在在触摸，医家的触摸不是在认知或思考，而是经由双手完成体验，唤醒主体性觉知，而这才是有效的触摸。

传统医家和病家既然是在某个觉知场域以觉知体验来认识疾病的，那么在辨证论治的原则下，气机变化的程度、气机流转的火候、来自觉知体验的轻重，便靠证的觉受，靠病家从日常生活自体感以及医家从切脉之感受等他体感来辨认觉知现象并做出程度性、进阶性区分。

同样，不同于西方现代医学，中国传统医家所认识的生理与病理是一体的常与变，彼此间并不是对峙分立的（申璋，2008），在觉知体验上，常与变形成一种相互诠释的互补关系。毕竟，个人体质范畴的生理与病理状态，是一种特别意义中的常与变，医家借由普遍的、多方的累积的他体感，了解医学经典如何经由日常生活的身体感受去认识气机中的变的程度而做出程度性、进阶性的区别，更加完整详尽地建构出证的程度。

总之，在感觉经验中，医家得到的不是固定的、抽象的性质，而是活的属性，医家置身某个具体场域，在其中延展其觉知能力，这样的认识进路，赋予感觉性质以生命意义，这种意义是由具有重量的觉知主体来把握的。自体与他体的视觉、触觉与味觉材料，寒暑燥湿乃至精神情绪等种种感觉材料在目光下、手指下延伸，形成一种自我述说的语言。于是在有概念之前，首先是一种觉知体验，而当概念成为符号之后，便划定了身体症候以及觉知体验的意义之界限。然后，医家以一个概念性的符号，来言说体验性的觉知。于是，一个概念性符号的意义，与其说是由词语的普通意义构成，不如说是某种体验性的觉知赋予该词语意义。简而言之，医学名词与觉知体验两相涵括，一个证在其成为符号之前有其作用场域及觉知体验，而成为概念符号之后，便划定了相应的身体症候与觉知体验。所以，一个个活跃在当下医学实践中的证，会以觉知体验的方式重生于医家的生命中。

传统医学中的证在某个身体场域中展开，并被觉知到，进而用相应的符号系统表达出来，而中国医学的实践活动，便在医家和病家共同觉知和表达一个证的在场并使之不在场的过程中展开。这一展开被称为辨证论治。于是，辨证论治必然要求医家作为觉知主体进入医患场域延展其觉知力进行觉知，病家作为另一个觉知主体而非绝对性客体则需进入医患场域为其自身提供的觉知材料中，展开其觉受力。辨证论治并非单纯的意识活动，医家总要用全部的觉知力具体感觉病家的场域——身体以及觉知体验，并与之互动。这正是中国传统医学医患关系的元建构。

二 医患双方行为规范中的感通性体现

正是这样一种医家、病家同时在场的觉知互动方可进入辨证论治过程，这一事实必然要求疗愈完成的根本条件是医家和病家都是对自身和他者生命有觉知能力并保持生命可感性的人。纵览医经，传统医学传承下，医患双方的规范多以此为中心展开。

（一）医乃仁术

从医家而论，医者仁术是医家道德的核心观念，这一观念形成于春秋战国时期，并贯穿整个医学发展进程（张鸿铸、何兆雄、迟连庄，2000）。术是指医家尽可能通过专业的学习和培训占有足够的医学知识和技术（杜治政、许志伟，2003），那么何谓仁？

对于孔子而言，仁是爱人和克己复礼，而对于孟子，仁是恻隐之心，"仁也者，人也。合而言之，道也"指出了仁与人之间的内在关联性（陈来，2009）。而在朱熹看来，"仁者与天地万物一体"是人与天地万物感应所能达到的极致状态。朱熹认为由"心之德，爱之理"的"仁"出发，可以达到"仁者与天地万物同体"的浑沦感通，"须知所谓'心之德'者，即程先生谷种之说，所谓'爱之理'者，则正谓仁是未发之爱，爱是已发之仁尔。只以此意推之，不须外边添入道理。若于此处认得'仁'字，即不妨与天地万物同体。若不会得，便将天地万物同体为仁，却转无交涉矣。……盖此理直是难言，若立下一个定说，便该括不尽。且只于自家身分上体究，久之自然通达"（黎靖德，1986）。可见，在朱熹那里，认得"仁"才能体会并生发这种切己的情感，这种情感具有谷种一样的生长、壮大、传递的力量，可以推而扩之，与天地万物相通，互相感格为一体。"有感而动时，皆自仁中发出来"，其"感通"的力量有如源头之活水，不绝如缕，不舍昼夜，直与天地精神相往来。

在同一时空文化脉络中，仁是一组传递共通意义的符码，其意义与价值是由社会或文化传统赋予的，并为社会群体共同认定。是故，无论儒家言仁，医家言仁，抑或是文学家说仁，"能指"相同则"所指"也当相同（罗兰·巴尔特，2008）。由此可知，在这里仁是具有单独意义的名词，而非术的形容词，仁是关系发生的场域及形态，它指涉医家使用知识和技术的具体场域。

是故，医者虽然掌握有医学知识和技术，但若要使用这些知识和技术，就要觉知力在场的感通，他必须首先作为一个人，在仁的场域中，去和患者交往。这是医学的必然进路，也是医者能力提升的必要前提（刘长林，1993；严世芸，2004）。所以，在医者眼里，人人平等，任何病人都值得尊重，并且要想方设法地为其幸福着想。这些基本理念在古代医学典籍中比比皆是（张鸿铸、何兆雄、迟连庄，2000）。如"上以治民，下以治身，使百姓无病，上下和亲，德泽下流，子孙无忧，传于后世，无有终时"（《灵枢·师传第二十九》），[1]《素问·疏五过论》称"圣人之术，为万民式，……为万民副"，[2] 孙思邈所谓"凡大医治病，必当安神定志，无欲无求，先发大慈恻隐之心，誓愿普救含灵之苦"（《备急千金要方》），[3] 都是说医家首先要以感通万民之苦、解救万民之苦作为医之习业的基本开端。医家需要与病家共情同感，关心、爱护病苦中的人，为病人着想，以解除病人的痛苦为目的。《素问·宝命全形论》称"余念其痛"，[4] 疾病使患者身心承受双重折磨，因此医者应同情患者的痛苦、体谅患者的难处，设身处地为病人着想。而清代医者喻嘉言也说，"医，仁术也，仁人君子，必笃于情。笃于情，则视人犹己，问其所苦，自无不到之处"。[5] 医家之所以需要这种推己及人、恩泽于民、将心比心、待患若亲、"无弃人"、"无弃物"的品格，恰恰是因为天道如此，医家唯如此，才能与之感通，进而

---

[1] 引自《黄帝内经》（北京：中华书局，2010），第242页。
[2] 引自《黄帝内经》，第168页。
[3] 引自《备急千金要方》（北京：华夏出版社，2008），第22页。
[4] 引自《黄帝内经》，第106页。
[5] 引自《医门法律》（北京：中国中医药出版社，2002），第185页。

进入一个感通可以发生的场域。

（二）病家在场

中国传统医学在规范医德的时候，有一个迥异于西方现代医学的地方在于，传统医德教育一直注重病家的主体性，同时对病家有要求，而且这个要求并不低，也就是说，并不是所有生病的人都可以进入这个体系。通常医德研究者认为，这是医家自我保护的一种设置（周晓菲、张其成，2009）。然而，若我们深入传统医学辨证论治的过程，就可以看到，在医家作为技术提供者、病家作为技术消费者之前，传统医学要求，医患双方一定要保证自己是一个在当下具有尊重自身生命及觉知力的人。对病家的要求更明确地表达了这一医学体系充满了对觉知着的人的要求和尊重。

《史记·扁鹊仓公列传》记载，早在秦越人扁鹊时期就已提出六不治的原则："骄恣不论于理，一不治也；轻身重财，二不治也；衣食不能适，三不治也；阴阳并，藏气不定，四不治也；形羸不能服药，五不治也；信巫不信医，六不治也。"① 必须看到一个事实是，病家如此，则无法进入具体而微的感知场域，这样医家将无法真正靠其医术达到疗效。

同时，为了感知场域相互敞开并形成感通，中国传统医学要求病家应当信任医者。当然，信任是有前提的，所以，在中国传统医学医德规范中，还可看到诸多指导人们如何求医的文字，病家延医治病，乃以性命相托，选择医生，关乎性命安危，"必择其人品端方，心术纯正，又复询其学有根柢，术有渊源，而后延清施治"。② 但是，择定医生之后，当专任不疑，坦诚告以病情、坦诚回答问题，并绝对服从劝导和禁戒。苏轼曾指出："士大夫多秘其所患而求诊，以验医之能否，使索病于冥漠之中。辨虚实冷热于疑似之间，医不幸而失，终不肯自谓失也，则巧饰掩非以全其名。至于不救，则曰：'是固难治也。'"患者应尽量将病情全部告诉医生，供其诊疗参考。清代文人周亮工甚至称，"不告医者以得病之由，令其暗中摸索，取死之道也"。若求医时，只让医生摸脉，不介绍病情，以此检验医者的本事，结果只能是误医误已。同时，患者信任医生，就要听从医生的劝导，不要"自拟药方"或者在家属的参与下自作主张，加减服药，或者仿照医生的药方服药。患者应严格遵从医嘱，配合治疗。

传统医学对医家和病家的全部要求建立在其基本的诊疗原则上，如

---

① 引自《史记》（北京：中华书局，1982），第 2816 页。
② 引自《医学源流论》（北京：中国医药科技出版社，2011），第 64 页。

此，医患双方才能真正成为拥有觉知力和感通能力的人，才能真正进入辨证论治的场所与进程中。

三 对新医学模式下医患关系建构的启示

医学在18世纪向19世纪的过渡期，兴起了生物医学模式。在该模式下，疾病发生的场域得到了严格的限定：作为以生物器官形式存在的纯粹客观的躯体（杜慧群，1982）。这一模式的兴起，彻底改变了西方的医学，并普及于世界其他地域，成为一种普及性的医学模式。当下中国的普通医学和精神医学，都受到这种医学观的深刻影响。

这种医学本身对医家与病家的要求有了本质上的改变（崔荣昌，2008；汪力平，2007；刘伶俐，2010），表现为没有了直接的体验性互动。在现代生物医学下，医生常常依赖于各种理化设备，通过各种物理化学检查报告而非自身的觉知来诊断，并运用各种高新技术来治疗。这样，由于仪器设备的介入，原有的觉知场域和疾病场域在诊断和治疗进程中消失不见，医生和患者被各种设备直接分割。随着生物技术的飞速发展，医学分科越来越细，医生也日益专科化，为了有效地治疗疾病，医生从事各种研究，而病人是不在场的。医生的工作对象从觉知到的具有觉知力的人变成某一种疾病或患者的某个病变部位，再过渡到试管里、显微镜下的血液、尿液、细胞等各种形态的标本，于是，医不再是仁术而仅仅是缺乏人之互动的技术。在医生的视界中，活生生的完整的人进一步消失。而在患者的视界中，一个可以通过言说触摸来倾听的觉知对象也不见了，于是，医者和患者的主体性在互动中完全消解。医患关系从主体的互动关系发展为完全物化的关系，物化的关系必然直接随社会现状、经济状况而摆荡，医患信任则成为无水之木，医患纠纷迭起也自然是不可避免的。

生物-心理-社会医学模式的建立，为改善医患关系起到了积极的推动作用。新的医学模式深化了人们对健康的概念和医学目标的进一步认识。人们对医学的希望，已不仅满足于消除生物性所导致的人体异常，而且希望整个身心的全面健康和稳定发展，生命也得以完整全面地呈现，医学因而具有了全人学意义。从新的医学模式角度来看，中国传统医学医疗实践过程至少在两个方面可以为当下医学医患模式的建构提供有益的资源。

其一，医患沟通的场域。医患关系模式反映医生与病人交往中技术的决定和使用方面的关系，主要指在实际医疗措施的决定与执行中，医生和病人的关系、地位和主动性的程度。医患关系有三种基本模式（Szasz & Hollender，1956）。（1）主动－被动模式。在这种医患关系中，医生完全主动，病人完全被动，医生具有绝对的权威性，病人完全服从医生。（2）指导－合作模式。病人有自己的意志，但寻求医生的指导，并乐于合作。病人尊重医生的权威，医生也运用这种权威性来向病人提出一些要求。（3）共同参与模式。以医患双方治疗疾病的共同愿望为基础，其相互作用的特点为双方有近似的同等权力，彼此互相依存、相互需要，从事对双方均满意的某种活动。共同参与模式是新的医学模式所推崇和向往的，然而，这一模式的建构需要医患双方至少在对何谓疾病以及如何治疗疾病方面具有可以沟通和对话的场域。那么，作为实验室产物的现代医学如何与生活接轨？医学话语如何回归日常生存话语？传统医学将医患对话的场域落实在以身体及其生存处境为场域的觉知性互动上，这一思路值得借鉴。

其二，疗效的互动性开发。追究医患关系之本源，即可发现人命至贵。当人的生命受到疾病的威胁时，会自然而然地寻求外界的帮助，于是"医"应运而生。所谓医患关系即是在病人寻求帮助和"医者"帮助病人战胜疾病的过程中形成的。医因患而生，患因医而得助。故无论医学体系如何发展，从本质上讲，医患关系本身是一种具有共同目标的自然关系。而其目标的落脚点，便是疗愈，疗愈效果直接决定医患信任程度。医者具有医学知识，患者康复的愿望通过医者去实现；患者虽然不具备专业的医学知识，但对抗疾病还是需要自身的努力。一直以来，中国传统医学中，医家看到的是病家全人。全人的人，是具有内在疗愈性本能的人。疾病从某个场域浮现，然后不见的过程，是觉知性的人的整体觉知力运作的过程。[①] 而医患的觉知性互动过程，意味着互动双方的疗愈性因素在此过程中被激活、被延伸。关注疗愈性力量而不是疾病本身的医家取向，会更多地开发患者的自愈性本能，从而使疗效得以提升。不针对疾病而针对疗愈性力量的开发这一互动理念，在新的医患关系建构中值得推广。

参考文献

蔡璧名，1997，《身体与自然：以〈黄帝内经素问〉为中心论古代思想传统中的身体观》，台北：台湾大学出版社。

---

① 这一过程在另文《传统医学医患信任之于疗愈的意义分析——从辨证论治的觉知性出发》中有详细阐述。

蔡璧名，2005，《疾病场域与知觉现象》，《台大中文学报》第 23 期，第 61~104 页。
陈来，2009，《古代思想文化的根源——春秋时代的宗教、伦理与社会思想》，北京：三联书店。
崔荣昌，2008，《医患关系中的医患沟通研究》，山东大学硕士学位论文。
杜慧群，1982，《现代疾病观特点的初探》，《医学与哲学》第 6 期，第 39~40 页。
杜治政、许志伟，2003，《医学伦理学辞典》，郑州：郑州大学出版社。
高思华、王键，2012，《中医基础理论》，北京：人民卫生出版社。
江长康、江文瑜，2010，《经方大师传教录》，北京：中国中医药出版社。
黎靖德，1986，《朱子语类》北京：中华书局。
林晓峰，2003，《中医证候研究》，黑龙江中医药大学博士学位论文。
刘长林，1993，《说"气"》，载《中国古代思想中的气论及身体观》，台北：巨流图书公司。
刘伶俐，2010，《不同医学模式下的医患关系分析》，《医学社会学》第 11 期，第 43~44 页。
罗兰·巴尔特，2008，《符号学原理》，李幼蒸译，北京：中国人民大学出版社。
邱鸿钟，2004，《医学与人类文化》，广州：广东高等教育出版社。
邱鸿钟，2006，《医学哲学探微》，广州：广东人民出版社。
申璋，2008，《关系医学与中医今解》，北京：社会科学文献出版社。
世界卫生组织，1998，《疾病和有关健康问题的国际统计分类（第 10 次修订本）》，北京协和医院世界卫生组织疾病分类合作中心编译。
汤浅泰雄，1990，《灵肉探微——神秘的东方身心观》，马超译，北京：中国友谊出版社。
汪力平，2007，《医患关系演变的历史趋向及其影响》，《九江学院学报》第 5 期，第 23~25 页。
严世芸，2004，《中医学术发展史》，上海：上海中医药大学出版社。
杨儒宾主编，1993，《中国古代思想中的气论及身体观》，台北：巨流图书公司。
张鸿铸、何兆雄、迟连庄，2000，《中外医德规范通览》，天津：天津古籍出版社。
周晓菲、张其成，2009，《中医医德溯源》，《杏林中医药》第 29 卷第 8 期，第 729~731 页。
周晓虹，2013，《再论中国体验：内涵、特征与研究意义》，《社会学评论》第 1 期，第 14~21 页。
Merleau-Ponty, M. (2002). *Phenomenology of Perception* (C. Smith, Trans.). London: Routledge.
Baldwin, T. (Eds) (2007). *Reading Merleau-Ponty: On Phenomenology of Perception*. London: Routledge.
Szasz, T. S. & Hollender, M. H. (1956). A contribution to the philosophy of medicine: The basic models of the doctor-patient relationship. *AMA Archives of Internal Medicine*, 97 (5), 585-592.

网民医患关注与态度研究：基于中国 95 城市微博证据[*]

赖凯声　林志伟　杨浩燊　何凌南[**]

摘　要：医患问题备受政府和社会各界关注，但已有研究大多基于案例和问卷调查等主观经验数据展开，在样本代表性和客观性上存在一定风险。本研究尝试基于 2015 年中国 95 个城市网民在微博社交媒体平台的客观行为数据，探索网民对医患议题的关注规律和态度规律。结果发现，中国一线城市对医患问题关注度最高，并表现出正面情绪低、控制感低等低信任特征。本研究为理解当前中国公众对医患问题的社会心态，提升医患信任水平等具有重要意义。

关键词：医患　医患关注　医患态度　微博　医患信任

一　引言

处于现代化转型期的中国，因社会结构的快速变迁面临众多挑战。医患问题便是其中一个备受政府和社会各界广泛关注的重要议题。在医疗资

---

[*] 本研究得到教育部哲学社会科学研究重大课题攻关项目（15JZD030、16JZD006）、广东省哲学社会科学"十三五"规划一般项目（GD16CXW01）、中央高校基本科研业务费专项资金（17WKPY07）资助，为"广州大数据与公共传播研究"人文社科重点研究基地成果之一。

[**] 赖凯声，中山大学传播与设计学院副研究员；林志伟，中山大学传播与设计学院本科生；杨浩燊，中山大学传播与设计学院硕士研究生；何凌南，中山大学传播与设计学院讲师。

源整体仍然较为稀缺的大背景下，中国当下的医患关系总体趋于紧张，医患纠纷数量居高不下。例如，2013 年 10 月 25 日，温岭市第一人民医院的 3 名医生在门诊为病人看病时被一名男子捅伤，其中耳鼻咽喉科主任医师王云杰因抢救无效死亡。犯罪嫌疑人连某此前为该院患者，行凶原因则是对此前在该院进行的鼻内镜下鼻腔微创手术结果持有异议。诸如此类的医患纠纷并不少见。例如，2016 年 5 月，广州退休医生陈仲伟被一名 25 年前接治过的病人尾随回家，砍了 30 多刀，最终因抢救无效离世。在以往的医患纠纷中，公众往往倾向于将愤怒宣泄给整个医生群体，而在此次事件中，人们则跳出了原有的刻板印象，有关"为什么魏则西的死带给全社会震动，而对医生的生死却如此冷漠"的讨论在网络舆论中掀起了一波高潮。这在一定程度上成为医生群体对医患积怨的一次集体反抗。

频发的医患矛盾在给相关人员带来直接的人身安全威胁和经济损失的同时，也在一步步削减社会公众与医生之间的信任关系。例如，2016 年 12 月 4 日，成都医生任某在微博上晒出一件价值一万多元的羽绒服，随即遭到部分网友的非议，"质疑""反感""可耻"是该事件在网络讨论中的负面高频词。医生晒万元羽绒服饱受争议，正是医患信任缺失的真实写照。在目前的医患关系认知中，部分患者已经对医生形成了"收红包、吃回扣、有灰色收入"的刻板印象。患者不相信医生，而医生则认为自己治病救人得不到患者尊重，反而有可能遭到侵害。医生和患者在情绪和认知上的对立，加剧了医患关系的紧张程度。

特别是在互联网时代，医患纠纷被进一步放大。民众拥有了自己的发声渠道，区域性的医患纠纷经过互联网的舆论发酵，迅速演变成为全国性的争议焦点，医患关系已成为互联网舆论场上一个不可忽视的重要议题。持不同意见的民众借助互联网平台进行讨论、辩驳，充斥在舆论场中的情绪性表达导致医患矛盾进一步激化，沸沸扬扬的网络情绪同样影响着现实中民众对医患关系的认知、判断和行为。例如，陈仲伟医生被砍事件曝光后，迅速引爆了微博、微信等社交平台，多家媒体对此事进行了跟踪报道。在陈仲伟事件发生后的第四天，中国舆情网监测到互联网、微信、微博等媒介上与陈仲伟事件相关的舆情累计达 1946 篇次。根据知微事件博物馆的数据统计，①陈仲伟医生被砍一事的影响力指数达到 74，比同年双"十一"全球狂欢夜的影响力指数还要高出 2 个点。成都医生晒万元羽绒服事件并不涉及医患纠纷，却因挑动起医患信任间的敏感神经，同样在互

---

① 相关内容引自网络，http://ef.zhiweidata.com/wiki.html?id=572fe3a0e4b015bd94a936c9。

联网上引起巨大反响，相关微博话题阅读量达到上千万次，共引发了上万次讨论。

因此，开展公众对医患问题的认知与态度研究，对深入理解转型期中国公众社会心态、化解医患冲突以及优化医患关系具有重要意义。因此，来自心理学、社会学、传播学等不同学科的学者日益重视医患问题研究，从各自的专业角度出发，尝试深入理解和揭示与公众的医患态度相关的社会科学规律。

二 文献综述

（一）医疗现状

中国自2003年起启动医疗卫生体制改革，目标在于重建医疗卫生制度，强调政府主导性和公益性，并在预防、看病、吃药和报销四方面改革上取得了一系列阶段性成果，但也暴露出"看病难""看病贵"等问题。王平和刘军（2015）将中国当前整体的医疗现状概括为"看病难、看病贵、医患纠纷不断"，并把其原因归结为医疗服务没有完全市场化，医院管理过于行政化，医疗观念忽视其人文关怀功效以及过分强调技术万能。他们结合《2014年中国卫生统计年鉴》的数据及相关分析发现，2009~2014年，政府卫生投入由17541.92亿元增加到31661.5亿元。然而，看病的个人实际支出没有下降，反而略有上升，即看病贵的原因不单纯是国家对医疗的投入不足，而与没有进行市场化、不尊重市场规律有关。此外，他们还把"看病难"进一步明晰为"好医生难找"和"好医生难等"两方面，并认为医院和医生管理过分行政化、没有明确的市场主体地位是导致"看病难"的重要原因。李玲（2014）则认为，公立医院改革后，医药费用的利益链不仅没有被打破，反而在大量医保投入的刺激下茁壮成长，这才是"看病贵"问题的重要原因。

房莉杰（2016）结合2014~2015年的政策进展以及医疗卫生数据认为，尽管从改革目标、改革方向以及实现路径上看，医疗改革都值得肯定，但其七年后的实践结果并不尽如人意：不仅"十二五"的医改目标没有真正实现，在某些方面甚至还存在倒退的现象。简而言之，新医改在医疗体制深化改革方面取得初步成果的同时，仍然存在一些制度性和结构性的难题。而正是现存的这些问题或难题，成为引发医患纠纷和冲突的潜在风险点。

(二) 医患关系、医患纠纷以及医患信任研究

近十年来，医患纠纷在我国呈不断加剧的态势（冯俊敏等，2013）。根据2015年首届中国医疗法治论坛披露的数据，① 2014年，全国发生的医患纠纷共有11.5万起，进入诉讼程序的医疗事故赔偿纠纷案件高达19944件；纵观2007~2014年，人民法院受理的医疗事故损害赔偿纠纷案件累计增长了81.3%，年均增长率高达11.6%。日益加剧的医患纠纷，不仅严重影响了医院的正常诊疗秩序，还对医务人员人身安全形成了威胁。2015年5月27日，中国医师协会发布了《中国医师执业状况白皮书》，② 其中关于医疗暴力的调研结果显示：2014年，曾有59.79%的医务人员受到过语言暴力，13.07%的医务人员受到过身体上的伤害，而仅有27.14%的医务人员未遭遇过暴力事件。另外，有73.33%的医生要求在《执业医师法》修改时，加强对医师的权益保护。医患纠纷不仅成为医疗卫生行业亟待解决的现实难题，也成为社会各系统需要重视和研究的课题之一。

有关医患纠纷的研究文献数量也呈现不断增加的趋势（常健、殷向杰，2014），并主要围绕医患关系和医患纠纷的现状、医患纠纷发生的原因展开。在医患关系和医患纠纷现状方面，王志刚和郑大成（2015）通过分析某市2010~2013年发生的384例医患纠纷，发现该市发生的医患纠纷主要集中在三级医院，并主要分布在骨科、普外科等手术科室。李菲等（2008）以现场问卷调查的方式对广东省5个地级市19家公立医院的586名医护人员进行调查，结果显示，医护人员中66.2%的人认为当前医患关系不和谐，23.9%的人对改善医患关系信心不足，42.2%的人表示近1年来受到过医患纠纷的困扰，75.7%的人表示为规避医患纠纷而采取某些保护措施，78.2%的人认为医患纠纷使医务人员的合法权益受到威胁。吕兆丰等（2008）在北京、广州、武汉等全国10个城市共发放了5100份问卷，从医方、患方、政府和社会四方视角，对医患关系的总体现状进行了调查。调查结果显示，我国的医患关系总体上并不如人意，仍有20.6%的人认为医患关系"不好"或"很不好"。北京市信访矛盾分析研究中心（2016）基于对北京市医疗矛盾冲突进行的问卷测量，建立了分析北京当前医疗体制的社会矛盾指数。通过六年的数据结果发现，北京居民主观的

---

① 参见 http://www.jkb.com.cn/news/industryNews/2015/0421/367100.html。

② 参见 http://www.cmda.net/xiehuixiangmu/falvshiwubu/tongzhigonggao/2015-05-28/14587.html。

社会矛盾水平和医疗矛盾水平得分整体上均有所下降，居民的行为选择也有趋于平和的趋势。

关于医患纠纷产生的原因，冯俊敏等（2013）主要采用文献研究的方法，在2003～2012年3642篇有关医患纠纷的研究中筛选出418篇进行深入分析。结果发现，引起医患纠纷的原因主要涉及患者、医院管理、医务人员以及其他共四大方面。其中，在患者方面，患者及其家属对医疗服务的期望值过高而对实际疗效不满意，医疗费用过高导致在经济方面出现负担，以及患者维权意识的增强与医疗特殊性知识的匮乏的不匹配等，都是引发医患纠纷的重要因素。林雪玉和李雯（2015）检索国内全文期刊数据库，提取近3年来文献资料齐全的文章中1552例医患纠纷案例进行纠纷原因统计分析，发现在导致医患纠纷的主要原因中，责任性因素占47.10%，技术因素占38.60%。常健和殷向杰（2014）通过梳理近15年来有关医患纠纷的主要观点，认为中国医患纠纷的起因从技术性原因逐渐转移为社会性原因。

作为影响医患关系的关键性因素之一（罗碧华、肖水源，2014）的医患信任成为医患问题研究的重要内容。在医患信任现状研究方面，汪新建和王丛（2016）认为，近年来我国医患信任水平持续下滑，医患信任危机成为我国当前面临的一大社会问题。王帅、张耀光和徐玲（2014）在第五次国家卫生服务调查中，通过问卷调查发现城市大医院医务人员与基层医疗卫生机构医务人员相比，不被患者信任的感受更强烈。房莉杰、梁小云和金承刚（2013）通过对我国中部地区两个村庄的参与观察，探讨了乡村社会转型时期的医患信任现状及其建构逻辑。该研究发现，村民在针对村医和乡镇卫生院医生的信任问题上主要采用的是"人际信任"和"制度信任"两种信任逻辑。有研究还进一步分析了医患信任的影响因素。马志强、孙颖和朱永跃（2012）基于信任的整合模型，从医生的正直、善意和能力三个方面，结合原因源、稳定性和可控性三个层面，对医患信任缺失的原因进行了归纳分析。汪新建、王丛和吕小康（2016）将人际医患信任的影响因素归结为社会背景因素、就医情境因素以及个体特征因素三大类。其中，个体特征因素主要包括患方个体的社会资本、风险感知、情绪等患方个体特征，以及医务工作者的诚实、善意、正直、能力等医方个体特征。

（三）当前研究的不足

总结已有研究不难发现，医患纠纷及其信任研究得到了社会学、医学、公共管理、心理学等不同领域研究者的关注，但仍然存在以下不足。（1）目前研究主要局限于案例分析和问卷调查。其中，案例分析在案例的选择偏差和代表性方面存在风险，而问卷调查则在代表性、研究成本以及测量工具客观性等方面存在风险。尤其是在医患信任研究方面，相当一部分医患信任的测量工具缺乏严格的测量学检验（罗碧华、肖水源，2014）。当然，也有研究者尝试借助网络数据来研究医患问题。潘嫦宝和花菊香（2016）以天涯论坛数据分析了网民的社会心态，但该研究结论基于四起伤医事件的内容分析，在一定程度上仍然存在一定的主观性偏差。（2）数据的地域来源较为局限，存在代表性风险。现有研究往往是基于某一地区或少数几个地区证据的介绍和总结，而缺乏对各地不同情况的比较研究，并且针对不同地区的证据结果冠之以不同模式（例如北京模式、上海模式等）的做法是值得商榷的（常健、殷向杰，2014）。数据在地域方面的局限性，既为研究带来了样本代表性方面的风险，也为研究者解释一个模式和另一个模式之间的区别和联系问题提出了巨大挑战。（3）医患主体较为局限。在医患信任涉及的主体方面，已有的研究大多集中于患者对医生的信任，较少涉及整体概念上的"医方"，即较少同时考虑提供医疗服务的医生、护士、医疗技术人员和医疗机构等多方主体。

（四）本文研究问题：大数据与医患研究

在目前医患关系研究仍然主要局限于案例和问卷调查法的情况下，借助网络数据分析技术和方法成为拓展医患关系研究的重要突破口。首先，微博、微信等社交平台已经成为社会热点事件的舆情聚集地，而医患问题正是互联网舆论场中的一个重要议题。微博等新媒体场域形成的网络舆论场，在医患问题的社会大讨论中具有不容忽视的影响作用。因此，研究网民对医患问题的关注度和态度具有重要意义。其次，网络空间已逐渐成为人们日常生活中不可或缺的一部分。网民在互联网平台上积累的海量数据以及信息科学技术的发展，为通过大数据挖掘大规模网民社会心态提供了可能。最后，随着世界范围内城市化水平的提升，城市已经成为人类生存和发展的重要单位，以城市为单位的社会治理也成为跨越政治学、管理学、经济学、地理学、公共卫生学等众多学科的研究对象。借助大数据的方法优势，运用地理心理学等交叉学科，可探索人类在城市水平方面的心理与行为规律，进而为城市社会治理提供对策和建议。

本研究基于中国95个城市网民的微博社交媒体数据，发挥网络大数据分析的优势，探索与中国城市网民的医患议题相关的心理行为规律，揭示中国城市网民的医患问题关注规律和医患问题态度规律。

三 数据和方法

（一）数据来源

1. 城市名单

首先，本研究根据《第一财经周刊》的中国城市分级榜单，选取了具有较高代表性的 95 个中国城市，最终覆盖中国（除香港、澳门、台湾地区）除青海省外的 30 个省级行政单位，包含除青海省省会西宁以外的 30 个省会城市，以及深圳、宁波、青岛、厦门、大连 5 个计划单列市。该 95 个抽样城市中，一线城市 5 个，二线城市 30 个，三线城市 25 个，四线城市 24 个，五线城市 11 个，实现了中国一线、二线城市全覆盖，三线及以上城市部分抽样的目标。然后，通过微博用户的注册地信息确定用户的城市身份，并且按照一线城市平均不低于 5000 人、二线城市平均不低于 2500 人、三线及以下城市平均不低于 1000 人的抽样标准确定用户样本。

2. 微博数据来源

本研究采用网络"爬虫"技术抓取了上述 95 个城市的新浪微博（http://www.weibo.com/）用户在 2015 年 1 月 1 日至 12 月 31 日的全部发帖内容。微博用户的城市归属地识别则主要通过用户注册地信息、互动社交网络地域属性等特征实现。最后我们获得了 2015 年有发帖内容的用户约 17.2 万人，共获得微博文本内容 3667.5 万条。

（二）分析指标

本研究关于网民对医患议题的关注度和态度分析均主要借助目前被广泛使用的文本分析软件 LIWC（Linguistic Inquiry and Word Count）(Tausczik & Pennebaker, 2010)，实现对微博文本内容词频的自动化统计分析。医患关注度，反映的是网民对医患问题的关注程度。关于该指标的测量，我们首先构建了一个与医患相关的关键词库，包含"医院""医生""患者""医患"等 36 个关键词。如果微博文本内容中提及医患关键词库中的任意一个词一次，则该医患词频次加一。最终取各医患词频次均值，并除以所有微博词总数，得到医患关注度总得分。

针对关注了医患议题的微博内容，我们进一步采用 LIWC 软件对其进行医患态度分析。最终进入医患态度分析的微博数量约为 19.52 万条。其中，关于医患态度指标的测量，我们采用适于中国网络社会心态和舆情分析的"情绪－态度"模型（何凌南、熊希灵、阿梅，2015）。传统网民心理分析大多仅关注情绪的正向和负向特征，而忽略了对主体行为意向具有重要解释力的其他心理特征。而本模型在传统模型正－负情绪维度的基础上，进一步加入包含高－低控制感的维度，进而形成了"希望度""问题解决期待度""悲观度""冷漠度"四个指标（参见图1）。"希望度"是正情绪＋高控制感的集合，代表网民认为事件是积极且充满希望的，其关键词词库包含乐观、爱心传递、顶等56个词。"问题解决期待度"是负情绪＋高控制感的集合，代表网民解决问题的意愿，其关键词词库包含恨死、鄙视、愤怒等32个词。"悲观度"是负情绪＋低控制感的集合，代表网民情绪是消极的，并对问题的解决不抱希望，其关键词词库包含悲痛、闭嘴、蜡烛等35个词。"冷漠度"是正情绪＋低控制感的集合，代表虽然网民情绪是积极的，但对问题的解决不抱希望，其关键词词库包含无所谓、困、挖鼻屎等32个词。问题解决期待度虽然是负情绪，但同时拥有高控制感，因而它与希望度反映的均是对网络舆情事件的发生、发展具有积极意义的心态特征；反之，冷漠度与悲观度反映的则均是对网络舆情具有消极意义的心态特征。因此，我们最终将形成一个由"希望度＋问题解决期待度－悲观度－冷漠度"构成的综合态度指数。当网民的希望度和问题解决期待度超过悲观度和冷漠度时，态度指数大于0，反之，态度指数小于0。

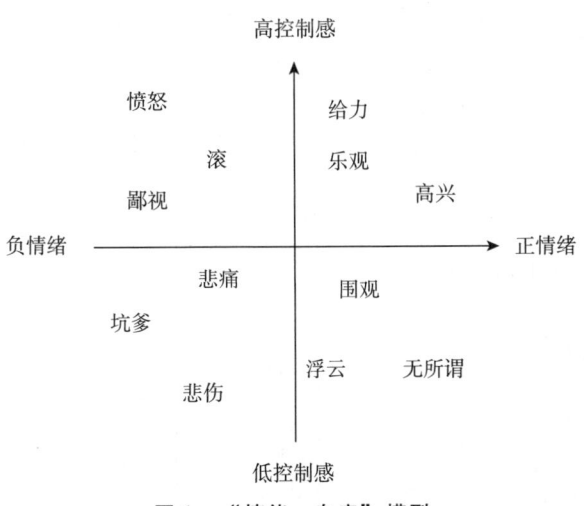

图1 "情绪－态度"模型

四 结果

(一) 网民医患关注度分析

医患关注度分析结果显示，2015年中国95个城市微博网民对医患议题的平均关注度为 $1.21e-05$（$SD=2.63e-06$）。其中，北京、巴中和天津这三个城市网民对医患议题的平均关注度排名前三，分别为 $1.98e-05$、$1.91e-05$ 以及 $1.83e-05$；而扬州、宁波、哈尔滨这三个城市网民对医患议题的平均关注度排在最后三位，分别为 $7.80e-06$、$8.06e-06$ 以及 $8.18e-06$。此外，我们还将中国城市网民对医患议题的关注程度与工作、休闲和家庭三个LIWC经典的话题指标进行了对比。结果发现，中国城市网民对医患议题的关注度要略低于对工作（$2.93e-05$）、休闲（$3.07e-05$）和家庭（$2.66e-05$）的关注度。

从不同的城市类型来看，一线城市的医患关注度均值为 $1.61e-05$（$SD=3.17e-06$），二线、三线、四线和五线城市的医患关注度均值分别为 $1.20e-05$（$SD=2.63e-06$）、$1.15e-05$（$SD=2.14e-06$）、$1.18e-05$（$SD=2.13e-06$）和 $1.27e-05$（$SD=3.17e-06$）（详见图2）。为了进一步考察不同城市类型在医患关注度上是否存在显著差异，对其进行方差分析检验。结果发现，不同城市类型在医患关注度上存在显著的差异（$F=3.827$, $p=0.006<0.01$）。进一步的多重比较（LSD检验）发现：一线城市的医患关注度显著高于二线城市（$M=4.08e-06$, $p=0.001<0.01$）、三线城市（$M=4.59e-06$, $p=0.000<0.001$）、四线城市（$M=4.26e-06$, $p=0.001<0.01$）和五线城市（$M=3.36e-06$, $p=0.014<0.05$）。而二线、三线、四线以及五线城市网民在医患关注度上的差异则均不显著。

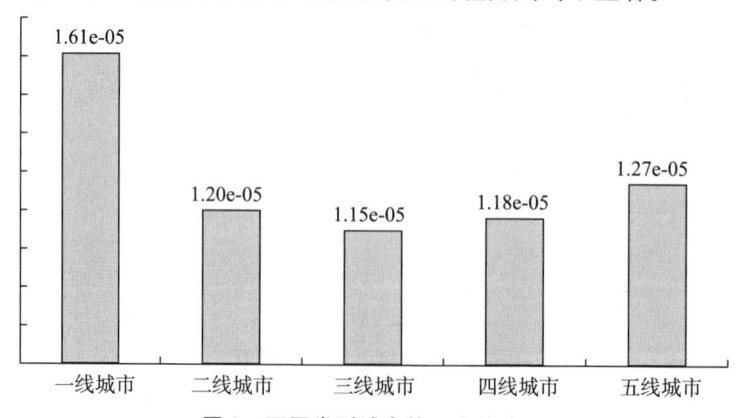

图2 不同类型城市的医患关注度

(二) 网民医患态度分析结果

1. "情绪－态度"模型各指标分析

总体上而言，中国城市网民的医患态度在情绪－态度模型各维度上的水平由高到低分别是：希望度的均值为 $2.55e-05$，冷漠度的均值为 $1.61e-05$，悲观度的均值为 $6.03e-06$，问题解决期待度的均值为 $4.23e-06$。

具体到各城市，在医患议题的希望度方面，福州（$4.12e-05$）、南昌（$3.91e-05$）和吉林（$3.89e-05$）得分排在前三位，而武威（$1.61e-05$）、上海（$1.25e-05$）和合肥（$1.21e-05$）得分排在后三位。在医患议题的问题解决期待度方面，天水（$2.09e-05$）、海口（$1.28e-05$）和榆林（$9.45e-06$）得分排在前三位，而绍兴（$9.77e-07$）、聊城（$8.81e-07$）和武威（$7.05e-07$）得分排在后三位。在医患议题的悲观度方面，贵阳（$1.57e-05$）、扬州（$1.19e-05$）和海口（$1.06e-05$）得分排在前三位，而中山（$2.48e-06$）、巴中（$2.05e-06$）和晋中（$1.80e-06$）得分排在后三位。在医患议题的冷漠度方面，上海（$2.18e-04$）、呼和浩特（$1.84e-04$）和宁波（$2.61e-05$）得分排在前三位，而大连（$4.72e-06$）、宿迁（$4.29e-06$）和石嘴山（$3.81e-06$）得分排在后三位。

采用方差分析检验"情绪－态度"模型四个指标在城市类型上的差异（详见图3），结果显示：只有希望度（$F=3.142, p=0.018<0.05$）和冷漠度（$F=2.842, p=0.029<0.05$）两个指标在不同类型的城市之间存在显著性差异，而问题解决期待度（$F=0.301, p=0.876>0.05$）和悲观度（$F=1.883, p=0.120>0.05$）两个指标在不同类型的城市之间的差异不显著。

关于希望度在不同城市类型间差异的多重比较分析结果显示：一线城市医患希望度均值最低（$M_1=1.92e-05$），并且显著低于二线城市（$M_2=2.69e-05, p=0.01<0.05$）、三线城市（$M_3=2.73e-05, p=0.007<0.01$），低于四线城市（$M_4=2.43e-05, p=0.091<0.1$）的差异达到边缘显著，而与五线城市的差异则不显著（$M_5=2.28e-05, p=0.274>0.05$）。其余类型组合间差异均不显著。关于冷漠度在不同城市类型间差异的多重比较分析结果显示：一线城市医患冷漠度均值最高（$M_1=5.27e-05$），并且显著高于二线城市（$M_2=1.36e-05, p=0.003<0.01$）、三线城市（$M_3=1.93e-05, p=0.013<0.05$）、四线城市（$M_4=1.10e-05, p=0.002<0.01$）以及五线城市（$M_5=1.03e-05, p=0.004<0.01$）。其余城市类型间的冷漠度差异均不显著。

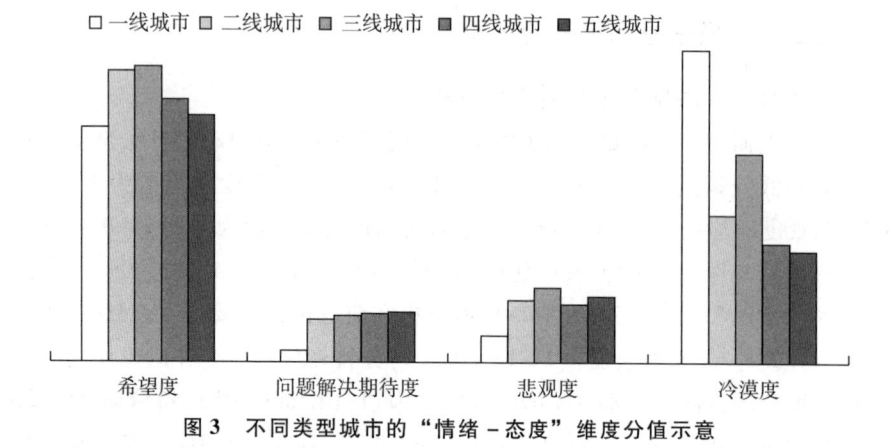

図3　不同类型城市的"情绪－态度"维度分值示意

2. 网民综合态度指数分析

总体上而言，网民医患态度的综合指数为 $7.52e-06$，大于0，意味着中国城市网民总体上在医患态度上有偏积极的倾向。具体到各城市，结果显示：共有7个城市（分别为武威、宁波、安阳、合肥、贵阳、呼和浩特和上海）的网民态度指数小于0，而其他88个城市的网民态度指数大于0。其中，天水（$2.69e-05$）、鞍山（$2.50e-05$）和海口（$2.35e-05$）网民对医患话题的态度指数排在前三位，贵阳（$-9.81e-06$）、呼和浩特（$-1.69e-04$）和上海（$-2.08e-04$）网民对医患话题的态度指数排在后三位。

按不同的城市类型统计，结果发现，一线城市的综合态度指数均值为 $-3.63e-05$，二线、三线、四线和五线城市分别是 $1.15e-05$、$5.34e-06$、$1.24e-05$、$1.10e-05$，即仅有一线城市的平均综合态度指数小于0，其他四类城市平均综合态度指数均大于0（详见图4）。进一步的方差分析结果表明，不同类型的城市在医患综合态度指数上存在显著的差异（$F=$

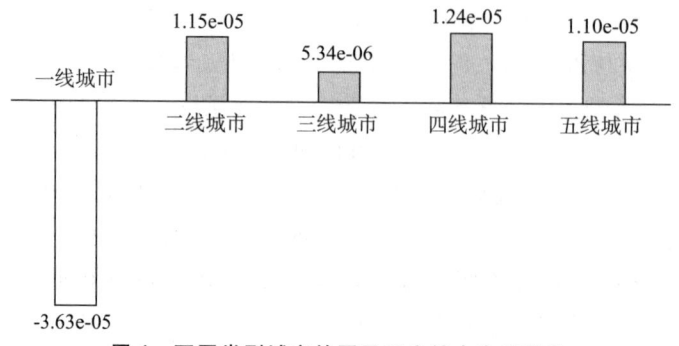

图4　不同类型城市的网民医患综合态度指数

3.37，$p=0.013<0.05$）。进一步的多重比较检验发现：一线城市的医患综合态度指数显著低于二线城市（$M=5.0e-05$，$p=0.001<0.01$）、三线城市（$M=4.0e-05$，$p=0.004<0.01$）、四线城市（$M=5.0e-05$，$p=0.001<0.01$）和五线城市（$M=5.0e-05$，$p=0.003<0.01$）。而二线、三线、四线以及五线城市网民在医患综合态度指数上的差异则不显著。

五 讨论

（一）主要发现

本研究基于中国95个城市网民在微博社交媒体平台上的客观行为数据，探索了网民对医患议题的关注规律和医患态度规律。在医患关注规律上，本研究发现，中国城市网民对医患问题的关注度仅略低于工作、休闲和家庭三大主题，其讨论量处于同一数量级。网民在社交媒体平台上针对医患问题的讨论，是未来医患关系研究中不容忽视的内容。此外，本研究还分析了不同城市类型的网民在医患关注度上的差异，结果发现一线城市网民对医患议题的关注度显著高于其他城市。这可能与一线城市经济发达，人们对与医疗健康相关的问题重视程度更高有关。根据 Inglehart 的后现代主义理论，随着经济水平的提高，人们会由强调生存导向的物质主义价值观，向强调自主和生活质量的后现代主义价值观变迁（Inglehart，1997）。虽然医患问题既有一定程度的生存导向色彩，但人们现在关于医患关系的讨论中包含越来越多与尊重、自主以及生活质量相关的后现代主义色彩。因此，我们认为中国一线城市对医患问题的关注度最高，可能与一线城市网民的后现代主义价值观较强有关。

在分析了中国城市网民医患关注度规律的基础上，我们进一步分析了医患态度特征及其分布规律。结果发现，总体而言，中国城市网民在反映正情绪和高控制感的希望度方面得分最高，反映正向情绪和低控制感的冷漠度其次，反映负情绪和低控制感的悲观度再次，而反映负情绪和高控制感的问题解决期待度则相对最低。基于上述四个指标构建的网民医患态度综合指数大于0，意味着中国城市网民在医患态度上有偏积极的倾向，这对改善中国医患关系紧张程度、缓解医患矛盾复杂的局面具有积极的意义。具体到不同城市类型，本研究发现不同类型的城市在希望度和冷漠度上存在显著差异，在悲观度和问题解决期待度方面则没有显著差异。其中，一线城市的希望度显著低于二线、三线及四线城市，而与此同时一线城市的冷漠度又显著高于其他各类城市。可见，一线城市网民在医患态度方面主要表现为较为突出的低正情绪和低控制感的特征，这在一定程度上反映出一线城市网民的医患信任水平并不乐观。这可能是因为一线城市网民对医患问题的关注度较高，对医患问题更加重视，要求和期待更高。因而当面对现实中的一些长时间未得到解决的医患问题时，一线城市网民在医患态度上更倾向于呈现高冷漠度和低希望度。当然，这也可能与一线城市的社会现代化转型较为深入、医疗矛盾更加突出有关，该解释需要更多深入研究予以支持。

（二）研究意义及不足

本研究借助网络社交媒体数据，较为全面地探索了中国城市网民对医患问题的关注规律和医患态度规律，这对理解中国网民的医患社会心态、医患信任，改善中国医患关系困境具有重要的理论和现实意义。一方面，从研究方法来看，本研究尝试在全国范围内不同类型的城市中搜集微博数据，为传统以案例和问卷调查数据为主的医患关系、医患信任研究提供了更为客观的证据。另一方面，从研究问题的价值而言，本研究结合网络大数据的数据特征和技术优势，通过医患关注度和医患态度来分析网民的医患心理与行为规律，希望为网民的医患信任研究，以及医患信任管理实践提供一定的参考。例如，本研究结果显示，中国一线城市网民对医患问题的关注度高，但表现出正面情绪低、控制感低的低信任特征。因此，未来研究可以进一步挖掘一线城市医患态度形成的原因以及作用机制，相关决策和管理部门则应在医患管理实践中重视一线城市的医患矛盾处理和引导工作。

当然，此次研究也存在一些不足。一方面，由于数据获取成本和资源限制，本文的分析建立在中国95个城市网民的微博数据上，在城市数量和样本规模上仍有提升空间。尽管如此，这相比已有基于少数几个城市、地区或样本量更有限的问卷调查而言，仍具有一定优势。相信随着相关技术的发展和数据积累，未来研究可进一步扩大城市数量和样本覆盖规模。另一方面，医患信任在医患关系研究中具有重要的价值，本研究基于现有技术尚无法较好地实现对医患信任进行直接、准确的测量，因此采用挖掘网民的医患态度特征之方法，从而为其提供间接的研究证据。未来研究可以考虑结合深度自然语言理解、机器学习等更加复杂的大数据分析技术，对医患信任问题开展更为科学、直接的研究。

参考文献

北京市信访矛盾分析研究中心，2016，《从"社会矛盾指数"研究看北京市社会矛盾情况及居民行为倾向的特点——以 2015 年社会矛盾指数研究为例》，《信访与社会矛盾问题研究》第 3 期，第 23~38 页。

冯俊敏、李玉明、韩晨光、徐磊、段力萨，2013，《418 篇医疗纠纷文献回顾性分析》，《中国医院管理》第 9 期，第 77~79 页。

常健、殷向杰，2014，《近十五年来国内医患纠纷及其化解研究》，《天津师范大学学报》（社会科学版）第 2 期，第 67~71 页。

房莉杰，2016，《理解"新医改"的困境："十二五"医改回顾》，《国家行政学院学报》第 2 期，第 77~81 页。

房莉杰、梁小云、金承刚，2013，《乡村社会转型时期的医患信任——以我国中部地区两村为例》，《社会学研究》第 2 期，第 55~77 页。

何凌南、熊希灵、阿梅，2015，《2014~2015 年微博热点事件网民心态分析》，载《中国社会心态研究报告（2015）》，社会科学文献出版社，第 223~242 页。

李菲、陈少贤、彭晓明、陈胜日、吴少林、炳刚，2008，《医患关系的主要困惑与对策思考》，《中国医院管理》第 2 期，第 22~24 页。

李玲，2014，《中国新医改现状、问题与地方实践研究》，《中国市场》第 32 期，第 52~56 页。

林雪玉、李雯，2015，《1552 例医疗纠纷调查分析》，《中国医院》第 2 期，第 61~62 页。

罗碧华、肖水源，2014，《医患相互信任程度的测量》，《中国心理卫生杂志》第 8 期，第 567~571 页。

吕兆丰、王晓燕、张建、梁立智、鲁杨、刘学宗、吴利纳，2008，《医患关系现状分析研究》，《中国医院》第 12 期，第 25~31 页。

马志强、孙颖、朱永跃，2012，《基于信任修复归因模型的医患信任修复研究》，《医学与哲学》第 11A 期，第 42~47 页。

潘嫦宝、花菊香，2016，《以伤医事件的网络舆情观社会心态》，《医学与哲学》第 4A 期，第 41~44 页。

汪新建、王丛，2016，《医患信任关系的特征、现状与研究展望》，《南京师大学报》（社会科学版）第 2 期，第 102~109 页。

汪新建、王丛、吕小康，2016，《人际医患信任的概念内涵、正向演变与影响因素》，《心理科学》第 5 期，第 1093~1097 页。

王平、刘军，2015，《现阶段我国医疗现状和问题刍议》，《中国卫生产业》第 26 期，第 16~18 页。

王帅、张耀光、徐玲，2014，《第五次国家卫生服务调查结果之三——医务人员执业环境现状》，《中国卫生信息管理杂志》第 4 期，第 321~325 页。

王志刚、郑大成，2015，《医疗纠纷现状分析》，《数理医药学杂志》第 1 期，第 57~59 页。

Inglehart, R. (1997). *Modernization and Post-modernization: Cultural, Economic, and Political Change in 43 Societies Princeton*. NJ: Princeton University Press.

Tausczik, Y. R. & Pennebaker, J. W. (2010). The psychological meaning of words: LIWC and computerized text analysis methods. *Journal of Language and Social Psychology*, 29 (1), 24 – 54.

就医形式、媒体传播与对医信任：基于群际接触理论的视角[*]

柴民权[**]

摘　要：群际接触理论指出，群体间的互动和接触能够显著影响群际信任。本文假设就医形式影响医患之间的群际接触有效性，进而影响患者对医生的信任水平。因此，基于 CGSS 2011 调查数据，本文探查了不同就医形式如何影响患者对医生的信任水平，以及媒体传播在二者关系中的作用。结果表明：（1）有住院就医经历的被试比没有住院就医经历的被试具有更高的对医信任水平；（2）在只有门诊就医经历的被试中，门诊就医（西医）经历越频繁，对医信任水平越低，而门诊就医（中医）经历对对医信任水平无显著预测作用；（3）媒体传播对有住院经历和只有门诊就医经历（西医）被试的对医信任水平没有显著影响，而对只有门诊就医经历（中医）的被试具有显著影响。

关键词：群际接触　就医形式　媒体传播　对医信任

医患信任危机是当前我国重要的社会性问题，也是相关学者共同关注的重要议题，学者对医患信任的内涵、表现形式、内在机制、测量方法、影响因素和应对策略进行了大量研究（黄瑞宝、陈士福、马伟，2013；吕小康、张慧娟，2017；汪新建、王丛，2016）。这些研究大多将医方和患方视

---

[*] 本研究得到教育部哲学社会科学研究重大课题攻关项目（15JZD030）和兰州大学中央高校基本科研业务费专项资金（15LZUJBWZY123）的资助。

[**] 柴民权，兰州大学管理学院讲师。

为相互对立的统一整体,缺乏对不同类型的医患群体之间异质性信任关系的观照。近期研究表明,医患群体的类型差异能够显著影响医患信任的模式和水平(房莉杰、梁小云、金承刚,2013;王晶,2015),因此,本文基于中国综合社会调查(CGSS)2011年数据,根据就医形式将患者分为不同类型,探查不同就医形式如何影响患者对医生的信任水平,以及媒体传播在二者关系中的作用。

一　文献综述与研究假设

医患关系兼具人际关系和群际关系属性。一般而言,医患关系往往是医生和患者之间建立的临时性和偶发性的个人关系(黄晓晔,2013)。而由于我国医疗模式的转变和社会转型的特殊社会背景,医患关系的群际属性日益凸显。柴民权(2017)系统分析了我国医患关系从传统模式到现代模式的转变过程,认为我国医患关系"发生了从传统到现代的'人际—群际'嬗变",而社会转型背景下的社会信任危机和医疗体制改革不完善则加剧了这一转变过程,使医患关系更多地呈现为一种社会性和群体性问题。医患关系的群际属性使基于群际关系理论的医患信任研究成为可能,使基于群际关系视角的医患关系研究开始出现(汪新建、柴民权、赵文珺,2016)。

群际接触理论认为,积极的接触和互动,可以增进相互对立群体成员之间的信任水平,改善群际态度(Pettigrew & Tropp,2008)。相关研究表明,积极的群际接触的确可以有效改善群际态度、消除群际偏见(Davies et al.,2011;Dhont, Roets, & Hiel,2011;Pettigrew & Tropp,2007)。但是Trawalter、Richeson和Shelton(2009)提出的群际接触压力与互动框架指出,并非所有的群际接触都是积极的,如果接触双方没有足够的与对方群体成员接触的个体经验,从而缺乏充分的应对群际接触的心理认知资源,那么群际接触并不会有效改善群际关系,甚至还会对接触双方产生消极的(心理)影响,相关研究验证了这一假设(Goff, Steele, & Davies,2008)。

患者与医生的群际互动和接触主要集中于医疗过程中,根据医疗过程的持续时间和医患互动的模式差异,可以将患者的求医活动分为门诊就医和住院就医(姚兆余、朱慧劼,2014)。寻求门诊就医的患者往往罹患较为轻微的病症,医疗过程持续时间较短,患者难以与医生进行充分的互动和接触。现代医学模式下的专业壁垒和标准化医疗过程进一步加剧了这一现象，在门诊就医过程中，患者很难理解医生的专业术语，医生也缺乏时间和主观意愿向患者进行充分的解释，专业壁垒成为医患沟通的极大障碍；同时，在标准化医疗程序中，患者和医生之间的互动过程呈现"碎片化"特征，患者的门诊就医过程往往是"排队几小时，看病一分钟"。互动和接触不充分严重损害了门诊就医患者对医生的信任水平，医疗矛盾和纠纷也大多发生于门诊就医过程中。而住院就医的患者往往由于罹患严重伤病或处于特殊身体状况（如生孩子），需要长时间住院，并与医生就医疗过程进行了充分的沟通和讨论，患者与医生的互动和接触更为充分。根据群际接触理论的观点，住院就医的患者应当对医生有更高的信任水平。

同时，如果医患双方缺乏直接接触与互动，那么间接渠道（他人榜样、媒体传播、社会舆论等）就会取代直接经验，成为影响医患信任的重要因素。在诸多间接渠道中，媒体传播的作用受到相关学者的广泛关注。有研究表明，媒体传播能够显著影响医患关系的形成、发展和性质（吴佳玲、陈一铭、季彤，2012）。可以推测，缺乏医患接触和互动的门诊就医患者对医信任水平较住院就医患者更易受到媒体传播的影响。

因此，本研究的研究假设如下：

假设1：有住院就医经历的患者比没有住院就医经历的患者具有更高的对医信任水平；

假设2：只有门诊就医经历的患者中，门诊就医越频繁，患者的对医信任水平越低；

假设3：有住院就医经历的患者的对医信任水平不受媒体传播的显著影响，而只有门诊就医经历的患者的对医信任水平受媒体传播的显著影响。

二 数据来源与变量描述

（一）数据介绍与样本描述

中国综合社会调查（CGSS）是由中国人民大学中国调查与数据中心组织的全国性和连续性的随机抽样调查，根据研究需要，本研究选取了CGSS 2011（B卷）调查数据中A部分和D部分的部分题目，该问卷有5620个有效个案，问卷的样本情况如下：男性2566人（45.7%），女性3054人

（54.3%）；平均年龄 48.16 岁（$SD = 16.03$）；汉族 5309 人（94.5%），少数民族 302 人（5.4%）；去年（2010 年）平均个人收入 16666.42 元（$SD = 26200.15$），由于个人收入为非正态分布，因此在数据分析中取其自然对数（$M = 9.2$，$SD = 1.2$）；小学及以下学历者 2093 人（37.2%），初中学历者 1739 人（30.9%），高中学历者 992 人（17.7%），大学及以上学历者 794 人（14.1%）；农业户口者 3367 人（59.9%），非农业户口者 2251 人（40.1%）；中共党员 605 人（10.8%），非党员 4996 人（88.9%）；有宗教信仰者 4998 人（88.9%），无宗教信仰者 622 人（11.1%）；参加宗教活动频率为从 1（从来没有）到 9（一周几次）的连续变量（$M = 1.43$，$SD = 1.32$）。①

（二）变量的操作化

1. 对医信任问卷

CGSS 2011（B 卷）有 5 个 5 点李克特评分题目（从 1"非常同意"到 5"非常不同意"）与对医生的信任水平相对应，对题项中的反向计分题目进行处理后，对 5 个题项进行区分度检验和因子分析。结果表明，只有题项"总的来说，医生还是可信的"的变量共同度低于 0.3，予以剔除，其他四个题项形成一个共同因子，该因子的 KMO 和 Bartlett 球形检验值为 0.645，解释方差比为 43.4%。根据研究需要，将该因子命名为"对医信任"，问卷得分的平均分为被试的对医信任得分，得分越高，被试的对医信任水平越高。该问卷的内部一致性信度为 0.561。

2. 住院就医经历问卷

该问卷通过一个是否判断题项"在过去的 12 个月里，您是否因病而住过院（包括生孩子）"进行测量，回答"是"（选项 1）的被试为有住院就医经历的被试，回答"否"（选项 2）的被试为没有住院就医经历的被试。

3. 门诊就医经历问卷

CGSS 2011（B 卷）中没有直接测量门诊就医经历的题项，该问卷由两个 5 点李克特题项"在过去的 12 个月里，您是否经常去看医生（a 西医；b 中医）"（从 1"从不"到 5"非常频繁"）进行转换。如果被试没有住院就医经历（住院就医经历问卷回答"否"），同时填答了该问卷，那么被试的看医生（西医/中医）经历就可合理推测为门诊就医经历。被试看西医/中医越频繁，表示被试门诊就医经历越多。

---

① 数据中有缺失值。

4. 媒体传播问卷

CGSS 2011（B 卷）中有 6 个 5 点李克特评分题项（从 1 "从不" 到 5 "非常频繁"）分别测量被试对报纸、杂志、广播、电视、互联网、手机消息的使用频率；1 个单选题项 "在以上媒体中，哪个是您最主要的信息来源" 测量媒体传播类型对被试的影响质量。结果表明，电视和互联网是被试使用频率最高的媒体，二者经常和频繁使用的比例之和分别为 78.1% 和 21%，远高于其他媒体，同时二者被选为主要信息来源的比例分别为 76% 和 14.5%，其他四种媒体的比例均未超过 4%。根据不同媒体类型的使用频率和影响质量，选取电视和互联网作为媒体传播影响的主要测度，以被试分别对电视和互联网使用的频率表示媒体传播的影响。

（三）变量的赋值

根据研究需要，对研究中使用的变量进行赋值，赋值情况如表 1 所示。

表 1 变量的赋值

	变量类型	赋值
对医信任	定距变量	0~5
住院经历	定类变量	1 = 有；0 = 没有
门诊就医（西医）	定序变量	1 = 从不；2 = 很少；3 = 有时；4 = 经常；5 = 非常频繁
门诊就医（中医）	定序变量	1 = 从不；2 = 很少；3 = 有时；4 = 经常；5 = 非常频繁
媒体使用	定序变量	1 = 从不；2 = 很少；3 = 有时；4 = 经常；5 = 非常频繁
性别	定类变量	1 = 男；0 = 女
年龄	定距变量	17~102 岁
民族	定类变量	1 = 汉族；0 = 少数民族
受教育水平	定类变量	小学及以下（1 = 是，0 = 否）；初中（1 = 是，0 = 否）；高中（1 = 是，0 = 否）；大学及以上（1 = 是，0 = 否）
个人收入对数	定距变量	3.91~13.82
户籍	定类变量	1 = 城市；0 = 农村
宗教信仰	定类变量	1 = 有；0 = 无
宗教活动	定距变量	1 = 没有；2 = 1 次/年；3 = 1~2 次/年；4 = 几次/年；5 = 1 次/月；6 = 2~3 次/月；7 = 差不多每周；8 = 每周；9 = 几次/周
政治面貌	定类变量	1 = 中共党员；0 = 非党员

三 数据统计与分析

（一）基本分析

分析结果表明，被试的平均对医信任水平为 2.66，标准差为 0.66，大多数被试的对医信任得分集中在 2~3（54.1%）；对医信任平均分的 25%、50% 和 75% 分位数分别为 2、2.5 和 3，即 75% 的被试的对医信任水平低于"说不上同不同意"。因此基本数据分析表明，被试的对医信任处于较低水平。

（二）控制变量对对医信任的影响

被试的性别、年龄、民族等控制变量对对医信任的影响如表 2 中模型 1 所示：男性被试比女性被试具有更低的对医信任水平（$\beta = -0.042, p < 0.01$）；汉族被试比少数民族被试具有更低的对医信任水平（$\beta = -0.062, p < 0.001$）；有宗教信仰的被试比没有宗教信仰的被试具有更低的对医信任水平（$\beta = -0.040, p < 0.05$）；年收入水平越高，被试的对医信任水平越低（$\beta = -0.099, p < 0.001$）；城市户口被试比农村户口被试的对医信任水平更低（$\beta = -0.069, p < 0.001$）；党员被试比非党员被试具有更高的对医信任水平（$\beta = 0.046, p < 0.01$）。

（三）住院就医经历与对医信任水平

表 2 的模型 2 是在控制变量基础上加入自变量住院经历的 OLS 回归模型，模型 2 表明，有住院经历的被试比没有住院经历的被试具有更高的对医信任水平（$\beta = 0.067, p < 0.001$），即住院经历可以显著提高被试的对医信任水平。

表 2　住院就医经历对对医信任影响的 OLS 回归模型（$N = 5620$）

变量	模型 1		模型 2	
	β	标准误	β	标准误
性别（参照组：女性）	-0.042**	0.021	-0.038*	0.021
年龄	-0.012	0.001	0.019	0.001
民族	-0.062***	0.047	-0.061***	0.047
宗教信仰	-0.040*	0.044	-0.040*	0.044

续表

变量	模型 1		模型 2	
	β	标准误	β	标准误
宗教活动	0.011	0.011	0.010	0.011
教育水平（参照组：小学）				
初中	-0.016	0.028	-0.016	0.028
高中	-0.036	0.035	-0.035	0.035
大学	-0.002	0.043	0.000	0.043
年收入对数	-0.099***	0.011	-0.097***	0.011
户口类型	-0.069***	0.026	-0.069***	0.026
政治身份	0.046**	0.034	0.044**	0.034
住院经历（参照组：无住院就医经历）			0.067***	0.003
常数项	3.518***	0.124	3.499***	0.123
Ajusted R^2	0.032		0.036	
F 值	13.532		14.038	

* $p < 0.05$, ** $p < 0.01$, *** $p < 0.001$。

（四）门诊就医经历与对医信任水平

选择没有住院就医经历的被试（共 4426 人），采用 OLS 回归分析方法，探查门诊就医经历（西医）和门诊就医经历（中医）对对医信任的预测作用。表 3 的模型 3 是控制变量对对医信任的影响，模型 4 加入门诊就医经历（西医）的影响，结果表明：在控制了性别、年龄、受教育水平等变量之后，门诊就医经历（西医）对对医信任有显著的负向预测效应（$\beta = -0.039$，$p < 0.05$），对对医信任的方差解释率为 3.1%，即看西医门诊次数越频繁，对对医信任水平越低。门诊就医经历（中医）对对医信任水平没有显著预测效应（$\beta = 0.013$，$p > 0.05$）。

表 3　门诊就医经历（西医）对对医信任的 OLS 回归模型（$N = 4426$）

变量	模型 3		模型 4	
	β	标准误	β	标准误
性别（参照组：女性）	-0.037**	0.023	-0.040*	0.023
年龄	-0.014	0.001	-0.008	0.001
民族	-0.047**	0.051	-0.046**	0.051

续表

变量	模型 3		模型 4	
	β	标准误	β	标准误
宗教信仰	-0.053*	0.048	-0.055*	0.048
宗教活动	-0.006	0.012	-0.007	0.012
受教育水平（参照组：小学）				
初中	-0.014	0.030	-0.016	0.030
高中	-0.037	0.038	-0.039	0.038
大学	0.003	0.047	0.001	0.047
年收入对数	-0.101***	0.012	-0.103***	0.012
户口类型	-0.071**	0.028	-0.071**	0.028
政治身份	0.058**	0.038	0.059**	0.038
门诊就医（西医）			-0.039**	0.012
常数项	3.516***	0.134	3.499***	0.123
Ajusted R^2	0.029		0.031	
F 值	10.863		10.413	

* $p < 0.05$, ** $p < 0.01$, *** $p < 0.001$。

（五）媒体传播在就医类型和对医信任关系中的作用

首先，选择有住院就医经历的被试（776 人），采用 OLS 回归分析方法，在控制性别、年龄、受教育水平等人口统计学变量之后，分别检验电视和互联网媒体对被试对医信任水平的预测效应，结果发现二者对有住院经历被试的对医信任水平没有显著影响（$β_{电视} = 0.005, p > 0.05$；$β_{网络} = -0.089, p > 0.05$）。

其次，对只有门诊就医经历的被试，采用 OLS 回归分析方法，在控制性别、年龄、学历等人口统计学变量之后，将门诊就医经历（西医/中医）和媒体传播类型（电视/互联网）进行中心化处理，并计算出"交互项门诊就医经历（西医/中医）×媒体传播类型（电视/互联网）"之结果，而后分别检验电视和互联网在被试门诊就医经历（西医/中医）与对医信任水平关系中的调节效应。结果发现媒体传播类型（电视/互联网）在门诊就医经历（西医）与对医信任关系中没有显著的调节效应（$β_{电视×西医} = -0.035, p > 0.05$；$β_{互联网×西医} = -0.034, p > 0.05$）；互联网在门诊就医经历（中医）与对医信任关系中也没有显著的调节效应（$β_{互联网×中医} = -0.026, p > 0.05$）；只有电视媒体在门诊就医经历（中医）与对医信任关系中具有显著的负向调节效应（$\beta_{电视 \times 中医} = -0.185$，$p < 0.05$）。OLS 回归结果见表 4 的模型 5、模型 6 和模型 7。

表 4　电视媒体在门诊就医经历（中医）和对医信任关系中调节效应的 OLS 回归模型（$N = 4426$）

变量	模型 5		模型 6		模型 7	
	β	标准误	β	标准误	β	标准误
性别（参照组：女性）	-0.038*	0.035	-0.039*	0.035	-0.039*	0.035
年龄	-0.014	0.001	-0.010	0.001	-0.011	0.001
民族	-0.045**	0.078	-0.047**	0.078	-0.047**	0.078
宗教信仰	-0.051*	0.074	-0.048*	0.074	-0.049*	0.074
宗教活动	-0.004	0.018	-0.005	0.018	-0.006	0.018
受教育水平（参照组：小学）						
初中	-0.014	0.046	-0.004	0.047	-0.004	0.047
高中	-0.036	0.058	-0.032	0.058	-0.033	0.057
大学	0.001	0.071	-0.002	0.071	-0.002	0.071
年收入对数	-0.099***	0.018	-0.093***	0.018	0.090***	0.018
户口类型	-0.071**	0.043	-0.069**	0.043	-0.068**	0.043
政治身份	0.057**	0.057	0.059**	0.057	0.059**	0.057
门诊就医（中医）			0.013	0.018	0.177**	0.073
电视媒体			-0.062***	0.017	0.014	0.036
门诊就医（中医）× 电视媒体					-0.185*	0.080
常数项	1.262***	0.205	1.195***	0.206	1.183***	0.206
Ajusted R^2	0.029		0.032		0.033	
F 值	10.552		10.04		9.776	

*$p < 0.05$，**$p < 0.01$，***$p < 0.001$。

四　结果与讨论

本研究基于 CGSS 2011（B 卷）调查数据，对就医方式和媒体传播如何影响对医信任进行了检验，结果表明：有住院就医经历的被试比没有住院就医经历的被试具有更高的对医信任水平，假设 1 得到了验证；在只有门诊就医经历的被试中，看西医经历越频繁，被试对医信任水平越低，而看中医经历对对医信任水平没有显著预测效应，假设2得到了部分验证；媒体传播类型对有住院就医经历和只有门诊就医经历（西医）被试的对医信任没有显著影响，电视媒体对只有门诊就医经历（中医）的被试产生了显著影响，假设3得到了部分验证。

（一）就医方式、媒体传播与对医信任水平

在以往研究中，医患双方往往被视为相互对立的具有内部同质性的统一群体，对医患群体双方的内部差异和由此导致的医患关系模式分异缺乏关注。在最近的研究中，一些学者开始关注医患关系的异质性，例如房莉杰、梁小云和金承刚（2013）通过对我国中西部地区两个农村村庄的调查，发现农村地区具有不同于现代医学模式的医患信任发生和演化机制；王晶（2015）深入探讨了乡村医疗实践的社会基础，认为乡村医疗实践模式与占主导地位的社会关系模式息息相关，在社会转型背景下，乡村医疗实践模式面临从传统到现代的痛苦转型。这些研究通过对乡村医患关系模式的探讨，在一定程度上揭示了医患关系模式的城乡异质性。然而总体来说，当前有关医患群体异质性问题的研究还处于萌芽阶段。

本研究基于群际接触理论，假设不同就医方式会影响医患之间群际接触的有效性，进而影响个体对医生的信任水平。结果表明，不同的就医方式的确显著影响个体对医生的信任水平，有住院就医经历的个体比没有住院经历的个体对医生有更高的信任水平；在只有门诊就医经历的个体中，看西医次数越频繁，个体的对医信任水平越低，而看中医的次数则不显著影响个体对医生的信任水平。门诊就医（西医/中医）频率与对医信任的回归分析结果还进一步验证了群际接触假设，即就医方式差异对对医信任的影响是由患者和医生的接触有效性差异引起的。相关研究表明，门诊就医之所以会损害医患信任关系，是因为在现代西方医学模式下，由于存在专业壁垒和标准化医疗过程，患者难以与医生进行充分的互动和沟通，而强调人文关怀和医患互动的中医模式显然较少存在这一问题（于赓哲，2014）。

本研究还检验了电视和互联网两种媒体传播类型如何影响不同患者的对医信任水平。有住院就医经历的患者，由于与医生的接触较为充分，对医生的信任水平较少受媒体传播的影响，本文结果验证了这一观点；而对于只有门诊就医经历的患者，媒体传播的影响仅限于传统的电视媒体。该结果表明：首先，媒体传播虽然对患者的对医信任有部分影响，但其影响

是有限的，尤其是在医患接触和互动较为充分的情况下，媒体传播的影响进一步削弱；其次，电视媒体在中医门诊经历和对医信任关系中具有显著负向调节作用，意味着受电视信息影响越大，被试在中医门诊就医过程中的对医信任水平越趋于负面，造成这一结果的原因可能是电视广告对中医和中药过于正面的宣传，使患者对中医治疗过程和效果产生了过高期望；最后，本研究没有发现互联网的使用对患者对医信任的显著影响，这一结果与当前的相关研究结果并不相符，原因可能在于2011年我国的互联网普及度远不能与目前相比。

本研究的结果对当前的医患关系实践和管理具有一定的启示作用。首先，应当重视不同的就医类型会导致医患关系模式的分异。本研究证实了医患信任危机更多地发生在门诊就医过程中，原因在于门诊就医过程中患者和医生很难进行充分的互动和接触，从而影响患者的就医体验和对医信任。因此对于医疗机构和医务工作者群体来说，如何在不影响医疗效率的同时，保证门诊患者的互动和沟通需求，成为一个亟待解决的问题。其次，传统中医的医患互动模式为解决上述问题提供了有益借鉴。本研究显示，到中医门诊就医并没有像到西医门诊就医那样明显损害患者的对医信任，这一结果与相关研究的论述相一致，中医强调人文关怀、医患平等和充分互动的医患关系模式，这很大程度上保证了医患之间的积极互动和接触，增进了患者对医生的信任。最后，本研究表明，有效的医患接触可以抵消媒体传播的影响，这无疑对当前我国趋于负面的医患关系网络环境提供了可行的解决之道。

（二）研究中存在的问题

本研究使用的问卷和数据全部来源于 CGSS 2011（B 卷），由于调查数据本身的限制，研究过程可能存在一些问题：（1）由于 CGSS 2011 的 D 部分（公共医疗服务）在 CGSS 系列调查的其他年份没有对应题项，因此本研究没有对研究结果进行重复验证，研究结果的稳定性需要进一步验证；（2）本研究中被试的就医经历都限定在过去 12 个月内，12 个月之前的就医经历是否会影响被试当前的对医信任水平尚未可知。

参考文献

柴民权，2017，《我国医患关系的人际—群际嬗变：兼论"师古方案"的可行性》，

《南京师大学报》（社会科学版）第 2 期，第 112~118 页。

房莉杰、梁小云、金承刚，2013，《乡村社会转型时期的医患信任——以我国中部地区两村为例》，《社会学研究》第 2 期，第 55~77 页。

黄瑞宝、陈士福、马伟，2013，《医患信任危机的成因及对策：基于博弈视角的分析》，《山东社会科学》第 2 期，第 143~147 页。

黄晓晔，2013，《"关系信任"和医患信任关系的重建》，《中国医学伦理学》第 3 期，第 300~302 页。

吕小康、张慧娟，2017，《医患社会心态测量的路径、维度与指标》，《南京师大学报》（社会科学版）第 2 期，第 105~111 页。

王晶，2015，《乡村医疗实践的社会基础》，《社会发展研究》第 4 期，第 209~221 页。

汪新建、柴民权、赵文珺，2016，《群体受害者身份感知对医务工作者集体内疚感的作用》，《西北师大学报》（社会科学版）第 1 期，第 125~132 页。

汪新建、王丛，2016，《医患信任关系的特征、现状与研究展望》，《南京师大学报》（社会科学版）第 2 期，第 102~109 页。

吴佳玲、陈一铭、季彤，2012，《从传播学角度思考医患关系》，《医学与哲学》第 13 期，第 23~35 页。

姚兆余、朱慧劼，2014，《农村居民医疗机构选择行为及其影响因素研究——基于门诊就医和住院就医的比较》，《南京农业大学学报》（社会科学版）第 6 期，第 52~61 页。

于赓哲，2014，《汉宋之间医患关系衍论——兼论罗伊·波特等人的医患关系价值观》，《清华大学学报》（哲学社会科学版）第 1 期，第 100~117 页。

Davies, K., Tropp, L. R., Aron, A., Pettigrew, T. F., & Wright, S. C. (2011). Cross-group friendships and intergroup attitudes: A meta-analytic review. *Personality and Social Psychology Review*, 15 (4), 332 – 351.

Dhont, K., Roets, A., & Hiel, A. V. (2011). Opening closed minds: The combined effects of intergroup contact and need for closure on prejudice. *Personality and Social Psychology Bulletin*, 37 (4), 514 – 528.

Goff, P. A., Steele, C. M., & Davies, P. G. (2008). The space between us: Stereotype threat and distance in interracial contexts. *Journal of Personality and Social Psychology*, 94 (1), 91 – 107.

Pettigrew, T., Pettigrew, T. F., & Tropp, L. R. (2007). A meta-analytic test of intergroup contact theory. *Journal of Personality and Social Psychology*, 90, 751 – 783.

Pettigrew, T. F. & Tropp, L. R. (2008). How does intergroup contact reduce prejudice? Meta-analytic tests of three mediators. *European Journal of Social Psychology*, 38, 922 – 934.

Trawalter, S., Richeson, J. A., & Shelton, J. N. (2009). Predicting behavior during interracial interactions: A stress and coping approach. *Personality and Social Psychology Review*, 13, 243 – 268.

医疗纠纷案例库建设的初步探索[*]

吕小康　张慧娟　张　曜　刘　颖[**]

摘　要：目前，我国医患关系紧张、医患冲突不断的状况已成为社会发展中的一个不稳定因素，引起了人们的担忧和研究者的关注。医患关系的研究有很多，各个研究中使用的方法不尽相同，而相关的案例库建设还基本处于空白。这样的案例库建设将丰富医患关系研究的方法，也有助于我们对当前医患关系现状提出新解释。我们通过对报纸期刊上的案例进行整理，初步建设起了一个从2000年到2015年，包含16个字段2625条案例的医疗纠纷案例库。该案例库还在进一步扩充之中。

关键词：医患关系　医疗纠纷　案例库

一　问题的提出

医患关系紧张、医患冲突不断是影响我国当前和谐社会建设的因素之一，其严重程度引起了社会各界的密切关注。据统计，2010年全国共发生"医闹"事件17243起，比2005年增加了近7000起（赵晓明，2012）；2012年"两会"期间民进中央的提案显示，全国每年发生的医疗纠纷超过

---

[*]　本研究得到教育部哲学社会科学研究重大课题攻关项目（15JZD030）和中央高校基本科研业务费专项资金资助项目（63172055）的资助。

[**]　吕小康，南开大学周恩来政府管理学院副教授；张慧娟，南开大学周恩来政府管理学院博士研究生；张曜，南开大学周恩来政府管理学院博士研究生；刘颖，南开大学周恩来政府管理学院硕士研究生。

上百万起（黄照权，2013）。中国医院协会2014年公布的《医院场所暴力伤医情况调研报告》显示，医务人员遭到谩骂、威胁较为普遍，医务人员躯体受到攻击、造成明显损伤的事件数逐年增加，涉及的医院比例从2008年的47.7%上升至2012年的63.7%；同时，39.8%的医务人员有过放弃从医的念头，78%的医务人员表示他们不希望自己的孩子学医，15.9%的医务人员明确表示"坚决不同意孩子从医或学医"。《中国社会心态研究报告（2012~2013）》显示，医院是城市居民信任程度较低的公共事业部门（王俊香、杨宜音，2013）。此外，"安医二附院砍人事件"（2012年11月）、"温岭袭医事件"（2013年10月）等恶性伤医事件进一步将医患矛盾推上了舆论的风口浪尖，使医患关系成为令"政府闹心、社会揪心、患者伤心、医生寒心"的重大社会问题（吕小康、朱振达，2016）。

如何重建医患信任关系成为一个亟待解决的重大问题。虽然已经有了许多关于这方面问题的研究，但仍存在一些不足。在梳理以往研究成果的过程中，我们发现对医疗纠纷的研究在研究方法上以典型案例的个案分析为主，相关案例的系统整理和整体层面的研究还较为缺乏，而案例库的建设可以填补现有的缺陷。目前医患关系研究中案例库的建设近乎处于空白。研究者收集的案例不完整、媒体或研究者偏重研究热点案例、不同的文献提出的统计数据不一致等诸多因素给医患关系研究带来了不小的困难。

综上所述，为了推进医患信任研究，收集医疗纠纷案例、建设相关案例库是有帮助的。

二 案例库方法综述

案例研究的方法最早被应用于法学和医学领域，尤其是司法领域。案例法在医学和法学中的成功应用带动了其他学科对案例研究的关注。目前主要的案例应用研究有两种：一种是应用于教学的案例分析或讨论，属于教学法中的案例教学法；另一种是通过对单个或者多个案例的分析来实现特定任务的理论或方法，主要运用于科学研究，可称为案例研究法（斯蒂芬·罗宾斯，2005）。我们关注的是案例研究法。

以往的心理学研究中，几乎没有医疗纠纷案例库建设的经验，而公共管理研究领域中突发事件案例库的建设以及评价方法对我们有很大的参考价值。

（一）案例库的分类

在针对突发事件的案例库研究中，公共管理方向的研究者倾向于把案例库分为三类:"汇编式"案例库、"结构型"案例库和"舆情案例"库(佘廉、黄超,2015)。

汇编式案例是目前我国突发事件案例的主要形式,一般由政府应急部门、行业监管单位和人文社科研究机构收集,案例主要内容以文本的方式呈现,在完整性和收集效率上有待提高,同时存在客观性较弱、缺乏统一的规范等问题。

结构型案例的兴起和案例推理技术(case-based reasoning,CBR)发展息息相关。CBR 起源于 1978 年 Shrank(1983)提出的基于记忆包络的动态记忆理论,指的是利用历史案例中的经验来解决当前问题的方法(黄超、佘廉,2015)。CBR 目前在应用领域得到了大量的实践,具有灵活、可拓展、推理结果可操作的特征。结构型案例库的建设主要由理工类科研单位主导,结构形式有三种:单一类型的突发事件案例的框架结构、基于本体和知识元的树状结构以及基于自然语言处理技术的网状结构。

网络舆情案例是在目前网络环境开放的条件下形成的一种案例类型,具有爆发性强、信息泛滥、危害放大、控制难度大等特点(李纲、陈璟浩,2014),成为目前的热门研究领域。网络舆情案例库建立在海量信息采集和定量数据分析的基础上,具有较高的结构性和可读性,形象直观,但是作为一种特殊的行业案例库,它过分侧重社会安全事件,同时缺乏统一的编制标准。

(二)案例库的评价方法

目前,对案例库评价标准的研究较少,佘廉和黄超(2015)将对突发事件案例库的评价指标分为定性指标和定量指标两种。其中定性指标有四个,包括信息来源、内容、结构化程度和实用性,每个指标又包含两个二级指标,如表 1 所示。定量指标则涉及"模糊集合"的概念,表达人为定义概念缺乏明确内涵和外延的模糊概念,通过两两比较法求出案例"隶属于该集合的程度",即"隶属度",以此来进行定量化表达。

表 1 突发事件案例库定性评价指标

一级指标	二级指标
信息来源	广泛性
	权威性
内容	覆盖率
	完整性

续表

一级指标	二级指标
结构化程度	案例库结构化程度
	案例结构化程度
实用性	教学使用
	技术使用

资料来源：佘廉、黄超，2015。

（三）突发事件案例库对建设医疗纠纷案例库的意义

突发事件案例库的研究对医疗纠纷案例库的建设具有启发意义。按照对突发事件案例库的分类，目前我们整理的医疗纠纷案例库属于汇编式案例库，它在完整性和收集效率上有较大缺陷，此外还存在客观性弱、缺乏统一的规范等问题。在医疗纠纷案例库的建设过程中，我们希望最大限度地扩大医疗纠纷案例的收集范围，同时借助于自然语言处理技术，将案例库提升到基于自然语言处理技术的网状结构案例库的阶段。

再者，突发事件案例库研究中的评价体系对我们衡量已得案例库的质量有很大的价值，但突发事件和我们要研究的医疗纠纷有一定的区别，因此借鉴的同时我们希望保持医疗纠纷案例库建设的最初目的，争取形成和医疗纠纷案例库特征相适应的评价体系。

三 案例库建设

（一）相关概念的界定

研究开始之前，我们首先对案例库建设过程中可能会遇到的概念进行了界定，以保证数据库建设的规范性。我们主要界定了医务工作者、医疗机构、医者（医方）、患者、患方、医患关系、医患信任、医疗事故、医疗纠纷、医患冲突这 10 个相互关联的核心概念。

本研究主要研究中国大陆地区的医患关系。因此，如无特殊说明，本研究中提及的相关机构、群体和个人均限于中国大陆地区。在涉及跨地区、跨国家的医患关系研究时，中国香港、澳门、台湾地区及国外相关机构与群体的定义可参照这些界定进行匹配界定。

1. 医务工作者

医务工作者指在医疗机构中从事医疗事务的技术人员、护理人员和管理人员。主要有：(1) 医疗防疫人员（包括中医、西医、卫生防疫、地方病及特种病防治、工业卫生、妇幼保健等技术人员），(2) 药剂人员（包括中药、西药技术人员），(3) 护理人员（包括护师、护士、护理员），(4) 其他技术人员（包括检验、理疗、病理、口腔、同位素、放射、营养等技术人员），(5) 医疗机构的行政管理人员。

本研究提及的"医务工作者"主要指医生和护士。其中，医生是指依《中华人民共和国执业医师法》取得执业医师资格或者执业助理医师资格，经注册在医疗、预防、保健机构中执业的专业医务人员，包括执业医师和执业助理医师；护士是指经执业注册取得护士执业证书，依照《中华人民共和国国务院令（第517号）——护士条例》规定从事护理活动，履行保护生命、减轻痛苦、增进健康职责的卫生技术人员。

2. 医疗机构

医疗机构指依据我国《医疗机构管理条例》和《医疗机构管理条例实施细则》的规定，经登记取得《医疗机构执业许可证》的，从事疾病诊断、治疗活动的医院、卫生院、疗养院、门诊部、诊所、卫生所（室）以及急救站等。具体类型主要有：(1) 综合医院、中医医院、中西医结合医院、民族医医院、专科医院、康复医院；(2) 妇幼保健院；(3) 中心卫生院、乡（镇）卫生院、街道卫生院；(4) 疗养院；(5) 综合门诊部、专科门诊部、中医门诊部、中西医结合门诊部、民族医门诊部；(6) 诊所、中医诊所、民族医诊所、卫生所、医务室、卫生保健所、卫生站；(7) 村卫生室（所）；(8) 急救中心、急救站；(9) 临床检验中心；(10) 专科疾病防治院、专科疾病防治所、专科疾病防治站；(11) 护理院、护理站；(12) 其他诊疗机构。

其中，医院、卫生院是我国医疗机构的主要形式，也是本研究中提及的医疗机构的主要所指。

3. 医者（医方）

本研究中的医者（又称"医方"，或简称"医"）有狭义和广义两种界定。狭义上的医者指符合上述界定的医务工作者和医疗机构。医者既可指特定的组织（医疗机构），也可指特定的群体或个人（医务工作者），在具体的讨论中，其所指需视论述情境而定。

广义的医者（医方）不仅包括医务工作者和医疗机构，还包括医疗机构管理部门（如国家和地方的各级卫生和计划生育委员会）的工作人员、医学教育工作者（医学院的教师和研究人员）及正在医学教育机构接受医学教育即将成为医务工作者的人员（如医学院、卫生职业学校的学生）。

本研究中主要使用狭义的"医者"（"医方"）概念。

4. 患者

本研究中的患者有狭义和广义两种界定。

狭义的患者指与医疗机构建立了医疗服务关系，并在医疗机构接受医疗服务的人。在这个意义上，患者就是前往医疗机构寻求帮助的就医人，既包括因机体病变或生理、心理功能障碍而前往医疗机构寻求治疗的投医者，也包括为预防生理、心理疾病而要求体验、保健或咨询服务的无生物医学意义上疾病的自然人。

广义的患者指患有疾病、忍受身心痛苦的人。他们可正在医疗机构接受医疗服务，或曾在医疗机构接受服务，抑或未曾在医疗机构接受服务，但正在忍受身心痛苦。这一定义不强调患者与医疗机构或医疗服务之间的关系，而强调个体自身的疾病体验。

如无特殊说明，本研究中的患者均指狭义上的患者。这种患者角色通常具有过程性和临时性，会随医疗服务关系的结束而终结。

5. 患方

患方包括上述界定中的"患者"（狭义或广义）及其亲属、朋友、监护人和其他代理人群体。在这个意义上，患方其实是除了医者的其他社会成员或组织。因此，医患关系中的"患方"主体并不完全等同于患者，而可以指除了医者之外的所有社会成员。

如无特殊说明，本研究中的"医患双方"指医方与患方，而不是仅指医生与患者。

6. 医患关系

医患关系是指医方与患方之间结成的以医疗服务关系为核心、包括其他派生性关系的社会关系。医患关系的核心是医者与患者之间的医疗服务关系，但也可泛指医疗机构、医务工作者群体、医学教育工作者群体及医疗机构管理部门这四大群体与组织，与其他社会成员、社会群体和社会组织之间的社会关系。本研究从泛指意义上研究医患关系，但重点研究医务工作者与患者之间的关系。

7. 医患信任

医患信任，或医患信任关系，是医方与患方之间的一种理想状态，指双方在交往互动过程中，基于诚实、平等、公正等基本社会价值理念，相信对方不会做出不利于自己甚至有害于自己行为的一种预期判断和心理状态。具体而言，医方相信患方会尊重自己，积极配合诊疗；患方相信医方具备良好的职业道德和医疗执业水平，能从人道主义的立场理解患者的病痛，履行防病治病、救死扶伤的职责，最大限度地使患者恢复健康、减轻病痛；患方信托医方，医方理解患方，双方无故意设防、刁难的心态。

医患信任可分为三个层面：个体间信任，即人际信任；群体间信任，即群际信任；对医疗制度的信任，即制度信任。第一个层面的信任是指直接提供医疗服务的医务工作者与就诊患者之间特定的人际信任；第二个层面的信任是指医务工作者群体和患方群体之间的群际信任；第三个层面的信任是指患方群体对医疗机构和现行医疗体制的信任。这三个方面的医患信任互动、关联和转化，影响着患者的就医体验和医者的行医体验，并通过相关社会心理机制具体影响医方和患方的认知、情绪和行为。

8. 医疗事故

医疗事故是指医疗机构及其医务人员在医疗活动中，违反医疗卫生管理法律、行政法规、部门规章和诊疗护理规范、常规，过失造成患者人身损害的事故。本定义采自由国务院于2002年9月1日起公布施行的《医疗事故处理条例》。

9. 医疗纠纷

本研究中的医疗纠纷是指医患双方在医疗行为实际发生之后，对医疗行为的过程或结果存在认识或评价上的分歧，一方向另一方追究责任并要求赔偿损失，通常经过商议、调解、鉴定或裁决方可结案的社会矛盾冲突事件。医疗纠纷通常是医疗机构或医务工作者的过错、过失或医疗事故引起的，此外，医方在医疗活动中并没有任何疏忽和失误，仅仅是患方单方面的不满意，也会引起纠纷。也就是说，医疗事故通常会引发医疗纠纷，但医疗纠纷并不以医疗事故的发生为前提。

10. 医患冲突

医患冲突是医患双方之间基于实际利益、基本观念、认知方式等方面的分歧，认为另一方对自己造成利益侵犯、身体损害、名誉损失、医疗秩序破坏等消极后果，以诉讼、仲裁、协商等常规形式出现，或以身体侵犯、言语辱骂、威胁等非常规形式出现的社会冲突。

本研究将医患冲突作为比医疗纠纷内涵更广的一种冲突形式，它包括但不限于医疗纠纷，其起因也不仅仅局限于医疗事故。本研究中的医疗纠纷一定发生在医疗行为已经实际发生之后，但医患冲突并不要求必然存在实际发生的医疗行为。在某些暴力伤医事件中，医务工作者本身并未给施害者进行过任何治疗，而只是成为施害者发泄对医疗机构不满而预谋施暴的受害对象。此时不存在治疗服务过程，也就不存在医务工作者本身的过失、过错，此类事件不能归于医疗事故和医疗纠纷，只能归于医患冲突。

另外，网络上对医务工作者的谩骂、攻击也可视为医患冲突的一种轻微形式，谩骂不一定缘于特定的医疗服务，而只是一种情绪宣泄，但实质上会形成不利于医患关系健康发展的舆论氛围。本研究也将这种情况视为医患冲突的一种。

（二）数据来源及时间范围

1. 数据来源

数据库收集整理的内容是真实发生的案例，主要来源是报纸期刊，收集渠道有以下几种。

（1）医疗机构

医疗机构是医方与患方进行直接接触的场所，各类医疗纠纷案例也大都发生在医疗机构中。在实际生活中，医院保存的医疗记录涉及相关患者的个人隐私，因此是不予公开的。在案例库建设过程中，我们通过与部分医院的协商合作，得到了一部分经过医院工作人员处理的医疗纠纷案例资料。在这些案例中，一些关键信息被模糊化处理了，因此医疗机构这一主要案例提供者的作用受到一定的限制。

（2）法律机构

在文献综述的过程中我们发现，很多医疗纠纷最终都是经过法律途径获得解决的，不过与医疗机构类似，我们虽然可以通过相关法律机构获得经过隐私保护处理的医疗纠纷案例，但这一部分案例通常并不全面，依然需要通过其他渠道来补充。

（3）大众媒体

考虑到案例数据的可得性，我们调查了电视、网络和报纸等媒体。其中电视报道具有时效性和聚焦性，既往的新闻播报内容在播报以后难以重新整理，且新闻报道涉及的案例大都是引起公众注意的热点案例，可收集的案例有限。

网络渠道搜集的案例内容很丰富，数量也比较大，但是在处理过程中发现，网络来源的案例其真实性难以确定，仅能作为参考资料与其他来源的案例配合使用。

综合看来，报纸是目前最理想的案例收集渠道，主要原因是：首先，知网的报纸期刊库使我们能够对过往的新闻资料进行收集，可得性强；其次，除了《人民日报》这种全国性的报刊，还存在各省市地区的本地报刊，两者相配合，使我们收集的案例覆盖面比较广；最后，新闻报道的内容一般是经过记者访问当事人获得的，很多时候还会有关于某一案例的连续报道，对获得完整原始案例十分有利。

综上所述，考虑不同渠道的案例来源之后，我们发现：以报纸案例收集为主，以医疗机构、法律机构、电视新闻以及网络报道为辅的案例收集方式是目前的最佳方案。

2. 时间范围

将案例来源确定之后，我们对案例时间范围进行了确定。

俄秦钰（2016）在梳理医疗纠纷新闻报道的发展进程中发现，我国医疗纠纷新闻报道经历了新中国成立后到 80 年代末期的沉寂期，90 年代到 2005 年的酝酿期，2005 年到 2009 年的发展期以及 2010 年之后的爆发期四个阶段。在中国知网上以"医患"为关键词进行全文搜索，发现与"医患"相关的文献数量从 1951 年到 2016 年呈逐渐增长的趋势，与俄秦钰对新闻报道的研究结果基本相合。因此，为了保证相关文章的数量同时争取更广泛的覆盖，我们选取了 2000 年 1 月 1 日到 2015 年 12 月 31 日这个区间作为资料收集的主要时间段。

（三）关键词选择与使用

1. 关键词选择

为了提高文献搜索的效率，同时保证在搜索时减少疏漏，我们在选择关键词时经历了一段试误的过程。

首先，根据以往在相关文献中最常见到的"医疗纠纷"和"医患冲突"两个词语确定了第一批关键词，并在中国知网报纸期刊数据库中进行搜索，按照不同年份以及时间段进行下载，将得到的文献进行人工阅读、整理和评议。其后，在评议过程中我们发现，仅仅使用两个关键词进行搜索显然是不够的。随后，通过我们的阅读和讨论，又相继提出了"医疗事故""医疗暴力""医闹""暴力伤医""医怒"等第二批关键词，使用这些关键词我们又一次进行了搜索和整理。在这一次整理的过程中筛选出更多的案例，同时发现关键词"医怒"的筛选结果与其他关键词的筛选结果重复性高且能够筛选出来的有效案例十分有限，因此剔除了"医怒"这一关键词。改用其他关键词进行筛选，筛选出的文章随关键词的不同在数量上有所不同，在内容上也各有侧重。因此最终确定使用"医患冲突""医疗纠纷""医疗事故""医疗暴力""医闹""暴力伤医"六个词（词组）作为文献筛选的关键词。

2. 关键词的使用

筛选出的关键词主要在文献搜索过程中作为文献提取线索进行使用。

本研究使用了中国知网中高级检索的方式,具体方法如下:首先进入中国知网,选择报纸标签,进入高级检索选项;然后将选取的关键词添加到内容检索条件选项框中,所有关键词均在全网中进行搜索,关键词之间是"或含"关系;最后添加搜索日期进行搜索。搜索结果见表2。

表2 分年份搜索结果

年份	文章数(篇)	年份	文章数(篇)
2000年	274	2008年	1478
2001年	305	2009年	1670
2002年	579	2010年	2011
2003年	618	2011年	1995
2004年	811	2012年	1677
2005年	1206	2013年	1609
2006年	1904	2014年	2490
2007年	1935	2015年	2156

将搜索出的文章全部下载后开始初步整理工作。

我们将下载的所有文章标注为待选文章进行阅读,提取出其中包含案例的文章并剔除不包含案例的文章。经过人工筛选并纳入下一步处理的文章称为阳性文章。

此时关键词的作用是作为变量在案例库中被标注,提取出案例的文章中存在某一关键词标注为1,否则为0,作用在于观察文章在报道相关案例时对关键词的选择,同时观察不同阳性文章搭配使用关键词的情况。

(四)案例关键信息描述字段选择

经过关键词抽取及人工筛选之后得到的阳性文章进入案例提取整理环节。

对阳性文章中的案例进行处理,除了要提取事件梗概之外,还要对案例中涉及的关键信息进行标注,以便于案例浏览者按照相关条件抽取案例。为此,案例库建设人员结合不同案例中的相似信息以及案例库设计目标,从纠纷发生的原因、表现方式、处理结果三个方面提出了五个字段——"患者(是否)死亡""医生(是否)遭受躯体攻击""医生(是否)遭受语言攻击""院方(是否)对患者进行赔偿""院方(是否)承担责任",作为描述案例关键信息的变量。以上五个变量在案例中存在则标注为1,否则为

0，不清楚时标注为2。

为了方便对案例进行标准化处理，除了以上提到的字段，我们还对案例库的其他字段进行了设计，包括题目、作者、报刊名称、日期以及事件梗概。对题目、作者以及报刊名称据实记录；日期按照报纸刊登日期记录；事件梗概记录则采取尽量简化、抓取要点、保持案例完整的原则，争取用简短的叙述将案例完整讲述出来。

此外，在案例的记录方面，如果一篇文章中包含多个案例，我们会将每一个案例进行单独记录，以保证每个案例在不同字段的取值都能够被记录。

（五）阳性文章的人工处理

在进行大规模案例整理之前，我们首先针对近六年（2010年1月1日至2015年12月31日）的文章进行了预处理，对结果进行评议之后才进行下一步的文献整理。因此，案例库雏形与最终进行大规模处理前的形式有较大差异。

预处理中的案例库雏形示例见表3。

表3 案例库雏形

报刊名	日期	关键词	文章名	作者	事件梗概
《人民日报》	2001/7/31	医疗纠纷	医患关系急需改善	赵永新、贾靖峰	7月25日下午，北京协和医院……
《健康报》	2004/3/29	医患冲突	我真想成为最后一名	刘虹	2004年2月11日上午8点10分，医院……

针对预处理的结果进行讨论后，案例库整理人员认为搜索中应当增加关键字，并且将关键字进行标注，方便以后研究时查找案例。经过评议处理后的案例库模型示例见表4。

表4 评议后案例库模型

报刊名	日期	医患冲突	医疗纠纷	医疗事故	医疗暴力	医闹	暴力伤医	文章名	作者	梗概
《人民日报》	2001/7/31	1	1	0	0	0	0	医患关系急需改善	赵永新、贾靖峰	略
《健康报》	2004/3/29	0	1	1	0	0	0	我真想成为最后一名	刘虹	略

在获取阳性文章以后，我们曾经尝试使用Python上的中文分词工具——结巴分词对文章进行处理，但是处理结果并不令人满意，因此只能采取人工阅读并配合电脑检索的方式对阳性文章进行处理。为保证这一过程的标准化，在招募案例库整理的参与者之后，我们对相关参与人员进行了标准化培训，讲解了数据库中使用的所有字段的含义、取值以及取值方式，同时强调了在处理过程中遇到相关问题的处理方法。

对已经处理过的案例，我们还安排人员进行了二次检查和确认，然后汇总进入案例库中，形成最终的医疗纠纷案例库。

四 案例库结果简单描述

截至完成本文之时，案例库共收录案例2625例，包含字段16个，时间跨度从2000年6月2日至2015年12月30日（文献搜索阶段时间跨度为2000年1月1日到2015年12月31日，在文献处理过程中阳性文章的时间跨度为2000年6月2日至2015年12月30日），涉及中国知网报纸期刊数据库中340余种报刊，2000余篇文章。目前仍然在更新中。

（一）从年份来看

2000年到2002年报纸报道的医疗纠纷相关案例较少，2003年开始大幅增加，2005年报道案例数量进一步陡增，2006年至2007年与2003年基本持平。2008年见报案例较少，可能是由于当时国内正在举办奥运会，其间更多的报道在关注奥运会动态，对其他主题报道较少。2009年到2014年，除2012年见报案例稍有减少，相关案例又开始攀升并逐渐增加。2015年相关报道则相对减少（参见图1）。

（二）从关键词看

所有收录案例中，提到频率最高的关键词是"医疗事故"，在不同案例中被提及1915次，其次是"医疗纠纷"，被提及1809次，以下依次是"医闹"642次、"医患冲突"236次、"暴力伤医"176次、"医疗暴力"39次。从关键词的涉及次数可以发现，多数医疗纠纷案例的发生都是因为医疗事故，并且在媒体中，人们习惯以医疗纠纷来指称医患冲突。

（三）从变量来看

收录案例中患者死亡的案例数达1135例，占总数的43.2%；能够明

图 1 分年份案例数量状况

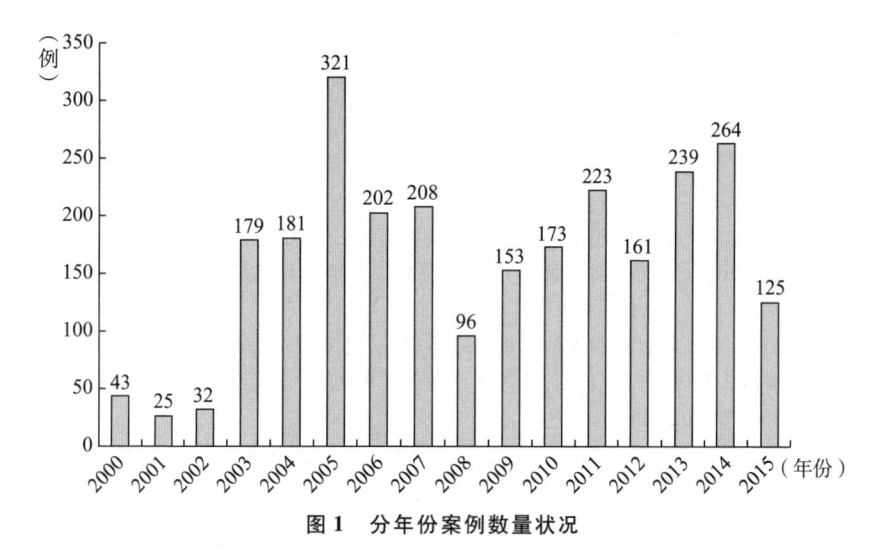

确没有躯体攻击的案例数为 452 例，占案例总数的 17.2%；能够明确没有语言攻击的案例数为 488 例，占案例总数的 18.6%；所有案例中医院进行了赔偿的案例数为 1161 例，占案例总数的 44.2%；医院对案例事故承担责任的案例数为 1097 例，占案例总数的 41.8%。

五 小结

案例库的建设经历了近一年的时间，其间 20 余人参与到案例的收集和整理工作中，筛查文献两万余篇。在案例库建设过程中有一些试误的经历，例如在案例收集初期试图通过按报刊名称进行搜索的方法收集案例，但是在尝试过程中发现这种方式收集的案例数量少且不全面，后来才开始使用关键词搜索的方式；接下来就是在对关键词的筛取过程中初期计划使用两个主要关键词进行搜索，后期为了使数据库覆盖面更广又增加了其他关键词，期待能够提取更多的文献以收集更多的案例；在时间线上则是从最近五年的案例开始收集，在后期不断地查阅资料中逐渐将时间线向前推进。最终我们不仅得到了包含现有案例的案例库，而且形成了一个比较成熟的整理案例库的方法。

目前的案例库依然存在一些问题，同时受技术限制未能够使用软件对案例进行进一步编码处理；此外，案例库由于是通过人工筛选，其中依然存在一些微小错误。针对这些问题，我们仍在进行完善，同时，也在对现有的其他来源的资料进行整理，以扩充案例库容量、扩大案例库的覆盖范围，希望能够尽快推出更加完善的案例库。

参考文献

俄秦钰，2016，《我国医疗纠纷新闻报道的发展历程》，《视听》第 3 期。

黄超、佘廉，2015，《文本案例推理技术在应急决策中的应用研究》，《情报理论与实践》第 38 期，第 111~114 页。

黄照权，2013，《面对医疗纠纷的危机管理研究》，北京工业大学博士学位论文。

李纲、陈璟浩，2014，《突发公共事件网络舆情研究综述》，《图书情报知识》第 2 期，第 111~119 页。

吕小康、朱振达，2016，《医患社会心态建设的社会心理学视角》，《南京师大学报》（社会科学版）第 2 期，第 42~44 页。

斯蒂芬·P.罗宾斯，2005，《组织行为学》（第 7 版），孙健敏、李原译，北京：中国人民大学出版社。

佘廉、黄超，2015，《我国突发事件案例库建设评价分析》，《电子科技大学学报》（社会科学版）第 6 期，第 24~31 页。

王俊秀、杨宜音，2013，《中国社会心态研究报告（2012~2013）》，北京：社会科学文献出版社。

赵晓明，2012，《"医闹"、"房闹"考验政府社会管理水平》，《中国社会报》5 月 19 日，第 3 版。

Schank, R. C. (1983). *Dynamic Memory: A Theory of Reminding and Learning in Computers and People.* Cambridge University Press.

《中国社会心理学评论》投稿须知

《中国社会心理学评论》是由中国社会科学院社会学研究所主办的学术集刊。本集刊继承华人社会心理学者百年以来的传统，以"研究和认识生活在中国文化中的人们的社会心理，发现和揭示民族文化和社会心理的相互建构过程及特性，最终服务社会，贡献人类"为目的，发表有关华人、华人社会、华人文化的社会心理学原创性研究成果，以展示华人社会心理学研究的多重视角及最新进展。

本集刊自2005年开始出版第一辑，每年一辑。从2014年开始每年出版两辑，分别于4月中旬和10月中旬出版。

为进一步办好《中国社会心理学评论》，本集刊编辑部热诚欢迎国内外学者投稿。

一、本集刊欢迎社会心理学各领域与华人、华人社会、华人文化有关的中文学术论文、调查报告等；不刊登时评和国内外已公开发表的文章。

二、投稿文章应包括：中英文题目、中英文作者信息、中英文摘要和关键词（3~5个）、正文和参考文献。

中文摘要控制在500字以内，英文摘要不超过300个单词。

正文中标题层次格式：一级标题用"一"，居中；二级标题用"（一）"；三级标题用"1"。尽量不要超过三级标题。

凡采他人成说，务必加注说明。在引文后加括号注明作者、出版年，详细文献出处作为参考文献列于文后。文献按作者姓氏的第一个字母依A-Z顺序分中、外文两部分排列，中文文献在前，外文文献在后。

中文文献以作者、出版年、书（或文章）名、出版地、出版单位（或期刊名）排序。

例：

费孝通，1948，《乡土中国》，北京：三联书店。

杨中芳、林升栋，2012，《中庸实践思维体系构念图的建构效度研究》，《社会学研究》第4期，第167~186页。

外文文献采用 APA 格式。

例：

Bond, M. H. (Ed.) (2010). *The Oxford Handbook of Chinese Psychology*. New York, NY: Oxford University Press.

Hong, Y. Y., Morris, M. W., Chiu, C. Y., & Benet-Martinez, V. (2000). Multicultural minds: A dynamic constructivist approach to culture and cognition. *American Psychologist*, 55, 709–720.

统计符号、图表等其他格式均参照 APA 格式。

三、来稿以不超过 15000 字为宜，以电子邮件方式投稿。为了方便联系，请注明联系电话。

四、本集刊取舍稿件重在学术水平，为此将实行匿名评审稿件制度。本集刊发表的稿件均为作者的研究成果，不代表编辑部的意见。凡涉及国内外版权问题，均遵照《中华人民共和国版权法》和有关国际法规执行。本集刊刊登的所有文章，未经授权，一律不得转载、摘发、翻译，一经发现，将追究法律责任。

五、随着信息网络化的迅猛发展，本集刊拟数字化出版。为此，本集刊郑重声明：如有不愿意数字化出版者，请在来稿时注明，否则视为默许。

六、请勿一稿多投，如出现重复投稿，本集刊将采取严厉措施。本集刊概不退稿，请作者保留底稿。投稿后 6 个月内如没有收到录用或退稿通知，请自行处理。本集刊不收版面费。来稿一经刊用即奉当期刊物两册。

中国社会心理学评论编辑部

主编：杨宜音

主办：中国社会科学院社会学研究所

联系电话：86-10-85195562

投稿邮箱：ChineseSPR@126.com

邮寄地址：北京市东城区建国门内大街 5 号中国社会科学院社会学研究所中国社会心理学评论编辑部，邮编 100732

Chinese Social Psychological Review
Vol. 13

Table of Contents & Abstracts

A Social-psychological Framework for the Construction of Doctor-Patient Trust

Wang Xin-jian

Abstract: Doctor-patient trust consists of two indispensable dimensions: patients' trust and doctors' trust. It can be broken down into three levels: the interpersonal trust between doctors and patients who are in direct involvement, the inter-group trust between medical workers group and patients group, and the institutional trust the patients group holds in the medical institutions and systems. Constructing valid measurement instrument of doctor-patient trust level, analyzing the social psychological mechanism of doctor-patient trust crisis, exploring the evolution process of doctor-patient trust under diverse treatment situations, verifying cognitive and judgmental styles of medical workers and patients in the interaction process, and putting forward operational models and strategies for trust repair are the major tasks of studies on doctor-patient trust from a social psychological perspective. Apart from the advance of medical system reform, the construction of a harmonious social mentality on doctor-patient trust is also crucial to the improvement of doctor-patient relationship and the alleviation of doctor-patient trust crisis.

Key words: doctor-patient relationship; doctor-patient trust; doctor-patient conflicts; trust repair; social mentality

Trust, Emotion and Social Structure

Luo Chao-ming

Abstract: The importance of trust in personal life and social existence is self-evident, but the available researches do not seem to enable us to more truly understand trust itself. By critical reflection on the different conceptualization approaches and their drawbacks of previous empirical studies on trust, this paper finds that trust is not merely a cognitive judgment phenomenon based on result prediction, benefit calculation or rational choice, but a social fact that has its own cognitive, behavior and emotional dimension. Trust even essentially is a social emotion. Correspondingly, the essence of the so-called crisis of trust is by no means just widespread mutual distrust that based on rational calculation or cognitive judgment, but the existential anxiety or fear which pervades all the society. The roots of such anxiety or fear are inappropriate social structure arrangement, irrational social institution design and unfriendly social existential atmosphere, so the governance of the crisis of trust is not only to deal with a 'social ill', but a 'sick society'.

Key words: trust; the crisis of trust; social emotion; existential anxiety; structural situation

Identification of Hidden Rules and Its Relationship with Trust

Xin Su-fei Xin Zi-qiang Lin Chong-de

Abstract: As a typical social phenomenon in Chinese culture, hidden rules exist in all aspects of social life, exert its influence on social stability and economic development, and may become a critical cause of social trust decline in China. Recently, increasing researchers have proposed that the decline of social trust in

China has been an indisputable fact. In this article, we proposed the concept of identification of hidden rules (IHR), which refers to individuals' functional recognition, emotional acceptance and behavioral compliance towards hidden rules, and we speculated that IHR may be an important factor that undermines social trust in China.

Key words: hidden rules; identification of hidden rules; trust; trust decline

Trust and Life History Strategy of Chinese People

Zhang Fan   Zhong Nian

Abstract: Trust is considered as the confidence in other people, the belief of their expected behavior in the future, the basic fact of social life and one of the most important comprehensive forces in society. Life history strategy is based on the premise that resources required for living are finite, so that individuals must allocate their energy and time to optimize reproduction rate and extend life span. According to this aim, people develop two life history approaches: One is present-oriented strategy,, namely Fast Life History Strategy (FLH), and the other is future-oriented strategy, namely Slow Life History Strategy (SLH). Trust and life history strategy are both continuous processes, and closely related to the development of social environment. At present, China is more susceptible to environmental uncertainties and instabilities due to environmental pollution, frequent residential mobility, premature sexuality and casual sexual relations. Thus Chinese people are more likely to prefer FLH strategy. Individuals with FLH strategy have lower trust in others and society, resulting in the present crisis of trust. Therefore, this study tries to analyze the trust of Chinese people in the perspective of life history strategy, and the result shows that society, family and individual should work together to enhance the trust of the Chinese people.

Key words: trust; life history strategy; ecological environment; residential mobility; sexual behavior and sexual relations

The Uncertainty in the Transitioning Period and the Relationship between Doctor and Patient: From the Perspective of Cultural Psychology

Yang Qian   Liang Run   Dong Heng-jin   Pan Jay

Abstract: In the last decade, China has witnessed an avalanche of violence against doctors (VAD), which caused a downward spiral in China's medical ecology and became a public crisis during China's transitioning period. Previous studies focused on the distrust between doctors and patients, but few focused on mechanism. In addition, most studies focused on doctors and hospitals, few on patients. In a pilot study, we found that when patients or their family members are lack of control, they are more likely to blame doctors, because they are able to maintain perceived control by having an apparent explanation for the suffering. The current study adopts theories and methods from existential psychology, trying to find the scientific evidence for this mechanism from different levels of evidence including (1) macro point of view: medical market; (2) mesoscopic point of view: media report text; (3) microscopic point of view: characteristics of disease. Based on this, the current study discussed the theory implication from cultural psychology and social psychology, which provide a psychological explanation for the relationship between doctors and patients during the transitional period and a theoretical basis for the effective intervention development.

Key words: Culture; Doctor-Patient Relationship; Uncertainty; the Transitioning Period

Research on the Construction of Doctor-patient Trust Relationship Based on Social Exchange Theory

Yang Yan-jie   Chu Hai-yun

Abstract: The crisis of trust between doctors and patients has become a serious problem which could not be ignored in China. In fact, based on social exchange theory, the doctor-patient trust relationship is a kind of social exchange, which is composed of doctors and patients as subjects. In order to realize self-value or get material rewards, doctors work to save lives. In order to restore health and improve quality of life, patients spend money to buy health services. After cost-effect evaluation and sensing inequality of the relationship, they will generate a loss, as well as mental and behavioral imbalance; even worse, this situation will lead to a tensional doctor-patient relationship. At first, we analyzed the exchange type and power structure between doctors and patients in this study. Besides, we ventured the ideal exchange model—reciprocal exchange relationship and the ideal power model—roughly equal relationship. At last, we provided some improvement strategy for improving doctor-patient trust relationship.

Key words: social exchange theory; doctor-patient trust relationship; resources

Risk and Trust in Resource Exchange of Doctors-Patients Interaction

Cheng Jie-ting

Abstract: Negotiation is the main foundation of resource exchange between doctors and patients. During the process, patients offer money or spiritual resource, they are likely to negotiate the quality and quantity of medical service or knowledge from doctors. Negotiated agreements drive parties to abide by certain rules of exchange and allow for individuals to be trusting of one another. However, because life as the main resource exchanged is so important for parties, simplified negotiation by the medical system take more risk of evolving distrust or breaking down trust, while exchange process incite inequality that making individuals suffer loss of life, even if parties realized they are responsible for the carelessness of negotiation rules. In addition, reciprocal exchange plays auxiliary function to catalyze the evolution of trust and normalize the behaviors of doctors and patients through exchanging a kind of resource named Renqing.

Key words: social exchange; doctor-patient trust; social interaction; Guanxi

The Social Mechanism of the Local Construction of the Doctor-Patient Mutual Trust in China: the Strange Relationship's Familiarization

Dong Cai-sheng Ma Jie-hua

Abstract: Nowadays, With the deepening of medical and health system reform in China, the medical disputes are rising frequently and malignantly, which provoking the doctor-patient relationship to be increasingly tense. The direct cause of the doctor-patient relationship's tension is the doctor-patient mutual distrust. Therefore, to effectively alleviate or eliminate the doctor-patient relationship's tension, we must construct the doctor-patient mutual trust. However, to construct the doctor-patient mutual trust successfully, we must make full use of local resources. The Guanxi operation which is presented in "seeing a doctor by entrusting the acquaintance" or "seeing a doctor by seeking the Guanxi" in China implicates "The strange relationship's familiarization" which is the local construction mechanism of the doctor-patient mutual trust with Chinese characteristics. "The strange relationship's familiarization" can be used as an effective social mechanism to construct the doctor-patient mutual trust after its basis is undergone the appropriate "creative transformation".

Key words: the doctor-patient tension relations; the doctor-patient trust crisis; Guanxi operation; the strange relationship's familiarization; the doctor-patient mutual trust

An Analysis and the Mitigating Strategies of the Negative Effect of the "Asymmetric Relationship" between Doctors and Patients

Wu Lin Wan Ren-xue

Abstract: The development of modernity has witnessed the transformation of the mode of social trust from that of particular trust in traditional society to institutional trust in modernized society. The legitimacy of the "asymmetric nature" of doctor-patient relationship which had been thought highly of during traditional era is now crashing down due to the process of social transform. The issue concerning the relationship between doctor and patient has been widely discussed attributes to the rising severity of doctor-patient conflicts in society at large. Based on the social transform perspective, this article analyzed the cause of doctor-patient conflicts, as well as the consequential effects and the underlying switching mechanism between cognition and emotion. Only by viewing the doctor-patient relationship as a dynamic process of interaction, can the negative effects be mitigated and minimized.

Key words: trust between doctor and patient; asymmetric relationship; social transform; negative effects

The Effects of Role Cognition and Interpersonal Interaction on Doctors-Patients Trust: Based on Social Capital Theory

Zhu Yan-li

Abstract: Lack of social capital is the root of mutual distrust between doctors and patients. Trust is regarded as relationship model from the perspective of social capital theory, as well as doctor-patient trust is seen as good interpersonal interaction based on roles cognition. There are two important factors affecting interpersonal trust, that is, characteristic cognition and relationship cognition. Reflected on the doctor-patient relationship, the role characteristic cognitive including doctors' capacity and patients' personality, the relationship cognitive including relation from horizontal distance and from vertical level, this is the most significant factors which effect doctor-patient trust. From individual level-relationship dimensions of the social capital theory, the consistent of role cognition and interpersonal interaction in doctor-patient trust increase social capital stock, as well as accumulation of trust social capital promotes communication and understanding between doctor and patient.

Key words: doctor-patient trust; social capital; role cognition; interpersonal interaction; characteristic cognition; relationship cognition

Meta-construction of TCM Doctor-Patient Relationship

Wang Li

Abstract: No separation in terms of subject and object in a physician's diagnosing of a patient, the physician must involve himself with the patient's body within its living situation and perceptual manifestations. hence the treatment always requires a face-to-face presence of both the patient and physician as a perceiving subject, the non-detached attitude of the physicians from the patients explains why they always put themselves in a position where they can actually perceive and interact with the patient's body, and this is the characteristic of traditional Chinese medicine doctor-patient relationship. This kind of doctor-patient relationship also manifest in the medical ethics remarks of ancient Chinese medical works. the useful composition must be bring forward to serve the construction of contemporary Chinese medicine.

Key words: TCM treatment; doctor-patient relationship; field of illness; perceptual phenomenon

Netizens' Attention and Attitude for Doctor-patient: Evidence from 95 Chinese Cities' Weibo Data

Lai Kai-sheng   Lin Zhi-wei   Yang Hao-shen   He Ling-nan

Abstract: The problem of doctor-patient has been concerned by the government and social public, but most of the current research have been based on the subjective empirical data from case study and questionnaire, and which may face some risks in terms of the sample's representativeness and objectivity. This study attempts to explore the pattern of netizens' attention and attitude for doctor-patient with the objective Weibo data in social media platform from 95 Chinese cities in 2015 ($N = 172$ thousand). Results showed that the first-tier cities in China had the highest degree of concern for doctors-patient, but at the same time showed low trust characteristics, including low positive emotion, low sense of control. This study is of great significance to the understanding of the current Chinese public's social mentality toward the doctor-patient, as well as to enhance the doctor-patient trust.

Key words: doctor-patient; doctor-patient attention; doctor-patient attitude; Weibo; doctor-patient trust

Types of Seeking Medical Treatment, Media Communication and Trust to the Doctor: On the Perspective of Intergroup Contact Theory

Chai Min-quan

Abstract: The intergroup contact theory indicates that intergroup interaction and contact could affect intergroup trust. This paper supposes that the types of seeking medical treatment affects the effectiveness of doctor-patient's intergroup contact, and further affects patients' trust to the doctor. Based on CGSS2011 data, we explore how different types of seeking medical treatment affect the trust to the doctor, and the influence of media communication. The results indicate: (1) The subjects with experience in hospital medical treatment have higher trust level than other subjects; (2) For the subjects with only experience of outpatient service, the more experience of outpatient service (western medicine), the lower trust to doctor, but the experience of outpatient service (Chinese medicine) have no significant affect to the trust to the doctor; (3) For the subjects with experience in hospital medical treatment and outpatient service (western medicine), the media communication have no influence on the trust to the doctor, but have significant affect to the subjects with experience of outpatient service (Chinese medicine).

Key words: intergroup contact; types of seeking medical treatment; media communication; trust to the doctor

The Construction of Medical Dispute Case Base

Lv Xiao-kang   Zhang Hui-juan   Zhang Yao   Liu Ying

Abstract: Nowadays, the doctor-patient relationship in China is rather tense. The constant conflict between doctors and patients has become an unstable factor in social development, which worries many people and was noticed by many researchers. There are many studies concerning the relationship between doctors and patients, and the methods used in each study are different, but the construction of doctor-patient case base is still in blank. The construction of the case base will enrich the doctor-patient relationship research methods, and will help us bring up new explanations of the current situation of the doctor-patient relationship. Through systematic study of newspaper and periodicals, we build a case base of 2625 cases, which has 16 fields and covers doctor-patient disputes from 2000 to 2015. The case base is still in expansion.

Key words: doctor-patient relationship; doctor-patient dispute; case base

图书在版编目(CIP)数据

中国社会心理学评论.第13辑/杨宜音主编.--北京:社会科学文献出版社,2017.12
 ISBN 978-7-5201-1661-9

Ⅰ.①中… Ⅱ.①杨… Ⅲ.①社会心理学-研究-中国-文集 Ⅳ.①C912.6-53

中国版本图书馆 CIP 数据核字(2017)第 260783 号

中国社会心理学评论 第13辑

主　　编 / 杨宜音
本辑特约主编 / 汪新建　吕小康

出 版 人 / 谢寿光
项目统筹 / 佟英磊
责任编辑 / 佟英磊　刘俊艳

出　　版 / 社会科学文献出版社·社会学编辑部(010)59367159
　　　　　 地址:北京市北三环中路甲29号院华龙大厦　邮编:100029
　　　　　 网址:www.ssap.com.cn

发　　行 / 市场营销中心(010)59367081　59367018
印　　装 / 三河市尚艺印装有限公司

规　　格 / 开　本:787mm×1092mm　1/16
　　　　　 印　张:13.5　字　数:237千字

版　　次 / 2017年12月第1版　2017年12月第1次印刷

书　　号 / ISBN 978-7-5201-1661-9
定　　价 / 59.00元

本书如有印装质量问题,请与读者服务中心(010-59367028)联系

▲ 版权所有 翻印必究